KB190081

1.000명이 함께
착한 건물주가 되면
어떨까요?

정원각 지음

자본보다 사람의 힘으로 일군
사회적경제기업 성공 스토리 31

1,000명이 함께

착한
건물주가
되면

어떨까요?

북돋움COOP

훌륭한 사례가 또 다른
훌륭한 결과로 이어지기를

신철영(전 아이쿱생협연합회 회장)

　지금 지구는 온난화에 따른 생태 위기로 몸살을 앓고 있다. 홍수, 가뭄, 산불, 폭우, 한파 등의 급격한 기후 변화와 빈부 격차의 확대, 전쟁의 확산 등은 지금까지 문명을 이끌어온 '대량 생산 - 대량 소비 - 대량 폐기'라는 방식을 끝내야 하는 문명의 대전환을 예고하고 있다. 승자독식으로 이루어지는 거대 자본에 의한 문명은 더 이상 생명을 지속할 수 없을 것으로 보인다.

　이런 문명의 대전환기에 호혜 경제를 기반으로 하는 사회적경제는 그 대안의 하나가 될 수 있다는 점을 주의 깊게 살펴보아야 한다. 이런 시점에서 나온 이 책의 값어치는 그만큼 크다고 본다.

　우리나라에서 사회적경제는 두 차례의 커다란 경제위기를 겪으며 제도화되었다. 경제위기 시 가장 피해가 컸던 취약계층들의 자립, 자활을 지원하기 위한 방안의 하나로 법적 정비가 이루어진 것이다. IMF 경제위기를 겪으면서 취약계층, 시민단체 등에서 자활사업을 시작했고 이를 제도적으로 보호하기 시작한 것이 사회적기업육성법(2007년)

과 국민기초생활보장법(2012년)이다. 또한 2011년 마을기업 육성사업 시행 지침을 통하여 마을기업이 활성화되었다.

2012년 우리나라에서 협동조합기본법이 시행된 것은 획기적인 일이었다. 2008년 미국에서 시작된 경제위기 속에서 UN은 2012년을 협동조합의 해로 정하고 기념하는 행사와 함께 협동조합을 통한 빈곤, 양극화 등의 극복을 권장했다. 경제위기 속에서 협동조합은 고용을 창출하고 유지하는 기능이 일반 기업에 비하여 훨씬 더 높다는 것이 여러 사례로 증명되었다. 다행히 당시 이명박 정부가 이 법을 추진하여 2012년 12월 시행된 것이다. 통계에서 나타나는 것처럼 협동조합은 사회적경제의 가장 큰 부분을 차지하고 있다.

이렇게 사회적경제에 대한 법제화가 추진되자 다양한 사회적경제 활동이 나타나게 되었다. 협동조합기본법 시행 10년인 2021년 통계를 보면 사회적경제기업이 3,215개, 협동조합 22,132개, 마을기업 1,687개, 자활기업 997개로 합계 28,041개다. 이는 4년 전인 2017년 총 16,450개에서 1.7배 정도 증가한 것이다. 여기에 각종 사단법인, 재단법인, 상호보험, 시민단체 등을 더하면 사회적경제기업의 수는 훨씬 더 늘어날 것이다.

물론 협동조합기본법이 제정되기 이전부터 농협, 신협, 새마을금고, 산림조합, 생협 등의 분야에서 전국적인 협동조합들이 조직, 운영되고 있었다. 그러나 1970년대 이래 권위주의 정부는 이런 협동조합들의 자율권을 박탈하고 관제화하려는 노력을 꾸준하게 했다. 그 결과 제도화된 대규모 협동조합들은 협동조합의 생명인 자주성을 많이 상실했다. 민주화 진행 이후에 법이 제정된 소비자생활협동조합은 자주성이 있지만 다른 조합들에 비하면 그 규모는 매우 작은 편이다.

법이 제정되는 데는 두 가지 측면이 있다. 한 가지는 법이라는 요건으로 활동을 제약하는 것이다. 법적 요건이 맞느냐 여부를 따지므로 시민들의 자유로운 창의성이 제약받는 부정적인 측면이다. 다른 한 가지는 법적 요건이 맞으면 정부에서 지원하는 긍정적인 측면이다. 그러나 정부의 지원이 긍정적인 측면만 있는 것은 아니다. 법적 요건하에 정부가 지원하는 것은 그 지원을 바탕으로 자립하리는 취지인데 사실상 지원받는 데만 초점을 맞추고 자립으로 나아가지 못하는 사례도 많기 때문이다.

이번에 정원각 선생이 《1,000명이 함께 착한 건물주가 되면 어떨까요?》를 통하여 성공적으로 활발히 활동하는 전국의 사회적경제기업들의 사례를 소개해주어서 무척 반갑다. 다양한 사회적경제 조직들이 생겨났지만 활발하게 활동하면서 발전하고 있는 조직들은 그리 많지 않은 현실에서 이런 사례들을 발로 뛰어 찾아다니면서 그 실상을 소개하는 것은 그 의미가 크다.

이 책에는 다양한 사례가 소개되고 있다. 장애인 직업 교육, 노인 돌봄, 청년들의 자립, 환경 문제 해결, 취약계층의 일자리 창출, 전통시장의 활성화, 먹을거리 생협과 의료생협의 통합, 아이들의 교육 문제, 농촌의 열악한 의료 문제 해결, 문화적 욕구의 해결, 태양광발전 등 신재생에너지 사업을 통한 농촌지역 복지기금의 지급 등 그 분야가 매우 다양하다.

조직 형태도 협동조합, 사회적기업, 자활기업, 주식회사, 시민단체, 지방정부의 지원 등 다양하게 펼쳐지고 있다. 활동 형태도 자립적인 활동부터 정부의 사회서비스를 효율적으로 수행하는 경우까지 또는 이런 활동들이 혼합된 형태 등 매우 다채롭게 나타나고 있다.

여기에 나타난 글들을 읽으면서 몇 가지 공통점을 찾아보았다.

첫째, 사업을 시작하는 초기가 중요하다. 지역의 문제를 공동으로 해결하기 위하여 나선 사람들의 헌신적인 노력이 시간이 지나면서 다양한 네트워크를 만들어낸 지역의 경우는 그 기반이 탄탄해진다.

둘째, 정부나 기업 등 다양한 지원제도를 효과적으로 활용한 경우들이 있다. 자산 형성 사업 등도 이런 정부의 지원을 잘 활용한 경우다. 사회적경제에서 정부나 기업, 재단, 사회적경제 지원 기구 등 외부의 지원에 전적으로 의존해서는 안 되지만 이런 기회를 배척할 필요는 없다. 도리어 이런 기회를 잘 활용하여 자립과 도약의 발판을 마련해야 한다.

셋째, 주체들의 꾸준한 역량 강화가 있어야 성공하는 사회적경제가 이루어진다. 이는 비단 사회적경제에 국한된 이야기는 아니지만 끊임없는 자기 혁신과 역량 개발은 특히 취약한 사회적경제에서는 더욱 필요하다.

넷째, 다양한 협력망을 만드는 것이 필요하다. 여러 가지 사회적경제 조직을 만들면서 상호 협력적 관계를 만들어갈 때 지역적인 기반은 더욱 튼튼해진다.

다섯째, 지방정부의 협력을 잘 이끌어가는 것도 필요하다. 민간의 자주적 활동이 사회적경제의 생명을 살리는 길이지만 적절한 지방정부 등의 협력을 이끌어낼 때 그 파급력은 더욱 커질 수 있다.

여섯째, 이런 활동의 경험을 바탕으로 제도 개선에도 나서야 한다.

현장에서의 활동을 바탕으로 필요한 법이나 제도 개선을 이룰 때 사회적경제는 더욱 풍성해질 것이다.

각 사례에서 성공과 실패 요인을 더 꼼꼼하게 분석했으면 이 책을 읽는 사람들에게 더 많은 시사점을 주었으리라 생각하여 아쉬움이 남는다. 그러나 이 책은 사회적경제를 통하여 지역사업을 하려는 사람이라면 꼭 읽어보아야 할 책이다.

다시 한번 정원가 선생의 노력에 박수를 보낸다.

충실하게 기록한
한국의 사회적경제 택리지

송경용(재단법인 한국노동재단 공동이사장)

조선 영조 시대 이중환(李重煥)이라는 분이 《택리지(擇里志)》라는 책을 썼다. 《택리지》에는 당시 조선 전역에 걸친 지형, 풍토, 풍속, 교통, 인물뿐만 아니라 각 지방의 고사(故事) 등이 망라되어 있다. 이중환의 발품으로 만들어낸 이 책을 통해 우리는 조선 시대 각 지방의 고유한 특색을 알 수 있게 되었고, 조선이라는 나라가 어떤 모습이었는지를 구체적으로 그릴 수 있게 되었다.

정원각 선생이 오랜 시간 전국을 다니며 관찰하고, 연구하고, 대화하며 기록한 이 책은 우리나라 '사회적경제 택리지'라고 불러도 손색이 없다고 생각한다. 이 책을 읽으면서 《택리지》를 떠올린 것은 이 책에서 다루는 내용이 어느 특정 지역, 특정 형태만이 아니라 지리적으로는 전국을 망라했고, 형태로는 현재 우리나라에서 정의하고 있는 모든 형태의 사회적경제 조직(마을기업, 사회적기업, 자활기업, 협동조합)들을 다 담고 있기 때문이다.

그동안 수많은 조사·연구·보고서 등이 나왔지만 이 책이 보여주는 것처럼 조직과 기업 내부와 환경을 깊숙이 들여다보고 설립자와 운영자 등의 생각을 심층적으로 다룬 예는 없었다. 이런 작업이 가능했던 이유는 저자가 직접 사업 조직에서 일을 했기 때문이기도 하지만 평소에도 '생활이 곧 협동조합'인 그의 사회적경제 조직과 사람에 대한 애정, 부지런함, 성실함과 치밀함, 조사·연구·기록자로서의 능력 덕택이라고 믿는다.

"기록하지 않으면 역사가 되지 않는다"라는 말처럼 기록의 중요성은 새삼 강조할 필요 없이 중요하다. 사회적경제처럼 아직도 이론적 개념과 실천 방식과 형태가 논쟁적인 상황에서 펼쳐지는 일에 대해서는 기록의 중요성이 더 강조되어야 한다. 무슨 생각으로, 누가, 어떻게 시작했고, 어떤 과정을 거쳤으며, 어떤 결과를 맺었는가, 어떤 영향을 끼쳤는가를 기록해야 한다. 법과 제도, 정책에 대한 기록도 중요하지만 실천 현장에서의 성공과 실패에 대한 역동적이고 구체적인 기록이야말로 미래를 위한 가장 큰 디딤돌이기 때문이다.

이런 의미에서 이 책이 담고 있는 '기록'은 '지금, 여기'를 생생하게 보여줄 뿐만 아니라 우리나라 사회적경제가 올바른 미래로 나아가는 데 크게 이바지할 수 있는 나침반이자 길잡이 역할을 하리라 믿는다.

'사회적경제 택리지'라고 할 만큼 다양하고 충실한 기록이 담겨 있는 이 책이 모쪼록 더 나은 삶, 더 좋은 사회를 위해 헌신하는 전국의 모든 사회적경제 동료들에게 큰 격려가 되고, 사회적경제 관련 정책 종사자에게는 유익한 지침이 되기를 바란다.

'사회적경제, 현장의 목소리'를 담아

　글을 쓰는 것보다 책을 만든다는 것에 대해 적지 않은 부담을 가지고 있었다. '기후위기 시대에 녹색 식물을 희생해서 책을 만들어야 하나?' 하는. 그래서 책을 내라는 지인들의 권유에도 페이스북에 올리는 것으로 만족했었다. 그런데 존경하는 송경용 신부님이 이 어려운 시기에 사회적경제 동료들을 북돋울 수 있는 내용이니 책으로 내자고 하셨다. 아내와 주변 사람들에게 물으니 책으로 내는 것이 좋겠다고 했다. 이렇게 고민 끝에 책을 내기로 했다.

두 번째 맞는 세계협동조합의 해에

　2025년은 UN(국제연합)이 정한 '세계협동조합의 해'다. 2012년에 이어 두 번째다. 불과 13년 만에 세계협동조합의 해를 다시 선언했는데 이유는 무엇일까? 2012년의 선언이 효과 있었으니 더 해보자는 것일까? 아니면 효과는 없고 사회는 더 망가졌지만 별 뾰족한 대안이 없어서일까? 배경은 모르지만 협동조합 운동에 30년 가까이 몸담아 온 사람으로서는 반갑고 무겁다. '더 잘했어야 하는데, 아니 이제라도 더 잘해야 하는 것은 아닐까? 어느덧 60을 넘긴 나이에 무엇을 할수 있을까?' 고민하다가 현장의 목소리를 담아보기로 했다. 직접 사업을 하면서 척박하고 기울어진 한국 자본주의와 경쟁하는 당사자들의 이야기를 기록하고 전해야겠다고 생각했다. 이 어둠의 시기에.

여기 있는 글들은 2023년 사회적경제 전문 인터넷 언론인 〈라이프인〉에 1년 동안 쓴 내용이다. 글을 쓸 때는 두 가지 목적이 있었다. 하나는 신자유주의를 지향하는 정부는 사회적경제 관련 정책과 사업에는 관심이 없으니 예산을 투입하지 않을 것이므로 대비하자는 것이었다. 다른 하나는 어느 사회적경제 연구자의 표현에서 '과잉 실천'이라는 것을 보고, 이런 표현과 인식이 현장의 사람들에게 미칠 부정적인 영향을 줄이고 연구자들에게는 현장에 대한 관심을 호소해야겠다는 생각이었다. 이 두 가지에 대해 좀 자세히 설명하자.

윤석열 정부가 사회적경제에 관심이 없는 것은 20대 대통령 선거 당시 발표한 공약에 사회적경제와 관련된 내용이 없는 것으로 나타났다. 그리고 2022년 3월 당선 이후 발표한 국정 운영 방향과 과제에도 사회적경제는 찾아볼 수 없었다. 나는 이런 경우 지난 이명박 정부 때와 비슷한 길을 갈 것으로 예상했다. 이명박 정부는 7% 경제 성장, 1인당 국민소득 4만 달러 달성, 7위 경제 강국 진입이라는 '747공약'을 목표로 강력한 신자유주의를 추진하는 기업프렌들리 정책을 추진했다.

하지만 2008년 미국에서 시작한 서브프라임모기지론 사태가 금융위기, 세계 경제위기로 퍼지면서 세계 자본주의에 깊숙이 들어가 있는 한국 경제도 함께 흔들렸다. 747공약은 공약(空約)이 되었고 치솟는 금리, 실업 등에 대한 대응이 다급해졌다. 결국 노무현 정부 말에 시작한 사회적기업을 축소 또는 폐지하겠다는 초기 방향과 달리 임기 내에 적극 육성으로 변경하지 않을 수 없었다. 이명박 정부는 사회적기업 육성만 아니라 임기 말에는 협동조합기본법 제정을 적극 지원, 협력했다.

이런 경험 속에 사회적경제에 대한 관심이 없는 정부라도 경제가 어려우면 자연히 사회적경제에 대해 관심을 가질 것이라고 생각했다. 그런데 그렇지 않았다. 경제가 어렵지만 2008년과 같이 사회적으로 큰 문제가 되지 않는 수준이었다. 더구나 대통령은 민생 경제에 관심이 없는 것 같았다. 그러다 보니 정부는 사회적경제 관련 예산을 줄일 것 같았다. 예산을 투입해도 성과가 없으니 세금 낭비라는 이유를 댈 것도 뻔했다. 실제로 2023년부터 매년 관련 예산이 점점 감축되거나 항목 자체가 사라졌다.

사회적경제 예산 삭감은 옳지 않다

하지만 지금은 사라진 경남사회적경제통합지원센터 센터장을 하면서 내가 경험한 사회적경제는 예산 낭비가 아니었다. 현장의 마을기업, 사회적기업, 자활기업, 협동조합에 투입한 세금은 대부분 그 가치를 이행하고 허투루 낭비되지 않았다. 물론 극히 일부에서 지원금, 보조금을 그 목적에 맞지 않게 사용하는 사람이나 기업도 있지만 대부분은 그 목적에 맞게 사용됐다. 더구나 정부의 지원을 전혀 받지 않는 사회적경제기업들이 훨씬 많고, 받더라도 그 지원을 바탕으로 자립하는 곳이 꽤 많았다. 사회적경제가 세금 먹는 하마라는 것은 정부의 일방적인 주장이다.

그러므로 먼저 정부가 사회적경제 관련 예산을 줄이는 핑계가 옳지 않다는 것을 증명하고 싶었다. 그러기 위해서는 현장을 찾아다니면서 정부 지원 없이 사업을 잘하는 사회적경제기업, 초기에는 정부 지원을 받았으나 지금은 자립한 사회적경제 회사, 정부 지원으로 취약계층을 많이 고용하여 정부의 복지비용을 오히려 절감하는 사회적경제 조직, 정부 지원으로 사회적 가치를 실현하여 갈등을 줄이고 환경을 보전하며 지역을 살려서 사회, 자연, 이웃에 더 큰 선물로 돌려주는 사회적경제 기관 등을 소개해야겠다고 생각했다.

두 번째, 과잉 실천이라는 표현을 반박하고 싶었다. 이 표현은 약 10년 전, 사회적경제를 연구하는 어느 연구자에게서 나온 것으로 알고 있다. 그는 당시 한국의 사회적경제가 봉착한 문제를 '과잉 실천과 사상의 결핍이라는 불균형'이라고 규정했다. 그리고 일부 젊은 연구자들이 거기에 동의를 표했다. 곰곰이 생각해봤다. 정말 그러한가? 나는 그렇지 않다고 생각했다. 더구나 우리 사회는 2012년 12월이 돼서야 협동조합기본법이 시행됐는데 시행된 지 1, 2년밖에 안 된 시점에서 어떤 실천이 있었기에 과잉 실천이라고 했을까?

실천의 유무와 관계없이 사상의 결핍은 있을 수 있다고 생각한다. 이제 막 사회적경제라는 용어가 알려지기 시작하는 사회니까. 그리고 그렇게 상상할 사상의 자유가 있으니까. 그런데 '과잉 실천'이라는 표현은 10년 전이나 지금이나 도대체 이해할 수 없다. 실천에 과잉이 있을 수 있을까? 실천에서 방향이나 방법은 문제가 될 수 있지만 '실천을 너무 많이 해서 문제'라는 것은 받아들이기 힘들다. 30년 이상 협동조합에 몸담고 살아온 나에게 '과잉 실천'이라는 표현은 생경하고 의아하다. '과잉 실천'이 문제라고 생각하거나 그에 동의하는 사람들은 어떤 생각일까?

사회적경제의 첫 조직인 공제조합과 협동조합은 연구실이나 사상에서 출발한 것이 아니라 현실에서 생존하기 위한 민중의 생존, 실천의 산물이었다. 1634년 스코틀랜드 바닷가에서 시작한 보로스토니스공제회는 뱃사람, 뱃일하는 사람들이 부상, 죽음, 실직의 두려움에 대비해 시작했고 1760년 영국 울위치 차담에서 시작한 협동조합은 밀가루 구입이라는 먹을거리를 해결하기 위해 시작했다. 현장, 현실에서 생존의 문제로 시작했던 것이다. 약 200년 이상 있었던 현장의 치열한 실천과 생각을 모아 다듬어서 다수가 동의할 수 있게 정리한 것이 협동조합의 정체성, 즉 가치와 정의다.

아무리 강조해도 부족한 게 '실천'

다른 사회 운동이나 경제 운동은 사상이 먼저 생기고 실천을 나중에 했는지 나는 잘 모른다. 하지만 내가 아는 협동조합, 공제조합, 사회적경제는 먼저 현장의 실천 사례를 모으고 실패와 성공을 정리하여 원칙을 만들고 가치를 세우고 정체성을 선언했다. 왜 그랬을까? 협동조합은 정의, 가치, 원칙, 사상을 정의하기 이전에, 자본가가 경영하는 사업체에 의존하지 않으면서 먹고살아야 했기 때문이다. 먹거리, 생필품 판매에서는 소비자들에게 폭리를 취하고, 노동자들이 생산한 가치에서는 저임금 지급으로 착취해 가는 악순환의 고리를 끊는 것이 절실했기 때문이다.

그렇다고 사상이 중요하지 않다는 것은 아니다. 중요하다. 다만 과잉 실천이라는 말의 위험성을 지적하고 싶다. 자본의 천국이라는 한국 사회에서 치열한 실천만이 살길이라고 생각해왔는데 과잉 실천이라 하니 당혹스러웠다. '과잉 실천이라는 표현이 과연 적절한 표현이며 올바른 문제 제기인가?'는 이후 따져볼 문제다. 그것보다는 우선 '과잉 실천이라는 말이 현장에서 일하는 사회적경제 종사자들에게 상처가 되지 않아야 한다', '자본 쪽으로 기울어진 운동장에서 사업하면서 하루하루를 힘겹게 버티는 사회적경제기업가들에게 힘을 줘야겠다', '과잉 실천에 동의하는 연구자들이 사회적경제의 현장을 알아줬으면 좋겠다' 하는 생각에서 글을 쓰기 시작했다.

다시 정리하자면 '사회적경제에 대한 예산 감축이라는 정책 방향의 부당성을 지적하고 대비하자'와 '생존에서 시작한 사회적경제의 당사자, 관계자, 연구자들에게 현장 실천이 중요함을 알리자'는 문제의식 속에서 글을 쓴 것이다. 그래서 〈라이프인〉에 연재할 당시 제목을 "사회적경제기업, 그 생생한 현장을 가다"로 했다.

현장의 목소리를 담자

이러한 배경 속에서 현장 기업을 방문하고 인터뷰하면서 다음의 몇 가지 원칙을 정했다.

첫째, 현장에 가서 직접 사람을 만나서 소통한다. 이메일과 인터넷을 통한 질의 응답이나 전화 통화도 필요하지만 반드시 당사자를 대면하려고 했다. 그래야 더 진솔한 이야기를 들을 수 있기 때문이다. 둘째, 만날 때에는 창업자나 현 대표 또는 그 기업을 가장 잘 아는 사람을 만난다. 그래야 사회적경제기업을 시작한 배경과 이유를 알 수 있기 때문이다.

셋째, 인터뷰 중에 좋았던 이야기만 아니라 고비, 위기 극복 스토리를 꼭 묻는다. 이는 그런 경험이 다른 사회적경제기업에 도움이 되기 때문이다. 넷째, 글을 송고하기 전에 인터뷰한 사람들에게 검토받는다. 사실 관계를 정확하게 하기 위해서다. 다섯째, 당사자들의 현장 이야기를 최대한 반영한다. 방문자가 하고 싶은 이야기를 중심으로 하는 것이 아니라 현장에서 사업하는 사람들의 목소리를 최대한 반영해야 한다는 생각 때문이다. 물론 나의 의견을 전혀 안 쓸 수는 없다. 하지만 당사자들이 하고 싶은 말, 주장하고 싶은 이야기를 최대한 전달하고자 했다.

방문한 사회적경제기업은 전국에 있는 사회적경제 광역 단위의 중간지원 기관에 문의하여 추천받고 선정했다. 추천받을 때는 몇 가지 기준을 이야기했다. 1) 먼저 현재만 아니라 과거에도 정부의 지원을 받은 적 없이 자립적으로 운영하는 곳, 2) 다음으로 과거에 정부의 지원을 받은 적이 있더라도 그것이 기반이 되어 현재는 받지 않고 경영하는 곳, 3) 마지막으로 정부의 지원을 받고 있어도 사회적경제기업이기 때문이 아니라 복지나 중소기업 등 다른 정책, 사업으로 받고 있는 곳 등의 순서로 추천해달라고 부탁했다.

한 시도에서 2~4곳 추천받아 1~3곳을 방문했다. 다행히 추천받은 사회적경제기업 대부분이 친절하고 좋은 곳이었다. 몇 곳은 방문해서 기록했지만 기사에 싣지 않기도 했다. 해당 기업이 원하지 않은 경우도 있었고 사례로 적절하지 않은 곳도 있었다. 하지만 대부분 바쁜 중에도 인터뷰에 적극 응해주었고 일부 기업은 사진도 제공해주었다. 이 자리를 빌려 감사의 마음을 보낸다. 〈라이프인〉에 연재했던 글을 책으로 묶다 보니 글의 시점과 수치가 현재와 일부 불일치하는 경우가 있다. 독자들의 양해를 바란다.

이번에 책으로 엮은 31곳의 사회적경제기업들을 '어떻게 분류할 것인가?'에 대해서 고민이 있었다. 일반적으로 사회적경제기업이라 하면 주무부처에 따라 마을기업, 사회적기업, 자활기업, 협동조합 등으로 구분한다. 이런 구분은 나름의 장점이 있지만 사회적 가치와 같은 관심사를 반영하지 못한다. 그래서 가능한 한 사회적 가치를 담는 키워드로 구분했다. 장애인, 기후위기, 지역 소멸, 청년, 지역자산화, 혁신 등이 그런 구분이다.

다만 제조는 사회적 가치보다는 우리나라 사회적경제기업에서 제조업을 하는 숫자가 많지 않을 것 같다는 생각에서 독립적으로 분류를 추가했다. 다행히 이런 구분하에 4~5개씩 분류가 가능했다. 그래서 각 분야별로 앞부분에 짧게 설명을 넣었다.

사회적경제기업으로 경영을 잘하고 있는 곳들이 많은데 시간 관계상 2023년 중에 방문하지 못한 곳도 있어서 아쉬웠다. 그래서 2024년에는 분야별로 방문하여 인터뷰를 했다. 주택, 에너지·태양광, 의료복지, 사회서비스, 자금 조달, 판로 개척, 자원 재생, 컨설팅·인큐베이팅 등의 분야들이다. 나아가 한국의 사회적경제기업 중에 성공적인 창업자, CEO 그리고 기여자 10여 명에 대해서도 깊이 있게 소개해야 한다는 생각이다. 사회적경제의 이론, 사상도 중요하지만, 현장에서 사회적경제기업을 성공시킨 기업가나 기업가 정신도 매우 중요하기 때문이다.

이 책이 나오기까지 직간접적으로 50명 이상의 참여와 도움을 받았다. 좋은 곳을 추천해주신 사회적경제 중간지원조직들, 방문하여 인터뷰할 때 너무 잘 응해주신 대표님들, 책을 내라고 권하고 추천사를 써주신 송경용 신부님, 신철영 전 회장님(아이쿱생협연합회), 출판사를 섭외해주신 한국사회가치연대기금의 서유경 팀장님 그리고 어려운 가운데서도 출판을 결정해주신 북돋움coop 출판사에 깊은 감사의 인사를 드린다.

마지막으로 협동조합 운동을 한다고 외지로 돌아다니며 가정을 돌보지도 않은 아버지를 이해하고 불편한 몸으로 잘 살고 있는 아이와 그런 남편에게 책을 내라고 격려해준 아내에게 가장 고마운 마음을 전하고 싶다.

2025년 2월 정원각

1장

장애를 넘는 공존의 꿈

        사회적경제를 드러내는 다양한 정체성이 있는데 그중 하나는 약자들의 사업체라는 것이다. 시장에서는 생산자보다 소비자가, 자본가보다는 노동자가 약자에 속하고 신체적, 문화적 약자도 여기 포함된다. 문화적 약자라면 접근성이 중심이 되고 신체적 약자는 장애인이 중심이 될 것이다. 장애인을 시혜 대상으로 보는 시각을 넘어 장애인이 사회 구성원으로 자립하면서 비장애인과 더불어 살아가는 사회를 이루는 것이 사회적경제기업의 목표다. 이를 위해서는 법적, 제도적 뒷받침도 필요하지만 경제적 자립을 위한 교육과 훈련도 필요하다. 그리고 현실에서 실제 사업을 잘하는 모델도 필요하다.

　여기서는 장애인과 관련된 사회적경제기업 가운데 대구안심마을, 부산커피협동조합, 찬솔사회적협동조합, 참손길공동체협동조합을 살펴보려고 한다. 이 가운데 대구안심마을은 하나의 기업이 아니라 장애인을 위한 커뮤니티 또는 마을로, 그 안에 사회적경제기업 20곳과 시민사회단체 10여 개 등 30여 개의 기업과 NGO가 있고, 다른 세 곳은 단일 기업이다. 이 사회적경제기업들이 장애인을 위해 어떤 사업과 활동을 하는지 알아봤다.

　대구안심마을은 대구광역시 동구의 안심1동~4동을 중심으로 반경

약 10km 안에 30여 개의 사회적경제기업과 시민사회단체가 협력하며, 장애인과 비장애인이 더불어 살아가는 커뮤니티를 이루고 있다. 어린이집, 방과 후 학교, 어린이도서관, 치료센터, 식품가게, 카페, 식당, 도시락 배달점, 공연 기획사, 마을 방송국, 책방, 햇빛발전소, 숙박 시설 등 일상에서 불편함을 느끼지 않을 정도의 생활 편의 시설과 기업들이 어우러져 있다.

예를 들어 지적장애가 있는 아이가 안심마을의 어떤 가정에서 태어났다고 하자. 아이는 자라서 동네 어린이집을 다니고 어린이집을 마치면 초등학교에 간다. 초등학교에 다닐 때는 수업이 끝난 뒤 장애인과 비장애인이 함께 방과 후 교육을 받고 상담실도 이용한다. 중고등학교는 장애인을 위한 특수학교나 공교육 기관을 다니고 중등교육을 마친 후에는 카페, 식품 매장, 문화 기획소 등에서 일자리를 가질 수 있다. 그리고 원한다면 비장애인과 장애인이 함께 사는 공유 주택에 살면서 독립할 수도 있다.

이 외에도 햇빛발전소에 참여하여 기후위기에 대응하는 시민운동에 참여할 수 있으며, 장애인과 함께 대표적인 소수자에 속하는 에이즈 감염자들도 안심마을에서 더불어 살아갈 수 있다. 장애인만이 아니다. 비장애인에게 편리한 도시락과 반찬을 배달하는 가게도 있고 건강한 식재료로 운영하는 식당도 있다. 도시인으로 도시농업에 참여할 수도 있고 마을방송국을 통해 동네 소소한 소식도 들을 수 있다. 이렇듯 안심마을은 그 안에서 장애인과 비장애인이 생로병사를 겪으면서 살 수 있는 커뮤니티를 꿈꾸고 있다.

부산커피협동조합과 찬솔사회적협동조합은 청년 연령인 지적장애인들이 자립할 수 있도록 직업 교육과 훈련을 하고 현장에서 경영하도록 한다. 지금까지 카페에서 일하는 지적장애 청년들에 대한 교육이 커피를 내리는 바리스타와 서빙 중심이었다면, 두 협동조합은 원재료와 부재료를 주문하고 포스(POS) 관리 등을 함으로써 경영도 할 수 있도록 가르친다. 그래야 자립할 수 있기 때문이다.

부산커피협동조합은 대기업이 독점해서 부산항을 통해 수입하는 커피가 거의 전량 서울에 갔다가 다시 부산 등으로 내려오는 구조를 개선하고자 시작했다. 이를 위해 커피 생산지와 직접 거래하는 유럽 기업으로부터 커피를 수입하고자 노력했다. 그 노력이 성과를 내자 본격적으로 장애인을 위한 사업을 했다. 방향은 바리스타가 아니라 카페에서 필요한 원재료와 부재료를 주문, 관리할 수 있도록 교육, 훈련, 실습하는 것이다. 그래야 진정한 자립이 된다는 판단이다.

찬솔사회적협동조합은 특수학교 교사들이 장애인 제자들의 자립을 위해 설립했다. 장애인을 이해하지 못하는 사회, 장애인 일자리를 이미지로만 이용하려는 기업 등을 보면서 직접 일자리를 만들어야겠다고 생각한 것이다. 롤 화장지를 제작해서 공공기관에 납품하는 일부터 시작했다. 이제는 물티슈, 도시락 수저 세트 포장, 카페 운영까지 하고 있다. 스마트팜도 한다. 모두 일을 배우고 훈련하고 실습한 다음에는 직장인으로 일자리를 가지는 단계까지 하고 있다. 그리고 카페는 직접 경영까지 하도록 훈련하고 있다.

앞의 사회적경제기업들이 청년 연령 지적장애인의 자립을 중심으로 하는 기업이었다면 참손길공동체협동조합은 시각장애인이 대상이고 청년보다는 중장년 중심이다. 잘못된 시각과 부족한 인권 교육으로 인해 장애인에 대한 편견이 많은 우리 사회에서는 시각장애인이 할 수 있는 사업이 거의 없다. 게다가 정부의 정책 실패 등이 어우러져 퇴폐 안마 업소를 양산했다. 이런 왜곡된 환경 속에서 참손길공동체협동조합은 건전한 안마를 통해 시각장애인의 일자리를 하나하나 확장해가고 있다. 10년 동안 여러 어려움, 갈등도 있었지만 잘 극복하여 현재는 조합원 42명, 직원 11명, 점포 12개로 성장했다.

장애인이 사회에서 어떤 삶을 살고 있는가는 그 사회의 성숙함을 볼 수 있는 중요한 지표 중 하나다. 장애인과 비장애인의 통합 교육, 장애인의 이동권 보장, 특히 비장애인의 장애인에 대한 감수성 등이 중요하다. 사회적경제기업들이 하는 이런 노력도 장애인이 인간다운 삶을 사는 데 크게 기여할 것이다. 앞으로도 다양한 분야에서 장애인의 자립, 공존이 추구되길 바란다.

어린이집부터 일자리까지,
장애인이 존중받는 곳
– 안심마을

"나는 내 아이보다 하루만 더 살고 죽는 것이 가장 큰 소원이에요."

장애, 특히 지적장애가 있는 자녀를 키우는 엄마들 사이에서 공공연히 나누는 한 맺힌 소원이다. 장애아가 혼자 자립적으로 살 수 있는 환경이 못 되는 한국 사회이기 때문에, 아이가 죽을 때까지 엄마가 보살피고 뒷바라지해야 하는 현실을 적나라하게 드러낸 말이다.

너무 과장된 이야기 아니냐고 할 수도 있지만 장애를 가진 자녀와 동반 자살을 하는 엄마나 가족에 대한 언론 보도가 종종 있는 것을 보면 전혀 과장이 아니다. 한국 사회에서 장애아를 키우는 것은 너무 힘들고 그 책임은 개별 가정, 그중에서도 엄마에게 지워져 있다는 의미

다운증후군 '정은혜 화가와 대화'에 참석한 부모

다. 그러면 대한민국 국가, 사회, 정부, 지역사회는 무엇을 하고 있는 것일까?

'한국 경제가 세계 10위권이다', '1인당 실질 소득이 일본을 앞질렀다', 'G7에 이탈리아 대신 들어가야 한다'는 등, 대한민국이 선진국, 세계 모범 국가가 된 것같이 떠드는데 왜 장애인의 삶은 이렇게 비극적인가?

단순히 돈 버는 일에서 선진국이 된 것은 맞다. 하지만 장애인을 포함한 경제·사회·신체적 약자에 대한 정책과 제도, 사회 환경, 그리고 국민의 인식 등은 한참 멀었다.

장애인의 생존, 삶에 대한 책임을 모두 개별 가정에 맡기는 현재의 장애인 육아, 교육, 일자리, 그리고 현재 쟁점이 되어 있는 장애인 이동권을 보면 아직 한국 사회는 선진국에 한참 미달이다. 오죽하면 지하철에서 장애인들이 휠체어를 타고 목숨을 담보로 장애인 이동권 등의 권리를 확보하기 위한 투쟁을 하겠는가.

장애인과 비장애인 모두의 행복을 위해

　　이런 현실 속에서 방문한 대구광역시 동구 안심마을(안심1동~4동)은 너무나 놀라운 반전이었다. 사실 안심마을에 대해서는 언론 보도와《안심에서 놀고 자란다》라는 소개 책자를 통해 어느 정도 알고 있었다. 그러나 안심마을을 만드는 데 20년 동안 참여한 관계자와 직접 장시간 인터뷰를 해보니 '장애인과 비장애인이 함께 모두 행복한 삶을 살 수 있는 안심마을', '장애인이 존중받는 안심마을'이라는 확실한 결론을 얻을 수 있었다.

　　행복한 삶에는 '안전하게 태어나 건강하게 자라면서 좋은 교육을 받고 친구들과 잘 어울리며, 자존감 있는 노동을 하고 휴식을 취할 수 있

안심마을의 여러 모습

는 집' 등이 포함될 것이다. 안심마을은 이 모든 것을 지역사회에서 해결하기 위해 하나하나 계획하고 준비하는 것 같았다. 더구나 자본기업이나 정부가 아니라 협동조합, 마을기업, 사회적기업 등 사회적경제를 통해서…….

법과 제도가 만들어지기도 전에
시작한 안심마을

안심마을에는 무엇이 있을까? 어린이집, 방과 후 교육, 어린이도서관, 식품가게, 카페, 식당, 도시락 배달점, 공연 기획사, 마을방송국, 책방, 햇빛발전소 등 20개의 사회적경제기업과 10여 개의 시민사회단체 등 30개가 넘는 조직이 있다. 여기에 2,000명이 넘는 주민이

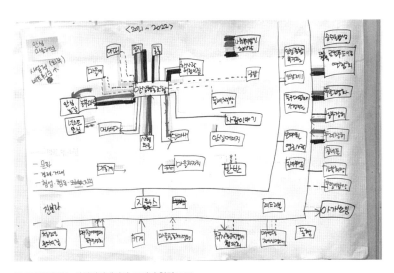

안심마을에 있는 사회적경제기업, 조직과 협력 NGO

참여하고 100명이 넘는 임직원이 있다. 사회적경제 조직과 사람들이 이렇게 밀집된 곳은 국내뿐 아니라 다른 나라에서도 흔치 않다.

이렇게 안심마을에서 사회적경제가 시작한 것은 2003년이다. 사회적기업육성법은 2007년 제정되었고, 협동조합기본법은 2012년 제정, 그리고 마을기업은 2010년 행안부 지침으로 시작했다. 자활 조직들은 1997년 IMF 외환위기 때 실업 극복 운동으로 시작됐으나 안심마을에는 자활 관련 기업이나 조직이 없다. 안심마을에 있는 사회적경제 조직들은 사회적기업, 협동조합 등의 법제화를 하기 전에 시작했고 이후 법, 제도, 정부 정책들이 협력한 것이다.

꿈을 꾸고 밭을 갈고 씨를 뿌린 사람들

앞서 언급했듯 안심마을에는 현재 20개의 사회적경제 조직과 10여 개의 시민사회단체가 있다. 안심마을 내부 관계자들은 아직 갈 길이 멀다고 하지만 이미 대단한 성과임은 부인할 수 없다. 그러면 이러한 성과는 어떻게 가능했을까? 더구나 법적인 제도나 정책적인 지원이 있기 전인데 말이다. 그것은 이를 위해 미리 꿈을 꾸고 거친 황무지에서 돌을 골라내 밭을 갈며 씨를 뿌린 사람들, 즉 헌신하는 사람들이 있었기 때문이다.

안심마을에서 복지, 교육, 사회 서비스 등의 다양한 사회적경제가 처음으로 시작한 시기는 2003년이라고 하는데, 이는 장애·비장애 어린이 통합 보육을 하는 한사랑어린이집이 옮겨온 때를 말한다. 한사랑어린이집을 운영하는 사회복지법인 한사랑(대표 겸 어린이집 원장 윤문주)

은 대구의 다른 지역에서 1992년부터 사업하다가 2003년 안심마을로 이사했다. 그러므로 실제로는 30년이 넘은 것으로 봐야 한다.

출발은 장애·비장애아동의 통합 교육에서

한사랑어린이집은 장애아동과 비장애아동 통합 교육을 하다 보니 자연스럽게 교사 대부분이 특수교육을 전공한 사람들이다. 그리고 이 어린이집에 아이를 보내는 장애아동 부모와 비장애아동 부모는 장애아동과 비장애아동의 통합 교육을 지지하는 부모들이다. 그러므로 법인 대표, 교사, 학부모 등 통합 교육이라는 같은 꿈을 꾼 사람들이 모여 어린이집을 시작한 것이 안심마을이라는 사회적경제의 출발이었다. 그리고 이들이 이후 안심마을 각 조직의 핵심 활동가가 된다.

어린이도서관 '아띠'

여기에 시민사회단체 회원과 활동가들이 힘을 보탰다. 2007년, 대구참여연대 동구주민회 총회에서 안심마을에 작은도서관(초대 관장 김연희)을 운영하기로 결의하고 약 1년 8개월 정도의 준비 기간을 거쳐 2008년 10월 반야월 행복 어린이도서관 '아띠'를 시작했다. 아띠는 주중에는 주부 자원봉사자들 12명이 사서 등의 역할을 하고 주말에는 아버지들이 돌아가면서 관리하는 방식으로 운영했다. 이들 역시 이후의 새로운 사회적경제 조직 설립에 적극적으로 참여했다.

장애아동의 교육, 치유, 일자리, 주거를 꿈꾸다

취학 전의 장애아동이 장애·비장애아동 통합 교육을 받을 수 있게 하자는 꿈은 초등학생 방과 후 교육으로 이어졌고 교육 후에는 일자리까지 연결되어 자립적인 삶을 살 수 있게 하는 꿈으로 확장되었다. 이제는 장애아동뿐만 아니라 에이즈 감염자, 일반 시민들까지 확장하여 안심마을에서 식, 주, 의, 치료, 주거 그리고 독서, 문화 등 삶 전반으로 확산하고 있다. 이 중에서 의료 시설은 아직 미완의 꿈이다. 아울러 다른 분야도 더 성숙, 성장하고 서로 협력해야 한다.

안심마을의 출발인 한사랑어린이집이 안심마을로 이사한 후 다양한 교육, 복지, 돌봄 조직이 만들어졌다. 먼저 '협동조합둥지(마을기업 지정)'는 2013년 설립했는데 방과 후 학교를 운영하며, 초등학생(1~4학년)을 중심으로 장애아동과 비장애아동의 심리 상담을 한다. 이 조직은 공간 확보를 위해 초기에 20여 명이 6,000만 원을 모아 2층짜리 집을

사회복지법인 한사랑이 운영하는 한사랑어린이집

구입했는데, 이후 3억 8,000만 원 규모로 확대 이전했다.

같은 해인 2013년에는 장애아동 치료 센터로 '사회적협동조합마을 애'가 설립되어 장애아동 발달 재활 서비스와 특수 교육 치료, 그리고 장애 인식 개선을 위한 주민 교류 사업과 장애아동 가정 역량 강화 사업을 한다. 이듬해에는 교사와 학부모가 함께 운영하는 대구 공동육아 협동조합 '동동어린이집'이 출범하여 생후 18개월부터 학교 가기 전의 아이들을 교육하며, 아이들 부모인 조합원 교육과 마을 주민들과 함께 하는 축제에 참여한다.

안심마을에서 자란 아이들이 청년이 되면 어떻게 할까? 한사랑어린 이집 개원 후 14년이 지난 2017년에는 장애 청년들에게 일자리를 제공하는 '사회적협동조합사람이야기(마을기업 지정)'가 사업을 시작한다. 장애 청년들에게 바리스타, 카페 운영 등을 교육하여 안심마을 지역에서 운영하는 카페 등에 취업하도록 돕는 것이다. 대구혁신도시로 이전한 중앙교육연수원이 협력한 카페, 생협 매장 등이 장애 청년들의 일터 가운데 하나다.

안심마을의 사회적경제기업들

안심마을에는 장애아동과 그 가족을 넘어 지역 주민들과 함께하는 사회적경제기업과 조직이 다양하게 있다. 대표적인 곳이 '땅과 사람 이야기'라는 부제를 가진 소비자협동조합이다. 주민들의 안전한 먹거리를 책임지는 이 협동조합은 2011년 안심주민생활협동커뮤니티라는 이름으로 시작하여, 2013년 안심협동조합이라는 소비자협동조합으로 조직을 전환했다. 이 조합은 로컬푸드 매장과 카페를 운영하는데 현재 900명의 조합원으로 안심마을 사회적경제 조직들의 거점 역할을 한다.

안심협동조합이 운영하는 매장

2010년, 취약계층 일자리 창출을 위해 친환경 재료로 도시락과 밑반찬을 만들어 제공하는 사업을 시작했는데 협동조합기본법 시행 후인 2014년에 '사회적협동조합동행(사회적기업)'으로 독립했다. 동행은 LH가 율하 지역에서 지원하는 나눔 텃밭도 함께 운영했다. 한편 맞벌이 부부, 바쁜 도시 직장인을 위해 2013년, 소비자들의 반찬 공동구매를 위한 가게인 '협동조합달콤한밥상(마을기업 지정)'을 만들었다. 달콤한밥상에서는 화학조미료를 사용하지 않고 인근의 농산물을 사용하여 반찬을 만든다.

안심마을은 대구시 동구에서도 동쪽 끝에 있는 지리적 특성으로 논과 밭이 있어 도시농업의 적지다. 안심종합사회복지관이 영구임대아파트 주민들이 유휴부지에서 생산한 딸기를 판매 중계했는데 이를 계기로 '농부마실사회적협동조합'이 탄생했다(2016년). 매장과 농장을 운영하며 생태 텃밭 교실, 도시농업 강사 양성 과정 등을 운영한다. 당시 안심종합사회복지관 직원이었던 사람이 복지관을 그만두고 농부마실 창립에 핵심적인 역할을 했고 현재는 경영을 책임지고 있다.

2013년 시작한 레드리본사회적협동조합(사회적기업 인증)은 에이즈에 대한 인식 개선과 감염인들의 자립을 위해 설립했다. 이 협동조합은 '카페 빅핸즈' 매장 7개와 편의 시설 3개를 운영한다. 이와 함께 에이즈 감염인 의료연대기금 사업인 '빅핸즈 레드 케어', 조합원 소액 대출 사업인 '빅핸즈 우애기금', 에이즈 감염인이 입주하는 '사회적 주택 꿈담채' 등을 운영하고 있다.

안심마을 지역에서 10년 동안 100회의 '행복음악회'를 진행하고 공중파 안심마을 방송국을 운영하는 마을 문화공작소 '와글 사회적협동조합'은 2020년 설립했다. 100회 공연이 말해주듯이 와글은 창립 전에 이미 10년 동안 안심마을 주민들의 문화를 담당했다. 그리고 안심마을 방송국 설립과 운영은 대구시 성서구 주민들이 운영하는 성서FM의 도움을 받았다.

2010년부터 장애 청년들과 비장애인이 함께 운영하던 통합 마술단과 지역문화 공동체는 2015년 '반반협동조합'을 창립해서, 일자리를 구하기 어려운 장애 청년들에게 일자리를 제공하는 역할도 하고 있다. 공연하는 마술 내용으로는 버블 매직, 코믹 매직, 그림자 마술 등이 있다. 그 외에 유아 돌잔치와 어린이 생일 파티도 진행하고 행사, 축제 문화 공연 기획과 진행도 한다.

어린이도서관 아띠와 함께 안심마을의 독서 문화를 책임지는 동네 책방 '협동조합책방i아이(마을기업 지정)'는 2017년 설립했다. 책방i아이는 책 읽는 문화를 만들고 책을 매개로 주민들이 모일 수 있는 공간을 확보하고자 소비자와 생산자가 함께 만든 다중이해관계자 협동조합이다. 책 판매가 주 사업이지만 저자와의 대화 같은 인문학 강좌, 어린이 독서단 등도 운영하고 조합원과 손님이 쉴 수 있는 공간(벙커)도 갖추고 있다.

안심마을의 사회적경제 생태계

안심마을에는 다양한 사회적경제기업들이 창립하고 성장할 수 있도록 지원, 협력하는 조직들이 있다. 대동계는 2011년 활동가 30~40명이 상부상조, 소액 대출을 하기 위해 시작했다. 회원들이 한 달에 1만 5,000원에서 10만 원 사이의 돈을 납입하면, 5,000원은 사용하고 나머지 금액은 적립하여 필요할 때 대출해주는 방법으로 현재 약 4,000만 원이 있다. 얼마 전에는 안심마을에서 살아가는 청년들에게 50만 원씩 지원했다.

안정적인 사업과 활동을 위해서 공간 확보는 매우 중요하다. 안심마을에서 공간을 확보하고 관리, 운영하는 '협동조합공터'는 2013년 창립하여 현재 두 개의 건물을 소유하고 있다. 하나는 방과 후 학교를 시작

협동조합공터가 운영하는 건물 2호. 1층은 커피숍, 2, 3층은 공유 주택(장애인, 비장애인 주거 시설)

하면서 공간 확보를 위해 2014년 땅을 매입하고 건축한 건물이고, 다른 하나는 2020년 행안부의 지역자산화 사업에 선정되어 확보한 건물이다. 자체 마련한 건물 1층에는 마을애협동조합이 있다가 공간이 좁아서 옮기고 지금은 사회적경제 관계 기업이 사용하며, 그 외의 공간에는 주간보호센터, 자립지원센터 등이 입주해 있다. 그리고 행안부 지역자산화로 소유한 건물 1층은 사람이야기가 카페를 운영하고 있고 2, 3층은 장애인과 비장애인들이 공유 주택으로 사용하고 있다.

안심에너지협동조합이 설립한 햇빛발전소

기후위기 시대에 에너지 자립을 위해 태양광 발전소를 설치, 운영하는 안심에너지협동조합은 2019년 설립하여 2020년 11월, 용량 91.26KW의 햇빛발전소를 설치했다. 수익은 조합원 배당과 마을 기금으로 이용하고 있다. 햇빛발전소 설치 외의 사업으로 재생 가능 에너지 교육과 홍보, 에너지 복지 개선을 위한 사회 공헌, 에너지 전환 정책 연구와 네트워크 활동 등을 하고 있다.

 '마을과자치협동조합'은 안심마을에 있는 사회적경제기업과 조직들의 경영, 공모, 교육 등을 컨설팅하기 위해 2018년 설립한 협동조합이다. 그동안 행안부 지역자산화 사업, 공모사업 참여, 사회서비스 공간 확보 등에 대해 컨설팅하여 선정되는 등의 좋은 성과가 났다. 동구

사회적경제협의회는 안심마을에 있는 사회적경제기업과 그 외 동구 지역에 있는 27개 사회적경제기업이 참여하여 만든 네트워크로서 조직 간의 교류와 연대의 가교 역할을 하고 있다. 이 중에 17개 기업이 동구우애기금에 참여, 운영하고 있다.

정부 지원의 시너지

안심마을에 있는 사회적경제기업과 조직들의 법인 정체성을 보면 대부분은 협동조합 법인이다. 그리고 이 협동조합 가운데 상당수는 사회적기업 인증이나 마을기업 지정을 받아서 설립 초기에 안정적으로 사업하는 데 큰 도움을 얻었다. 특히 행안부가 추진한 지역자산화 사업은 안심마을의 사회적경제기업에 힘이 되었고 더 많은 일을 추진하는 촉매 역할을 하고 있다. 즉 민간이 스스로 시작하고 준비되어 있는 상태에서 정부의 인증 제도와 지원 정책은 큰 시너지를 발휘했다.

그뿐만 아니라 권영진 전 대구 시장의 사회적경제에 대한 호의적인 정책, 대구시 마을공동체만들기 지원센터, 그리고 (사)커뮤니티와경제가 위탁받아 운영하는 대구협동조합지원센터는 안심마을에 다양한 사회적경제기업과 조직이 창립하고 이후 사회적기업 인증, 마을기업 지정 등을 받아서 사업을 원활히 하도록 도운 중요한 조력자들이다.

이제 안심마을의 사회적경제 참여자들과 사회적경제기업, 조직들은 또 다른 꿈을 꾸고 있다. 안심마을에 없는 의료기관을 설립하고 노인 등을 위한 사회 서비스를 제공하는 사회적경제 조직을 창립하며, 사회주택을 본격적으로 만드는 일이다. 그래서 장애인, 비장애인 할 것 없이 안심마을에서 태어난 모든 아이가 안전하고 건강하게 자라고 교육받는 것, 그리고 지역에서 자존감을 가지는 노동을 하며 안락한 집을 공유하는 것이다. 그리고 노인들이 편안하게 노후를 보낼 수 있는 마을을 만드는 일이다.

궁극적으로는 안심마을에서 사회적경제에 참여하는 사람들이 사회의 공동선을 이해하고 타인을 배려하며 더불어 살아가는 삶을 사는 협동조합형 시민이 되고, 안심마을은 성숙하고 민주적이며 건강한 시민사회가 되는 것이다. 사회적경제는 현재 매우 어려운 시기다. 하지만 안심마을은 사회적경제에 새로운 희망과 비전을 주고 있다. 중장기 비전을 가지고 꾸준히 노력하면 이 어려운 시기를 극복하고 더 나은 세상, 마을을 만들 수 있다는 것이다. "빨리 가려면 혼자 가고, 멀리 가려면 함께 가라"는 말이 새삼 떠오른다.

커피의 메카에서 장애인이 일해요 – 부산커피협동조합

바리스타만이 아니라 카페 경영을 할 수 있게

"2014년, 커피를 수입하는 바이어, 커피 교육센터의 운영자 그리고 커피 관련 업종 대표 등 자영업자 다섯 사람이 협동조합을 만들 때는, 대자본 중심으로 되어 있는 한국 사회의 커피시장에 변화를 주고 싶었습니다. 그런데 지금은 그런 사업 외에 장애인 일자리 지원 사업, 나아가 장애인을 독립 경영자로 키우는 일을 함께 하고 있습니다. 발달 장애인이 매장 관리까지 하는 수준에 올라오려면 아무리 빨라야 3년, 보통은 5년 정도 걸립니다. 단순히 바리스타 일자리를 얻는 것으로는 자립이 안 됩니다. 포스 관리부터 커피 매입까지 스스로 할 수 있어야 합니다. 또는 비장애인 가족 1인과 둘이라도 할 수 있어야 합니다. 그래야 지속가능한 일자리가 됩니다."

2023년 5월 부산에서 만난 부산커피협동조합 한홍규 총괄이사의

부산커피협동조합 건물 외부 모습

말이다. 우리나라 커피는 대부분 일본을 거쳐 부산항으로 들어오는데, 한국에 들어와서 거의 전량 수도권에 갔다가 다시 내륙물류를 통해 부산 등 비수도권으로 온다고 한다. 먼저 일본을 거치는 것은 한국의 독자적인 커피 수입량으로는 규모가 그리 크지 않아, 시장 규모가 큰 일본에서 소비되는 커피와 합해서 들어오기 때문이다.

그리고 부산항으로 들어온 커피가 서울로 갔다가 다시 부산 등 지역으로 오는 것은, 커피를 수입하는 대표적인 회사들이 모두 서울에 있는데 이 회사들이 국내 커피 원물의 95%를 취급하며 소비자의 50% 이상이 수도권에 거주하기 때문이라고 한다. 그러므로 커피가 한국에 들어와서 처음으로 만나는 지역이 부산인데 막상 부산은 커피의 특징, 장점을 살린 이벤트가 거의 없다. 한 이사는 이런 상황을 잘 극복하여 부산을 한국 커피의 메카로 만들고 싶다고 했다.

부산커피협동조합(이하 '커피조합')의 사업은 크게 커피 제조와 판매, 그리고 식당과 케이터링 사업으로 나눌 수 있는데 이 사업들이 장애인을 고용하는 '장애인 사업장' 역할을 하는 것이다. 커피와 관련된 사업으로 생두 수입부터 원두 로스팅, 원두 판매, 바리스타 교육, 카페 컨설팅, 전자동 에스프레소 머신 판매와 렌털, 카페 용품 및 부자재 판매 등 수직적으로 관련된 사업을 모두 한다. 카페에서는 커피를 내리는 바리스타 업무와 카페 운영을 장애인들이 직접 할 수 있도록 교육한다. 그리고 식당 일과 케이터링 사업에도 장애인들이 참여하고 있다.

대자본 독식의 커피 수입 시장에서 독자적 수입에 성공

먼저 커피조합은 중요 사업으로 우리나라 커피 수입 시장을 대자본이 독점적으로 장악하고 있는 상황을 돌파하기로 했다. 커피는 우리나라 기업이 커피 생산지와 직접 거래하는 방식이 아니라 생산지와 원두를 직거래하는 미국, 유럽 기업을 통해 수입하는 방식이다. 그래서 커피를 한국에 판매하는 외국 수출 업체들과의 거래를 한국의 일부 대자본이 독점하고 있는데, 커피조합이 독자적으로 수입하기로 한 것이다. 그래야 커피 구매 단계를 줄여 수익률을 높일 수 있기 때문이다.

유럽 기업으로부터 커피를 직접 수입하기 위해 부산커피협동조합의 초대 이사장인 이성록 씨가 벨기에에 있는 커피 회사인 에피코(EFICO, https://efico.com/)에 대표를 만나러 갔다. 물론 에피코에서는 너무 작은 커피조합을 만나주지 않으려고 했다. 하지만 포기할 수 없었던 이성록 이사장은 에피코 본사에서 이틀 동안이나 기다렸다. 이런 열정이

부산커피협동조합이 생산하는 제품들　　　　SCA 전 자격을 부여할 수 있는 교육센터

2019년 1월부터 아시아권 공식 수입 계약을 체결할 수 있게 했다. 첫
번째 목표인 독자적 커피 수입의 길이 열린 것이다.

　유럽과의 연계는 여기서 그치지 않았다. 바리스타 자격을 주는 교
육 분야로도 이어졌다. 바리스타 자격은 대부분 민간이 자율적으로 주
는데 우리나라도 마찬가지다. 바리스타 자격을 주는 국제 조직으로
SCA(Special Coffee Association)라는 국제스페셜티커피협회가 있는데
부산커피교육센터가 이 조직의 인증 교육기관이 되었다. 우리나라에
SCA 인증을 주는 곳은 여러 곳 있다. 하지만 바리스타 전 단계를 인증
하는 교육기관은 몇 안 되며, 부산커피협동조합의 교육센터가 전 단계
를 인증하는 교육기관 중의 하나가 됐다.

　한편 부산커피교육센터는 바리스타 교육기관으로 2014년부터
2017년까지 교도소에 가서 재소자들을 대상으로 교육했다. 출소를 앞
둔 재소자들이 사회에 나와서 직업을 가질 수 있게 하기 위해서다. 또
한 우리나라에 거주하고 있는 장애인과 경력 단절 여성에게도 교육했
다. 9년 동안 약 13,000명의 바리스타를 배출했다.

시니어와 젊은 장애인의 협력

커피조합은 장애인 자립 지원을 위한 교육을 매우 중요한 사업으로 하고 있다. 이를 위해 2017년 '장애인 표준사업장 인증'을 받았다. 그리고 이 인증을 기반으로 표준사업장 기업 장애인 연계 고용을 한다.

'장애인고용촉진 및 직업재활법'에 따라 일정 규모 이상이 되는 기업은 장애인을 고용해야 하는데, 사정이 있어서 고용하지 못하기도 한다. 이럴 경우에는 고용 대신에 분담금을 납부해야 한다. 이때 사업주가 연계 고용 대상 표준사업장이 생산한 제품을 도급 계약을 통해 납품받으면 분담금의 50%를 감면해주는 제도가 있다.

예를 들어 장애인을 고용하지 못해 분담금 1,000만 원을 내야 하는 A 기업이, 장애인 표준사업장인 커피조합이 생산한 커피를 분담금에 해당하는 금액만큼 구매한다면 분담금의 50%를 감면받을 수 있다. A사가 만들어야 하는 장애인 일자리를 커피조합이 대신하여 장애인 고용을 통해 1,000만 원에 해당하는 커피를 생산해서 납품한 것이다. 이

교육 연수 중인 장애인

로스팅을 위한 준비

런 제도를 활용하여 직접 고용한 장애인과 연계 고용을 하는 장애인 등은 모두 12명이다.

커피조합의 장애인 자립, 자활 지원 노력은 남다르다. 우선 2023년 기준으로 전체 직원 17명 가운데 장애인이 10명이고 취약계층이 3명, 비장애인이 4명이다. 비장애인은 연령이 많은 시니어들이다. 젊은 20대를 채용했었는데 일을 오래 하지 못했다고 한다. 그래서 시니어들을 직원으로 채용했다. 장애인들은 주로 젊은 20~30대다. 교육은 장애인 직원 2명에 비장애인 직원 1명이 팀을 이루어 진행한다. 젊은 세대와 시니어가 함께하는 세대 융합형으로 교육과 훈련을 하고 있다.

교육 내용에는 커피를 내리는 바리스타 교육 외에 포스를 사용하는 방법, 매장 전반을 경영하는 방법이 포함되어 있다. 그러다 보니 장애인 교육, 훈련 기간이 3년에서 5년 정도 걸린다. 단순히 바리스타 교육만 하면 1년이 안 걸리지만 바리스타 역할만으로는 카페 경영을 자립적으로 할 수 없기 때문이다. 장애인 가족을 같이 훈련하는 경우도 있다. 역시 자립을 위해서다.

코로나19의 위기

어려움을 겪기도 했다. 조합이 BCOOP이라는 브랜드로 카페를 냈는데 코로나19의 직격탄을 맞았기 때문이다. 2019년 말에 장애인 부모들과 조합이 마음을 모아 카페를 열었다. 그런데 카페가 문을 열고 얼마 지나지 않아 코로나19 팬데믹이 시작되었다. 카페에 다녀간 손님이 코로나19에 걸리고 그 손님의 동선에 카페가 있었으

식당과 카페를 겸하는 본점 1호   설거지하는 이성록 이사장

므로 7일씩 영업을 중단해야 했다. 다행히 투자한 학부모들이 어려운 상황을 이해해주어 넘어갈 수 있었다.

　그래서 2023년에는 프랜차이즈로 2호점을 열었다. 그리고 본사가 직영하는 1호점은 식당과 카페를 겸하는 방식으로 변경했다. 이 변경은 효과가 있어 주민들의 이용이 점점 늘고 있다. 아울러 주민들도 발달장애인이 하는 서빙, 카운터 등의 업무에 실수가 있더라도 이해해주는 편이다. 이사장은 요즘 이 식당의 서빙, 주방 보조의 역할도 하고 있다.

　이런 가운데 기쁜 일이 생겼다. 김해에서 원두커피 생산 공장을 하는 기업인이 대지 500평에 공장을 새로 세우면서 티백 커피 생산을 하고 장애인 일자리를 함께 만들어보자고 제안한 것이다. 그리고 현재 커피조합이 있는 대동골 입구에 사회적농업의 일환으로 스마트팜을 하는 사업장과, 요트를 운영하는 사업자와 협약을 맺어 협력하고 있다. 가령 장애인이 요트를 타는 경우, 커피조합이 추천하면 50% 할인을 해주는 것이다. 얼마 전에 커피조합에 근무하는 장애인들이 요트를 탔는데 대부분 태어나서 처음이었고 그러다 보니 너무 좋아서 춤을 추기도 했다.

요트 체험이 좋았다고 말하는 직원

한편 직원들이 마을 행사 때 주민들에게 커피를 무료로 만들어주는 자원봉사 활동도 하고 있는데 주민들의 반응도 좋지만 직원들의 자긍심, 자존감을 높이는 데 큰 도움을 주었다. 사람에 대한 대면 관계도 좋아지는 것은 물론이다.

더 활동적인 미래를 위해

부산커피협동조합이 더욱 활성화되기 위해서는 어떤 문제들이 해결되어야 할까? 세 가지를 이야기했다. 첫째, 공무원이 자주 바뀌는 것에 대한 어려움이다. 예를 들어 커피박물관을 위해 겨우 설명하고 설득했는데 다음 해에 그 공무원이 다른 부서에 가고 새로운 공무원이 오는 것에 대한 아쉬움이다. 정책의 일관성을 위해서 대책이

협력하는 스마트팜

필요하다.

둘째, 사회적기업의 경우 인건비 등의 지원이 있는데 중간 관리자 육성 방안이 부족해서 대책이 있어야 한다. 작은 기업일수록 교육을 받아야 하는데 교육을 받으러 가면 그 자리를 메울 인력이 없다. 그래서 교육을 보내지 못한다. 그러므로 교육받으러 가는 사람에 대한 대체 인력을 고민해달라는 것이다.

셋째, 조합이 있는 대동골에 장애인 표준사업장이 하나씩 늘고 있고 스마트팜 운영과 요트 투어를 하는 사회적기업과 연계도 하고 있다. 한 이사는 이 대동골을 장애인 표준사업장 커뮤니티로 만들고자 한다. 이를 위해서는 부산시와 남구청의 관심과 지원이 필요하다.

누가 장애인인가요?
– 찬솔사회적협동조합

장애인과 비장애인이 구분 안 되는 매장

"이 매장이 장애인을 고용하는 곳이죠?"

"네, 그렇습니다."

"장애인이 어느 분이죠?"

"저분, 저분입니다."

"아, 그래요? 일하는 것으로는 구분이 안 되는군요."

지적장애인이 비장애인과 같이 일하지만 업무 능력을 보면 누가 장애인인지 알 수 없는 곳.

찬솔사회적협동조합(이하 '찬솔')이 꿈꾸는 사회는 '장애인이 사회에 자연스럽게 스며들어 비장애인과 장애인이 함께 살아가는 사회'다. 지적장애인을 보호, 케어의 대상으로 생각하는 것이 아니라 평범한 사회인으로 살아갈 수 있게 하는 것이 궁극적인 목표인 것이다.

지적장애인들에게 일자리가 부족한 현실에서 바리스타라는 일자리도 소중하다. 하지만 바리스타라는 역할만으로는 독립적으로 살아갈 수 없다. 커피 판매에 필요한 자재를 주문하고 대금을 지불하는 등 카페에서 일어나는 모든 일을 할 수 있어야 한다. 그 이후 가족 등 다른 사람과 같이 운영하면 된다.

　바리스타 역할만 하는 것과 경영을 할 수 있는 것은 차이가 크다. 경영도 할 수 있도록 훈련받아야 한다. 나아가 일반 사회에서 다양한 사람들과 만나고 부대끼며 살아갈 수 있게 해야 한다. 찬솔사회적협동조합 김인환 이사장은 이런 생각으로 회사 이름을 찬솔로 정했는데, 찬솔은 순우리말로 '속이 꽉 찬 소나무'를 뜻한다.

법적 요건 충족용이 아닌 진정한 장애인 자립

　이런 방향을 잡게 된 것은 특수학교 교사로서 지적장애 아들이 졸업한 후의 삶을 보면서다. 특수학교에서는 지적장애 학생들의 진로를 위해 직업 교육을 한다. 그런데 그 직업 교육은 단순히 바리스타 자격을 위한 기능 교육을 넘어서지 못한다. 더구나 현장 실습도 할 수가 없다. 여러 사업장의 문을 두드려봤지만 열리지 않았다.

　더구나 정부의 법적 요건을 채우기 위해 장애인에게 문을 연 다국적 기업 프랜차이즈 커피숍에서는 학교에서 가장 성적이 좋은 지적장애인 바리스타에게 매장과 화장실 청소, 설거지만 시켰다. 그 청년은 몇 달 후 커피숍을 그만뒀다. 지적장애인 청년들이 이런 경험을 두세 번 하면 취업에 대해 마음의 문을 닫는다. 거기서 더 진행되면 사회와 타

찬솔사회적협동조합이 운영하는 카페 중 하나인 '소소한 카페'

인에 대해 마음을 닫을 수도 있다.

장애인의 자립 준비

장애인 고용을 기업 이미지 제고와 정부 정책의 기계적 이용에만 활용하는 사업장도 문제지만 현실에서는 이를 극복하는 대안도 필요하다. 지적장애인이 사회에서 살아남으려면 바리스타의 역할만 아니라 포스 운영, 자재 구입, 커피 원두 선정과 계약 등도 해야 한다. 결국에는 자신의 매장을 가져야 한다. 이를 위해서는 현재 자신의 단점과 한계가 무엇인지 인지하고 개선하려는 노력을 스스로 해야 한다. 성찰적 인간으로 성장해야 한다. 또는 동생이나 가족, 배우자 등

물티슈와 점보롤 화장지 제조

과 함께 경영해야 지속가능한 생존이 된다.

환경은 늘 변하고 새로운 손님이 오는 카페에서 발생하는 일, 사건에 대처할 능력이 있어야 한다. 그런데 학교에서는 정해진 정답 중심의 교육을 하기 때문에 자립할 수 있게 훈련할 수가 없다.

이런 내용이 찬솔사회적협동조합의 창립 배경이다. 이 협동조합의 특이한 점은 2018년 창립할 때의 조합원 5명이 모두 울산에 있는 특수학교인 태연학교에 근무하는 교사들이라는 것이다. 그리고 이 5명의 역할이 다 달라서 각자 직업 교육 트레이닝, 학급 담임, 관리자, 스마트팜, 카페 등의 분야를 담당한다. 현재는 조합원이 9명인데 모두 이사와 감사 등 임원에 참여하는 구조다. 2023년 매출은 10억 원 규모이고, 2024년 현재 직원은 24명으로서 장애인 20명과 비장애인 4명이며, 비장애인은 고령자, 경력 단절 여성, 청년 등이다. 사업 분야는 세 분야로 스마트팜에 2명, 화장지와 물티슈 제조와 판매에 10명, 카페에 9명 등이 근무하고 있다.

막무가내로 시작한 첫 사업

　　찬솔의 첫 사업은 물티슈와 화장지의 제조, 판매였다. 복사용지도 검토했는데 이미 많은 장애인 사업장이 하고 있어 포기했다. 물티슈는 공공기관 납품 품목은 아니지만 식당 등에 영업하면 충분히 할 수 있겠다는 판단이 있었다. 아울러 점보롤 화장지도 취급하기로 했다. 이를 위해 2019년 인천에 있는 점보롤 화장지 기계를 생산하는 곳에 갔다. 울산, 경남에도 기계가 있지만 지적장애인 특성상 진동과 소음이 최대한 적고 성능이 좋은 기계가 필요했기 때문이다.

　　기계 가격은 7,800만 원으로 비싸지는 않았다. 하지만 돈이 없었다. 김인환 이사장은 기계 판매 사장을 만나서 담판을 지었다. 찬솔의 사정을 설명하고, 현재 찬솔은 돈이 없으니 1년 동안 매월 300만 원씩 갚고 1년 후에 나머지 금액을 다 드리겠다고 했다. 한마디로 막무가내였다.

　　처음 본 사람에게 기계를 그냥 준다는 것이 쉬운 일이 아니어서 포기하고 있었는데 기계를 주겠다는 연락이 왔다. 대신에 개인 담보를 요구했다. 그래서 김인환 이사장이 자신의 집을 담보로 잡히고 기계를 받을 수 있었다. 이렇게 어렵게 2019년 가을에 사업을 시작했는데 몇 달 안 가서 코로나가 터졌다. 거래하는 식당들의 매출이 80% 급감했다. 앞이 캄캄했다.

　　그런데 마침 점보롤 화장지가 2020년부터 울산시청, 울산북구청 등에 들어갈 수 있게 되었다. 아울러 찬솔이 지역에 알려지기 시작했는지, 한국동서발전에서 연락이 왔다. 경증 치매 어르신과 청소년이 협업하는 카페 운영을 맡아달라는 것이었다. 카페 이름은 '주문을 잊은 카페'로 어르신들이 한 달에 한두 번 정도 일하는 방식이었고 카페 운영에 필요한 장비 일체를 지원하는 조건이었다. 성과는 매우 좋았다.

공기업, 사기업과 협력하고 개발하다

기회가 또 왔다. 울산대공원(약 20년 전에 SK가 조성한 후 울산시에 기부채납한 공원) 내에 있는, SK가 만든 북카페 '지관서가'를 운영하는 것이었다. 울산대공원을 시작으로 현재 위탁 운영하는 카페는 3곳이다.

2020년부터는 스마트팜을 하고 있다. 토경과 수경 모두 하는데 작물은 새싹 삼이다. 변수가 많지 않아 몇 가지 조건만 맞춰주면 되니 지적장애인도 상당히 관리를 잘한다. 이렇게 지적장애인이 잘할 수 있는 분야의 일도 개발하고 있다. 가령 도시락에 들어가는 수저, 이쑤시개, 냅킨 포장은 중증 장애인도 할 수 있는 일인데 불량률이 거의 제로에 가깝다. 특유의 집중력이 작용하는 것이다. 현재 지역 대기업에 도시락을 제공하는 사회적협동조합에 중증 지적장애인들이 직접 포장한

카페 이외의 직업 분야를 개발한 스마트팜과 도시락 수저 세트 포장

수저 세트를 납품하고 있다.

　육체노동만이 아니다. 지적장애인이 강사로 나갈 수 있게 훈련하고 있다. 찬솔은 특수교육에 쓰는 조립 교구 '늘품'을 개발해서 특허청으로부터 특허를 받았다. 그래서 지적장애인들이 강사가 되어 늘품을 이용하여 노인과 지적장애인 등 다른 사람들을 교육하도록 하는 것이다. 이는 지금까지 다른 사람들의 도움을 받는 입장에서 타인에게 도움을 주는 역할을 하게 되는 큰 변화이고 자존감을 높일 수 있다. 이런 내용들을 인정받아서 찬솔사회적협동조합은 2021년 제1회 울산 사회적경제 IR 데모데이에서 대상을 받았다.

특수교육을 위해 개발한 조립 교구 '늘품'

　최근에는 늘품 조립 교구의 소재를 재생 플라스틱으로 바꿔서 환경적 가치를 강화할 준비를 하고 있는데, 마침 롯데케미칼의 '프로젝트 루프'라는 친환경 특화 지원 프로그램에 선정되어(전국 3개 업체) 소재 전환에 큰 힘이 되고 있다. '프로젝트 루프'가 완성되면 교육할 때 환경 관련 메시지를 함께 전달할 수 있게 될 것이다. 찬솔은 이런 성과를 위해 한국장애인고용공단, 한국장애인개발원, 지역 교육청과 협력하고 있다.

　아울러 지적장애인의 새로운 일자리 창출을 위해 울산대공원에 있는 지관서가 외에 학생교육문화회관 안에 있는 소소한카페와 울주도서관 안에 있는 울주갤러리카페를 운영하고 있으며, 울산과학관의 지관서가는 2025년 상반기에 운영할 예정이다. 그뿐만 아니라 찬솔이

하는 사업과 활동을 알리기 위해 2024년 7월 열린 제3회 오티즘 엑스포와 10월 창원에서 열린 전국 발달장애학생 직업기능경진대회에서 홍보 부스를 운영했다.

욕망도 능력도 키우는 장애인

이렇게 카페, 물티슈와 화장지 제조, 스마트팜에 참여하면서 자기 나름대로 꿈과 욕망이 자라기도 한다. 예를 들어 카페 매니저로 일하면서 부총괄 매니저를 하고 싶어서 회식 때 현재 부총괄 매니저의 문제를 슬쩍 흘리기도 한다. 지적장애인들에게도 내면에 숨겨왔던 인간의 욕망이 싹트기 시작한 것이다. 그리고 일부 직원은 운전

위탁 운영하는 카페 지관서가와, 지관서가에 온 고객이 남긴 글

면허증도 땄다. 지적장애인의 경우 등록되면 혜택도 있지만 자격증 취득에 제한도 있다. 그래서 운전면허증을 주지 않으려는 당국을 설득했다.

선배 장애인이 후배 장애인을 조언하고 가이드하는 역할도 한다. 비장애인 사회에서 일어나는 일들이 지적장애인 사이에서도 조금씩 일어난다. 그리고 그런 일들에서 갈등도 배우고 조정 능력도 배운다. 그래야 가정을 이룰 수 있고 자녀들을 키울 수 있다.

지적장애인들이 비장애인의 생활을 더 경험하고 훈련할 수 있도록 공동의 숙식 생활도 준비하고 있다. 700평의 땅을 사서 숙박하면서 텃밭도 가꾸는 공간이다. 이는 김인환 이사장 개인이 조성하고 찬솔사회적협동조합이 이용할 수 있게 계약하는 방법으로 준비하고 있다. 직장에서 일하는 방법 외에 가정 생활 공간에서 살아가는 방법도 훈련할 것이다. 그리고 카페도 늘리고 로스팅도 할 수 있게 훈련하며, 탄소 배출 제로도 계획하고 있다. 지적장애인이 비장애인들과 평범하게 살아가는 것만 아니라 기후위기 극복이라는, 인류 앞에 놓인 과제 해결에도 참여할 계획이다.

안마 1위 기업을 꿈꾸며
– 참손길공동체협동조합

시각장애인들의 생계가 달린 안마사

눈은 우리 몸에서 얼마나 중요할까? 의사이자 병리학자인 로버트 뮈르(Robert Muir)는 통계적으로 봤을 때 "인간이 외부로부터 들어오는 것을 인지하는 감각 중에 눈이 약 83%를 차지한다"고 했다. 그만큼 시각이 차지하는 비중이 절대적이라고 볼 수 있다. 그러다 보니 시각장애인은 일상생활이 힘들 뿐만 아니라 직업을 가질 수 있는 분야가 매우 제한적이다.

이런 어려운 조건 속에서 시각장애인이 할 수 있는 직업 가운데 비교적 많이 알려진 일이 안마사다. 그런데 종종 퇴폐 영업과 연결되어 안마사의 이미지를 흐리게 하고 있다. 더구나 안마사 자격이 없는 내외국인 수십만 명도 마사지라는 이름으로 저가 공세 또는 부도덕한 행위를 하여, 정직하고 도덕적인 안마사들은 경제적으로도 이미지로도

참손길공동체협동조합이 운영하는 참손길지압힐링센터

어려움에 직면하고 있다.

맑은손공동체협동조합(현 참손길공동체협동조합, 이하 '조합')은 이런 생계 유지와 직업 이미지 극복이라는 이중의 어려움을 타개하기 위해 시작한 시각장애인 협동조합이다. 초대 이사장이자 2022년 총회에서 다시 이사장으로 추대된 정경연 씨는 사고로 한쪽 눈을 실명한 시각장애인으로 창립부터 조합을 이끌었다. 2023년 11월 14일에는 어느덧 조합 창립 10주년을 맞이하여 성대한 잔치를 열었다. 정 이사장으로부터 시각장애인이 된 배경, 그리고 이후 시각장애인으로 협동조합을 만들고 사업을 궤도에 올려놓게 된 과정을 듣고 정리했다.

오토바이 사고로 한쪽 눈을 잃다

정 이사장은 1970년대 대학에 갔다가 박정희의 긴급조

치 9호로 감옥에 다녀왔다. 이
후 1980년 '서울의 봄'을 겪고
인천, 영등포, 구로에서 용접공
으로 노동운동을 했다. 1987
년 민주화와 이듬해인 1988년
한겨레신문 창간을 보고 지국
을 운영하면서, 노동운동을 하
는 대상지를 공장에서 지역으
로 옮겼다. 그러던 중 오토바
이를 타고 가다가 사고로 한쪽
눈을 실명하고 5급 시각장애
인이 되었다. 이후 한겨레신문

영화 〈서울의 봄〉 포스터. ⓒ플러스엠 엔터테인먼트

지국을 일 년 더 운영하다가 인사동에서 자영업을 하기도 했다. 김대중,
노무현 정부에서는 노사정위원회 기획위원으로 참여하기도 했다.

노사정위원회의 임기를 마친 후, 지인의 소개로 2009년 국립 서울
맹학교 이료재활과(理療再活科)에 입학하여 2년 동안 직업훈련으로 안
마사 교육을 받았다. 교통사고 후에 한쪽 눈만 실명한 것이 아니라 몸
의 여기저기 아픈 곳이 많았는데 침과 뜸, 안마를 받으면 좋아지는 것
을 경험하고 이를 배워서 스스로 치료하기 위해 입학한 것이다. 우리
나라는 해방 이후 현재 공식적인 침사, 구사(뜸을 하는 사람) 자격을 주지
않고 있다. 한의사들만 침과 뜸을 할 수 있게 인정되고 있으며, 예외적
으로 시각장애인 안마사가 3호침(침의 지름이 0.25~0.20mm 이하) 이하
를 놓을 수 있게 하고 있다.

안마사가 되기 위해 필요한
2,500시간의 교육

　　국립 서울맹학교 재활과에서는 시각장애인들에게 안마사 교육을 위해 해부·생리, 병리, 이료 보건, 안마·마사지·지압, 전기 치료, 한방, 침구, 이료 임상, 진단, 이료 실습 등 10과목을 포함하여 약 2,500시간 동안 가르친다. 그리고 정규 수업 시간 외에 방과 후에 자체 스터디를 하고 때로는 야간 특강을 듣기도 한다. 이는 서울맹학교가 국립이며, 기숙사 학교이기 때문에 더욱 공부를 열심히 할 수 있는 분위기라는 것이다.

　　이렇게 안마사를 공식 배출하는 기관은 국립 서울맹학교 외에 시도에 있는 공립 맹학교들이 있고 일부 사립 복지법인이 운영하는 교육기관이 있다. 이렇게 공식적으로 교육받은 안마사는 전국에 약 1만 5,000명이 있는데 그 가운데 절반 정도가 현업에 종사한다고 추정한다.

　　정 이사장이 서울맹학교를 졸업할 즈음, 같이 공부한 교우들과 이후 사회생활을 어떻게 할 것인가 논의했다. 특히 직업을 가져야 하는데 안마사가 갈 수 있는 곳은 안마원과 안마시술소 두 곳이 다였다. 그런데 안마시술소는 시민들의 인식이 너무 안

국립 서울맹학교

좋았고, 안마원은 규모가 너무 작아서 갈 곳이 마땅치 않았다.

안마시술소는 1980년대 정부가 관광객 유치를 통한 외화를 벌기 위해 호텔에 투숙하는 외국인들이 이용하게 했는데, 정부의 의도와는 달리 어쩌다 매춘으로 이어지는 경우가 있어 사회의 물의를 일으켰다. 그리고 안마원은 초기에 30평 이하의 규모만 할 수 있어서 여러 사람이 함께 일하며 규모 있게 운영할 수가 없었다. 이런 문제들을 겪으면서 안마시술소는 서울에 한때 200곳이 넘었으나 지금은 40개 정도로 줄었고 안마원은 100평 규모까지 가능하게 되었다.

서울맹학교 출신 교우들과 회사를 만들다

이런 논의 속에 사회적기업을 알게 되어 사회적기업을 하려고 했으나 쉽지 않았다. 그런데 마침 서울시에서 협동조합 법인으로 마을기업을 하면 1억 원을 5년 동안 무이자로 대출해주고 5,000만 원을 사업비로 지원한다는 공고가 났다. 이제 막 협동조합기본법이 시행된 2013년 1월의 공고였다. 이에 마을기업과 협동조합을 위한 기본 교육을 몇 달 동안 받고 2013년 5월 '맑은손공동체'라는 이름으로 마을기업 인증을 받았다. 그리고 6월 22일에는 '맑은손공동체협동조합' 창립총회를 했다. 조합원 10명이 1인당 출자금 400만 원씩, 총 4,000만 원의 출자금이었다. 안마원을 시작하기에는 부족한 액수였으나 마을기업 인증을 통해 받은 보증금과 사업비를 가지고 준비 기간을 거쳐 2013년 12월 16일 오픈했다. 점포의 브랜드는 '참손길지압힐링센터'로 했다.

물론 점포를 얻는 것도 쉽지 않았다. 안마원에 대한 일반인들의 인

참손길지압힐링센터 첫날 매출 장부

식이 좋지 않았을 뿐만 아니라 시각장애인에 대한 편견이 크게 작용했다. 3층에 겨우 점포를 얻어서 시작했는데 첫날 매출이 13만 7,000원

이었다. 20분에 19,000원, 40분에 29,000원, 70분에 49,000원으로 책정했는데 20분 안마 손님 1명, 70분 2명, 부분 관리 1명 등 총 4명이었다. 기대 이하였다. 이후에도 매출은 좀처럼 오르지 않았다.

이런 와중에 서울대학교 자원봉사 동아리 인액터스의 도움은 천군만마의 힘이 되었다. 사업을 처음 하는 조합에 회계부터 사업 전략 등의 경영 전반을 자문해주어서 큰 힘이 되었다. 특히 사업 초기에 시민들에게 알리는 홍보 마케팅은 조합의 경영 정상화에 결정적이었다. 이런 도움의 효과로 2014년 8월에 월 매출 3,000만 원이라는 성과를 올렸다. 그러자 많은 안마사가 조합에 들어오고 싶어 했다. 조직의 이름도 '맑은손공동체협동조합'에서 '참손길공동체협동조합'으로 변경했다. 안마 점포의 명칭과 일치시킨 것이다.

점포 확대냐, 사당점 성장이냐?

참손길지압힐링센터 1호점인 사당점이 어느 정도 궤도

참손길공동체협동조합 2023년 총회

에 올라가면서 2015년에 2호점에 대한 논의를 했다. 그런데 이 논의에서 조합원들의 입장이 갈라졌다. 2호점을 내서 다른 시각장애인을 조합원으로 더 받자는 주장과, 2호점을 내지 말고 사당점에 주력하여 현재 조합원들의 수입을 늘리고 안정적으로 운영하자는 주장이었다.

어렵게 설득하여 선릉에 2호점을 냈다. 대신 조건은 독립채산제였다. 선릉점이 어려워지면 그 리스크를 사당 본점이 지지 않겠다는 것이었다. 협동의 정신에는 조금 어긋난다는 생각이었지만 수용하고 선릉점을 냈다. 마침 SK에서 보증금 1억 원과 사업비 2,000만 원을 지원받았다. 선릉점에 참여하는 조합원들은 출자금도 1,000만 원으로 높였다.

선릉점을 개업하고 첫 달에 안마 가격을 25,000원으로 할인하자 고객이 몰려들었으나, 방심하고 한 달 만에 35,000원으로 올리자 고객이 급격하게 감소했다. 그러자 선릉점 조합원 일부가 탈퇴했다. 선릉점이 매출을 회복하는 데 2년 정도 걸렸다. 그런 와중에 조합들 사이의 갈등까지 증폭되어 정경연 이사장은 책임을 지고 스스로 이사장직을 사임했다. 그리고 이청연 조합원을 이사장으로 추대했다.

이 일을 겪으면서, 협동조합을 할 때는 아무리 좋은 뜻이라도 조합원들이 함께 동의하는 과정을 반드시 거쳐야 하고 사업적 성과를 고려하지 않을 수 없다는 것을 배웠다. 한편 이청연 이사장은 5년 동안 역할을 한 후 그만두게 되었다.

지도력 변화 속에 점포 12호까지 확장

그리고 정경연 이사장이 다시 추대되어 10주년을 맞았다. 이런 조직 내의 변화 중에도 사업은 잘 진행되었다. 지점은 12호점까지 늘었다. 이 중에 본사 협동조합이 운영하는 직영이 3개이고, 협동조합의 조합원이 개인적으로 운영하는 점포가 9개다. 그러다 보니 처음 출발은 노동자협동조합의 성격이었는데 지금은 사업자 조합원들이 늘어서 두 종류의 조합원이 공존하는 다중이해관계자가 되어 있는 형태다. 점포들 가운데 수원역점은 장애인표준사업장으로 지정되어 시각장애인 일자리 창출에 기여하고 있다.

조직의 성장과 함께 지역사회 봉사, 연대 활동도 활발히 하고 있다. 마을기업을 인증받을 때부터 지역에 봉사활동을 중요한 목표로 했다. 특히 몸이 안마를 받아야 할 상태인데 돈이 없어서 받지 못하는 지역민들에게 찾아가는 안마 자원봉사 활동을 했다. 최근에는 '어르신 돌봄

참손길지압힐링센터 수원역점

사업단'에 참여하면서 사회적기업 원케어휴와 함께 동작구 어르신들을
위한 안마 봉사활동을 하고 있다. 그리고 안마수련원에 장학금을 전달
했다.

　광진사회적경제네트워크와도 협력 사업을 진행했다. 네트워크의 소
개로 광진구에 있는 사회보장정보원 직원들에게 안마를 제공했다. 참
손길공동체협동조합 조합원 25명이 가서 1인당 10명씩 총 250명의
사회보장정보원 직원에게 1명당 30분씩 일반 가격보다 저렴하게 안마
를 해주었다.

지역사회에 기여하고 연대하는 협동조합

2022년 하반기에는 2023년 10주년을 준비하기 위해

조합원, 직원 합동 워크숍을 했는데 그 자리에서 조직의 미션으로 '몸과 마음을 치유하는 참손길', 비전은 '국내 안마 업계 브랜드 1위 기업'과 '시각장애인 일자리 창출을 위한 복합 안마 센터 설립'으로 정했다. 2023년 상반기부터 전 조합원 인터뷰를 수행했다. 이런 준비 과정을 거쳐 2023년 11월 14일 참손길공동체협동조합은 10주년을 맞이했다. 조합에서는 10주년이라고 큰 행사를 치를 생각은 하지 않았다. 그런데 직원들이 크게 하자고 하여 준비했고 조합원, 참석자, 직원 모두 만족한 행사를 할 수 있었다.

이제 조합원 42명, 직원 11명, 점포 12개로 성장한 참손길공동체협동조합이 비전으로 세운 국내 안마 업계 브랜드 1위 기업과 복합 안마 센터 설립을 위해서 어떻게 해야 할까? 이를 위해서는 제도적 변화와 조

10주년 행사

합 내부의 성숙함이 요구된다. 그리고 제도적 변화를 위해서는 먼저 안마에 대한 정부 당국의 인식이 변해야 한다. 일본, 유럽과 같이 안마를 국민보건 차원에서 힐링하는 산업으로 높여야 한다. 그런데 우리나라는 시각장애인의 최저 생계를 유지하는 수준의 복지 정책에 묶여 있다.

다음으로 학제 개편을 통해 시각장애인의 안마를 맹학교의 고등학교 과정이 아니라 전문 직업훈련 과정으로 전환하여 대학에서 교육해야 한다. 그래야 안마의 질을 높일 수 있고 소비자는 대가를 더 지불하게 된다. 스포츠 마사지를 대학에서 스포츠의학과 스포츠재활과로 하거나 피부 미용을 대학에서 교육하면서 부가가치를 높이는 것들이 좋은 사례다.

그리고 조합 내부에서는 조합원들 각자가 협동조합에 맞는 마인드를 갖추어야 한다. 자본기업과 달리 조합원 모두가 기업의 주인으로서 성실하게 일하면서 한편으로는 조금 부족한 조합원은 배려하는 성숙한 모습이 요구된다.

이제 안마를 복지 지원에서 산업으로 전환할 때

다음으로는 안마사 인력을 늘려서 공급할 방안이 필요하다. 정부가 100인 이상 사업장에 3.4% 장애인을 의무 고용하지 않으면 부담금을 부과하는 장애인의무고용제도를 헬스키퍼로 대체하도록 하자, 안마사들이 현장에서 안마업을 하지 않고 헬스키퍼로 가서 안마사 부족 현상이 빚어지고 있다. 그리고 안마사 양성 기관에서는 정원을 채우지 못하고 있다.

이는 현재의 복지 정책으로 급여가 월 200만 원에서 300만 원 수준에 머무르는 방식으로는 시각장애인 안마사 제도를 더 이상 유지할 수 없다는 것을 보여준다. 시각장애인도 열심히 일하면 월 500만 원 이상 받을 수 있는 정책이 필요하다. 시각장애인 안마사들이 헬스키퍼보다는 안마 현장에서 일할 수 있도록 제도적 보완이 필요하다.

2장

기후위기에 맞서

━━━━━━━━━━━ 인류는 빙하기, 간빙기, 유성 충돌, 공룡의 멸종 등 여러 위기를 겪어왔지만 모두 극복하여 오늘에 이르렀다. 하지만 지금 맞이하고 있는 기후위기는 인류가 지구에 등장한 이후 맞이한 가장 큰 위기라고 한다. 더구나 이 위기의 특징은 인류의 활동으로 인해 발생했다는 것이다. 물론 기후위기가 지구의 소멸로 이어지지는 않는다. 인류를 비롯하여 변하는 기후에 적응하지 못하는 종들만 사라질 것이다. 이미 기온은 1.5도 상승했고 기온 상승을 견디지 못한 많은 식물, 동물, 곤충 등의 생명체들이 사라졌다. 그리고 북극곰 등을 비롯하여 상위 포식자들도 생존의 위협을 받고 있다.

한편 기후위기와 함께 쓰레기가 온통 지구를 덮고 있다. 쓰레기는 사람들이 사는 육지뿐만 아니라 바다로 흘러가 거대한 인공섬을 이루고 있으며, 태평양 깊은 곳에 사는 어류의 내장에서도 플라스틱 쓰레기가 나올 정도다. 이런 기후위기와 쓰레기 문제는 자본주의의 경제 발전 이데올로기 속에서 화석 연료를 남용하고 자원을 남발한 결과라는 데 이의가 없다. 이러한 심각한 현실 속에서 기후위기와 쓰레기 문제를 해결하기 위한 사업을 하는 사회적경제기업들이 있다. 아직 규모는 작지만 이들의 사회적, 환경적 가치는 매우 크다 할 수 있다.

전남 신안군에서 태양광발전을 하는 '안좌면신재생에너지주민·군협동조합', 제주도에서 제로웨이스트숍을 운영하는 '함께하는그날협동조합', 폐가전 등에서 플라스틱을 분리하는 경남 창원의 사회적기업 '㈜늘푸른자원', 일회용품을 줄이기 위해 경기도 14개 시군에서 다회용기 제공과 세척 사업을 하는 '라라워시프랜차이즈협동조합' 등이 그들이다. 기후위기와 자원 재활용을 위한 사업을 하는 사회적경제기업이 전국에 많이 있지만 우선 이 네 곳의 이야기를 듣고 정리했다.

안좌면신재생에너지주민·군협동조합은 사실 신안 군수가 주도한 협동조합이다. 그리고 이 조합 외에도 자라도신재생에너지주민·군협동조합이 있다. 여기서 나오는 수익으로 주민들에게 햇빛연금(또는 수당)을 지급한다. 군수가 주도했지만 군의 예산이 들어가지 않는다. 태양광발전을 하는 민간 기업을 참여시켜 태양광발전소를 설치하고 발전사업을 한다.

그리고 그 사업에서 나오는 수익의 일부를 협동조합을 통해 주민들에게 지급한다. 주민들이 발전사업에 투자했기 때문이다. 지급하는 돈의 규모는 2023년 기준으로 1인당 최소 48만 원에서 최대 204만 원이다. 2030년 해상풍력까지 완성되면 1인당 최고 1,200만 원까지 지급할 계획이라고 한다. 태양광전기 생산으로 지구 환경도 보호하고 수당도 받는다. 이 효과인지 신안군은 인구 감소세가 두드러지게 줄었다고 한다.

제주도의 '함께하는그날협동조합'은 돈이 없어 생리대를 구하지 못하는 소녀들에게 면생리대를 보내려고 만든 협동조합이다, 여기에 들어가는 비용은 사업을 통해 조달하기로 했다. 면생리대를 만들어 온라인과 매장에서 판매하고 거기서 나온 수익금으로 추가로 면생리대를 만들어 필요한 학생들에게 보냈다. 생리대만 아니라 친환경 주방세제, 비누, 키친타월, 커피 티백, 텀블러 등으로 품목을 점점 넓혔다.

매장의 이름은 '지구별가게'인데 제로웨이스트숍으로 운영했다. 전국에서 세 번째이자 제주에서는 처음이었다. 이어 재활용 옷도 취급하고 폐플라스틱으로 소품을 만드는 사출기도 들여놓았다. 교육청과 함께 학생들을 대상으로 친환경 교육을 하고 체험 교실도 운영한다. 2023년에는 제주의 호텔 등지에서 순회 전시회도 열었다.

㈜늘푸른자원은 경남의 사회적기업 인증 1호인데 자활기업이기도 하다. 1997년 외환위기 이후 설립한 창원지역 자활센터에서 공공근로 사업 참여자들과 함께 회사를 만들었다. 간병, 집수리, 청소 등 여러 분야 중에서 자활공동체 사업이 진행됐는데, 아무런 기술이 없어도 되고 체력적으로도 부담이 적은 분야가 폐자원 재활용 사업이었다.

초기에는 의류를 주로 취급했으나 2006년부터는 폐가전제품에서 플라스틱, 고철, 비철 등을 선별하여 재활용하는 사업을 했다. 다행히 성과가 좋았다. 그리고 2014년에는 전국에서 처음으로, 가정에서 버리는 가전제품을 회수하는 시스템을 창원시에 도입하게 했다. 이후 전국 대부분의 지자체에서 시행하고 있다. 사업을 하던 중 공장 2개 중 1개가 모두 불에 타 위기에 봉착하기도 했다. 다행히 한국사회적기업협의회를 중심으로 한 모금을 통해 극복할 수 있었다.

라라워시프랜차이즈협동조합은 일회용품 사용을 줄이도록 다회용기를 대여하고 그 다회용기를 세척하는 협동조합이다. 지구적으로 쓰레기, 그중에서도 플라스틱은 심각한 문제다. 그런데 2020년 닥친 코로나19라는 팬데믹은 일회용품 사용을 넘쳐나게 했다. 정부 방역 당국은 코로나19 확산을 막기 위해 병원, 카페, 식당, 장례식장 등에서 일회용품 사용을 권장했다.

2022년 코로나19가 종료되면서 본격적인 대응이 필요했다. 다행히 성남지역자활센터가 2017년 식기 세척 사업을 검토하고 있었다. 2018년 타당성 검토를 하고 2019년에 본격적으로 사업을 시작했다. 2020년에는 식기 세척 사업을 지역자활센터 4곳으로 확대했다. 그리고 '식판 케어'라는 다회용기 사업으로 확대했다. 참여하는 지역자활센터가 점점 늘었고 2023년 4월에는 경기도 내 14개 지역자활센터가 운영하는 18개 세척센터가 참여하여 '라라워시프랜차이즈협동조합'을 창립했다.

이렇게 기후위기, 쓰레기 등에 대응하는 사회적경제기업이 활성화하기 위해서는 정부의 정책이 매우 중요하다. 예를 들면 기후위기 극복을 위해 태양광발전소가 생산한 전기를 정부가 구매하는 인프라를 구축하는 일. 카페와 같은 매장에서 일회용품 사용을 규제하는 일 등은 정부의 정책 없이는 불가능하기 때문이다.

태양광발전이 가져온
놀라운 변화
– 천사의 섬 신안군

드디어 꺾인 인구 감소세

2022년 인구 3만 7,858명으로 전남에서 소멸 위험성이 가장 높았던 신안군. 하지만 더 이상 부정적이지만은 않다. 인구 감소세가 현저하게 줄고 있기 때문이다. 2019년 4만 274명에서 2020년 3만 8,938명으로 전년에 비해 무려 1,336명이 줄었는데 이후 2021년에는 3만 8,217명으로 721명, 그리고 2022년은 3만 7,858명으로 359명만 줄었다.

그런데 다시 1년이 지난 2023년에는 3만 8,037명으로 2022년보다 오히려 179명 늘었고, 2024년 12월 기준 인구는 3만 8,102명이다. 인구 감소 완화가 희망이 아니라 현실이 된 것이다. 물론 앞으로 인구가 줄지 않거나 늘어날 것인가는 더 지켜봐야 할 것이다. 하지만 가파르게 진행되던 인구 감소세가 줄거나 꺾인 것만은 분명해 보인다.

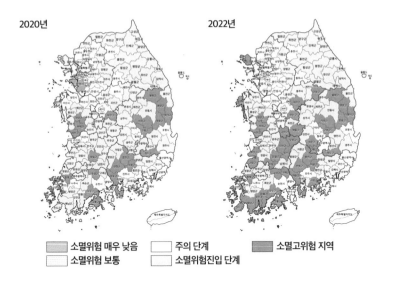

2020년   2022년

소멸위험 매우 낮음   주의 단계   소멸고위험 지역
소멸위험 보통   소멸위험진입 단계

인구소멸위험 지도(기초지자체)
출처 : 이상호, 2022, 한국고용정보원
https://eng.keis.or.kr/user/extra/main/2405/publication/reportList/jsp/LayOutPage.do?categoryIdx=262&pubIdx=8452
&reportIdx=5722&spage2=1

어떻게 이런 일이 있을 수 있었을까? 여러 원인이 있겠지만 가장 큰
것은 태양광발전에서 나오는 수익금으로 주민들에게 햇빛연금을 지급
하는 것을 꼽는다. 그동안은 태양광발전에서 나오는 수익을 태양광발
전 사업자들이 독식했는데, 발전사업에서 나오는 순이익 중 30%를 주
민들에게 돌려주는 방식을 택한 것이다.

"2023년 기준으로 안좌도, 자라도 두 섬에 사는 주민들에게 1년 동
안 1인당 최소 68만 원에서 최대 340만 원을 지급했습니다. 4인 가구
로 환산하면 최대 1,360만 원 받은 것이죠. 2030년 해상풍력까지 완
성되면 신안군 군민 1인당 1년에 최고 1,200만 원까지 지급할 계획입

니다."

이런 정책을 시행하게 된 것은 2018년 민선 7기부터다. 박우량 군수가 '신재생에너지 정책 방향 설명'이라는 기자회견을 통해, 태양광발전소에 주민이 참여하고 그 참여를 통한 이익 공유를 제안한 것이다.

주민과 사업자 모두 웃을 수 있게

주민은 발전소를 소유하는 법인의 지분 중 30% 또는 총 사업비의 4% 이상을 참여한다. 그리고 그에 대한 권리로 발전사업에서 나오는 순이익 가운데 30% 이상을 주민들에게 돌려줄 때, 군은 사업자들에게 대규모 태양광 사업에 대한 인가를 하는 방식이다. 이런 내용을 '신안군 신·재생에너지 개발이익 공유 등에 관한 조례'로 제정했다.

한편 주민들이 법인 지분이나 사업비에 참여한다 해도 금액이 너무 커서 현금을 낼 수는 없다. 그래서 주민 부담 비용은 채권을 발행하는 방식으로 했고, 채권 금액은 발전사업 법인이 주민들에게 빌려주는 방식으로 했다. 이는 주민들에게 사업의 리스크가 돌아가지 않게 하기 위해 만든 구조다. 이러한 방식에 대해 태양광 사업자들도 오해를 거두고 흔쾌히 동의했다. 이익의 일부를 주민들에게 나누지만 대규모 사업을 할 수 있게 되었기 때문에 발전 사업자들도 수익을 충분히 올릴 수 있다.

초기의 난항

지금은 희망이 되었지만 2018년 사업 초기의 어려움은 매우 컸다. 그동안 태양광발전 사업으로 돈을 벌던 사업자들의 방해가 시작됐던 것이다. 자신들이 직접 협박하고 방해하는 것만 아니라 주민들을 동원한 방해 작전도 있었다.

"2018년 민선 7기 때 군수님이 신재생에너지 개발이익 공유제를 발표하니, 기존의 태양광발전 사업자들과 그들의 주장에 동조하는 일부 주민은 군수가 공산당식으로 추진한다고 모함했습니다. 주민들이 암에 걸릴 것이라는 가짜 뉴스도 퍼트렸습니다. 심지어 자살하겠다고 협박하는 업자도 있었습니다."

'농지를 훼손한다. 주민들은 암에 걸린다. 주민들에게는 아무런 이익이 없다. 군수가 자기 이익을 위해 밀어붙인다' 등의 가짜 뉴스에 휘둘린 주민들이 반대 민원을 넣어 결국 문재인 정부 시절 감사원 감사를 1년 6개월 동안 받았다. 다행히 감사 결과 행정 처분 없이 권고나 통보 사항으로 결정됐다. 그리고 현재는 주민의 86.6%가 참여하고 있다.

주민 참여 방법

주민들이 참여하는 방식은 이중이다. 하나는 발전사업에 대한 지분 참여를 위해 공동으로 설립한 협동조합에 참여하는 것이고, 다른 하나는 주민으로서 이 사업에 동의하여 협동조합에 조합원이 아닌 회원으로 가입하는 방식이다.

전남 신안군의 태양광발전 사업을 설명하는 안좌면신재생에너지주민·군협동조합 박두훈 사무국장

　협동조합은 지역에서 대표적인 인사 10명만이 참여하는 '안좌면신재생에너지주민·군협동조합'을 설립했다. 이렇게 적은 주민들로 협동조합을 설립한 것은, 주민 수천 명이 모두 조합원으로 가입하면 조합원의 전입, 전출에 따른 출자 지분 변화를 다 반영하기 어렵기 때문이다.

　대신 회원이라는 방식을 추가했다. 안좌도나 자라도에 거주하면서 주민등록을 이전한 주민 중에 햇빛발전사업과 이익을 공유하는 것에 동의하는 사람이 1만 원의 가입비를 내고 회원이 되는 방식이다. 이렇게 회원이 되면 발전 수익을 공유할 수 있다.

　현재 안좌도신재생에너지주민·군협동조합(이사장 김정대)에는 조합원 10명, 회원 2,628명, 자라도신재생에너지주민·군협동조합(이사장 장철수)에는 조합원 10명, 회원 239명이 가입해 있다. 두 협동조합의 사무 업무는 사무국장(박두훈)을 비롯하여 3명이 지원한다.

　두 섬에서 운영하고 있는 주민참여 발전소로는 안좌도에 ㈜스마트팜&쏠라시티와 ㈜경도가 있고 자라도에는 ㈜빛솔라e가 있다. 이후 참여하는 사업자들이 늘고 있다. 협동조합 사무국에서는 섬별로 주민조합 구성 운영과 통합 관리, 태양광 개발이익 배당금 지급, 신규 회원 가

안좌면신재생에너지주민·군협동조합

입과 사망자, 전출자 제명 처리, 그리고 행정과 발전소의 가교 역할과
주민 민원 해소 등을 하고 있다.

농사를 못 짓는다면 태양광을

육지에서 태양광발전을 하는 부지는 세 종류로 나뉜다.
첫째는 폐염전 지역이다. 전남 신안은 우리나라의 대표적인 소금 생산
지다. 하지만 중국산 소금 등이 수입되면서 경쟁력을 잃고 방치된 곳
이 많다. 이런 곳은 염분 때문에 농지로 활용할 수 없는데 태양광발전
소로 쓰고 있다.

둘째는 육지형 새우 양식장으로 사용하던 곳들이다. 이런 곳도 바닷
물로 새우 양식장을 했기 때문에 농지로 사용할 수가 없어서 태양광발

태양광발전의 발전 현황을 실시간 알려주는 디지털 시스템

전 부지로 사용한다.

셋째, 염해 지역이다. 마찬가지로 바닷물이 들어와 침수됐던 지역도 농사짓기에 부적합하다. 그러므로 신안군에서 태양광발전을 육지에 허가할 때는 농지로 사용이 어려운 지역을 대상으로 하고 있다.

주민들에게 태양광발전 개발 이익금을 배분할 때는 형평성에 맞게 배려한다. 먼저 대상은 안좌도나 자라도에 주소를 둔 주민 중에 회원으로 가입한 사람에 한한다. 회원 가입비는 1만 원이다. 그리고 주민 중에 이주한 사람들은 연령별, 거주 기간별로 구분한다. 만 40세 이하의 주민은 전입 신고한 날부터 참여지분 권리 100%가 인정된다. 41세 이상 50세 이하 주민은 전입 신고한 날부터 50%, 1년이 경과한 날부터 100%, 50세 초과인 주민은 전입 신고한 날부터 1년이 경과해야 50%, 2년이 경과하면 100% 지분권리가 인정된다. 외지인이 태양광발전 이익금을 받기 위해 이주하는 무임승차자를 막는 절묘한 방안인데, 이를 조례에서 규정하고 있다.

햇빛아동연금과 지역화폐

공동지분에 대한 가중치도 마련되어 있다. 발전소 반경 100m 내에 거주하는 주민은 4, 반경 100m 초과~500m 이내는 3, 반경 500m 초과~1,000m 이내는 2, 발전소 반경 1,000m 초과 지역에 거주하는 주민은 1의 가중치를 준다. 그리고 특별히 만 7세 미만 영유아는 가중치 1을 추가로 지급한다. 또한 2023년 상반기 햇빛아동연금을 신설했다. 신안군에 거주하는 18세 미만 청소년들에게 연금을 지급하는 것이다.

이런 내용을 '신·재생에너지 주민참여 통합관리 시스템'으로 제도화했다. 연금은 신안군에서만 사용할 수 있는 신안군 지역화폐로 지급한다. 국가 화폐로 지급하니까 연로한 주민들이 사용하지 않고 외지의

주민이 참여하는 ㈜스마트팜&솔라시티의 태양광발전 시설

주민이 참여하는 ㈜스마트팜&솔라시티의 복사 태양광을 이용한 양면 태양광

자식, 손자들에게 선물로 주어서 지역 경제 활성화에 도움이 되지 않았다. 그래서 지역의 상권, 경제와 선순환 구조를 이루도록 지역화폐로 지급한다.

2024년 들어서 신안군은 햇빛아동연금의 내용을 보완했다. 신안햇빛장학금으로 명칭을 변경하고 아이가 태어나면 가입하여 18년 동안 적립할 수 있게 한 것이다. 장학금은 적립형인데 2024년은 아동 1인당 분기별 20만 원, 연 80만 원 적립하고 2025년부터는 분기별 30만 원, 연 120만 원을 적립한다. 이자는 신안군신재생에너지협동조합연합회가 3%, 농협이 4.5% 합계 연 7.5%로 지불한다. 이렇게 18년 동안 복리로 지급할 경우 4,000만 원이 된다. 18년을 채우지 못하고 이사 등으로 인해 중도 해약할 경우, 연합회가 지급하는 이자는 없고 농협이 지급하는 이자만 받을 수 있다.

좋은 경치와 풍광에 복지를 보태다

현재 태양광발전 시설이 안좌도에 288MW, 자라도에 24.2MW 있는데, 점차 늘어나고 있다. 육상 태양광발전만 아니라 해상풍력발전소도 계획하고 있어서 2030년까지 8.2GW 규모다. 이 풍력발전소에서 연간 3,000여억 원의 주민소득이 창출될 것으로 예상한다. 완성되면 태양광발전소와 풍력발전소를 합해 신안군 주민 1인당 연 최고 1,200만 원(월 100만 원)의 연금을 줄 수 있게 된다.

이러한 신안군의 계획에 대해 다행히 과학기술의 발전도 큰 힘이 되고 있다. 태양광발전량이 과거에 비해 크게 늘어나고 있는 것이다. 태양광 셀 하나의 발전량이 15년 전에 비해 2배 가까이 늘어났다고 한다. 특히 양면 태양광이 개발되어 복사되는 태양광에 의해 발전량이 약 3% 늘었다는 것이다. 이 양면 태양광은 다른 지역 태양광발전에도 크게 기여할 것이다. 군에서는 수당보다는 연금의 성격이라고 한다.

주민들이 떠나는 신안군에서 이제 다시 돌아오는 신안군, 연고가 없는 외지인들에게도 새 삶의 터전이 되는 신안군은 천사(1004)의 섬 신안군의 또 다른 모습이자 신안군이 꿈꾸는 모습이다. 기후위기 시대, 기후 악당이라는 오명을 가진 대한민국에서 지구를 구하고 다음 세대에 비전을 주는 태양광발전 그리고 해상풍력발전이라는 재생에너지까지……. 군청과 주민들이 함께 참여하는 협동조합을 통해 꿈꾸는 신안군의 미래다.

모두가 해방되는 날을 위해
– 함께하는그날

사회적으로 의미 있는 일을 해보자!

한라아이쿱생협도 보통의 지역생협과 같이 마을모임을 하고 있었다. 그러던 중에 발생한 2014년 세월호 사건은 제주에 사는 사람들에게는 더 충격이었다. 제주를 향해 오던 배가 침몰했기 때문이다. 더구나 사망자 대부분이 수학여행을 오던 청소년들이었다. 이 사건을 계기로 마을모임에서도 단순히 조합의 정보와 일상의 이야기를 주로 나누다가 사회문제에 대해 함께 책을 보면서 토론하기 시작했다. 때로는 조합원들과 함께 세월호 광장에도 나갔다.

사회적으로 의미 있는 일을 하자고 고민하던 중인 2016년 초, 신발 깔창이나 휴지로 생리대를 대신하거나 생리대가 없어서 학교에 가지 못하는 여학생들이 있다는 믿기 어려운 보도가 나왔다. 경제적으로 어려운 아이들, 또는 부모가 아니라 할머니, 할아버지와 사는 아이들이었

함께하는그날이 운영하는 제로웨이스트숍 '지구별가게'에서 판매하는 면생리대

다. 마을모임에 오는 조합원 모두가 여성이기에 더 크게 다가왔다. 마을모임에 참석한 조합원 모두 생리대가 없어서 고통받는 10대 소녀들에게 무엇인가 해야 한다고 이야기하기 시작했다. 무엇을 할 것인가?

생리대가 없어서 결석하는 10대들에게 면생리대를 전달해주자고 했다. 그런데 일반 일회용 생리대는 사용하는 사람의 건강에도 좋지 않고 환경에도 문제가 있으니 면생리대를 보내고자 했다. 일회용 생리대의 자연 분해 기간이 300년 이상 걸리고 여성 한 사람이 일생 동안

제품 브랜드 소락

일회용 생리대와 면생리대의 비교 분석

소비하는 생리대만 11,100여 개, 우리나라 한 해 발생하는 생리대 쓰레기가 20억 개 이상이라는 현황을 알게 됐다. 더구나 일회용 생리대를 소각한다면 발암물질인 다이옥신이 발생한다. 이러한 현실을 극복하고자 어렵더라도 면생리대를 택한 것이다.

지속가능성을 위한 사업

다음은 방법이었다. 기금이나 후원금을 모아서 면생리대를 구입하여 보내는 것은 어떻게 보면 단순하고 편하다. 하지만 장기적으로 유지되기 어렵다. 지속적으로 하려면 사업을 통해 하는 것이 더 낫다고 생각했다. 면생리대를 직접 만들어 판매하고 그 수익금으로 다시 면생리대를 만들어 보낸다는 것이었다. 즉 사업을 하여 수익금으로 해야 외부의 변화에 영향을 받지 않고 지속적으로 할 수 있다고 논의했다.

면생리대로 사업을 하겠다는 결정은 했지만, 면생리대를 만들려면 몸에 해롭지 않은 친환경 원단을 사서 재단을 하고 재봉틀로 봉제 등

면생리대를 만드는 공장 내부

가공을 해야 한다. 그리고 만든 후에는 인터넷, 매장 등을 통해 판매해서 수익을 올려야 한다. 하나하나 모든 것이 처음 해보는 일이었다. 시작은 생협 사무실에서 몇 달을 했다. 그런데 기존의 '반찬 사업하는 협동조합'과 같이 있다 보니 어려웠다. 면생리대를 만드는 과정에서 먼지가 많이 발생하기 때문이다.

사업 초기 큰 도움 된 마을기업 지원

그래서 이경미 이사장의 집으로 옮겨서 사업하다가 굿네이버스의 빈 공간을 사용할 수 있게 되었다. 이런 중에 제주시가 공동체나 동아리를 지원한다는 정보도 알게 되었다. 500만 원을 지원받아 공업용 재봉틀 등 필요한 것들을 사려고 했다. 그런데 시청의 한 공무원이 그런 사업이면 공동체나 동아리보다는 마을기업을 하는 것이

창립총회

더 효과적이라는 조언을 했다. 마을기업을 하면 초기에 최대 5,000만 원까지 지원되는데 임차료, 인건비 등으로 사용이 가능해 초기 사업에 도움이 될 것이라는 내용이었다.

이에 마을기업에 대해 공부하고 교육을 받았다. 이와 같은 준비와 과정을 통해 2017년 3월, 조합원 9명이 1,000만 원을 출자하여 '함께 하는그날협동조합'을 창립했다. 마을모임에 오는 조합원만 아니라 뜻을 같이하는 사람들이 참여했다. 특히 현재 공장에서 제품 생산을 총괄하고 있는 오은하 국장이 조합원으로 참여한 것은 큰 힘이 되었다. 오 국장은 전에 한복을 만들던 사람으로 '함께하는그날협동조합'의 취지도 좋았지만 이사장의 설득도 크게 작용했다고 한다.

온라인 판매 준비로
코로나19 시기에 더욱 성장

2017년은 법인을 설립하고 설비를 갖추고 사람을 모아서 사업을 시작하는 해였다. 그리고 2018년부터는 본격적으로 제품을 생산하고 판매했다. 제품을 만드는 일에는 문제가 없었다. 판매가 문제였다. 지역 생협을 비롯하여 전국의 많은 곳을 뛰어다녔다. 직접 찾아가거나 교육하러 가서 사업의 취지와 제품의 우수성 등을 설명하면 20명 정도씩 찐팬이 생기면서 매출도 조금씩 늘었다. 제주의 시장이 좁기 때문에 전국을 대상으로 해야 했고 온라인 판매에 더욱 힘을 쏟았다.

2019년에는 아이쿱생협이 사회적경제기업들과 협력하는 프로그

교육을 하면서 체험도 함께 　　　　　　　　온라인 판매 몰의 면생리대

램을 했는데 이때 선정되어 다른 11개 기업과 같이 자연드림에 입점할 수 있게 됐다. 이어서 네이버 온라인에서 판매를 시작했다. 그 결과 2018년 6,000만 원이었던 매출이 2019년 1억 2,000만 원, 2020년 5억 원, 2021년 9억 3,000만 원으로 크게 성장했다. 특히 코로나19 시기에 더욱 성장할 수 있었던 것은 아이템이 신선했고 비대면 온라인 판매를 준비했기 때문이다.

2022년 매출은 2021년에 비해 줄어든 6억 9,000만 원인데 원인을 두 가지로 분석한다. 하나는 친환경 면생리대 등 소락과 비슷한 제품을 판매하는 다른 업체들이 생긴 것이고, 다른 하나는 코로나19 팬데믹이 종료되면서 온라인 매출이 줄어든 것이다. 판매 매장이 두 개인 상태에서 온라인의 감소는 큰 영향을 미친다. 이런 흐름을 보고 2023년에는 교육과 캠페인 등을 강화했다. 그랬더니 2022년 상반기에 비해 2023년 상반기 매출이 늘었다.

제로웨이스트숍 '지구별가게' 오픈

제로웨이스트 매장 사업은 2019년 시작했다. 생소하여 전국에 불과 3곳 정도 있을 시기였다. 당연히 제주에서는 처음이었다. 이름은 '지구별가게'다. 지구별가게에서는 소락의 생활용품 외에 친환경 비누, 행주, 키친타월, 소창으로 만든 커피 필터, 커피 티백, 텀블러 등을 판매한다. 주방세제는 제주의 다른 사회적경제기업인 꽃마리협동조합이 만든 제품이다. 또 한 코너에서는 자신이 입던 옷을 깨끗이 세탁해 와서 다른 사람이 내놓은 옷과 교환해 가는데 수수료 만 원을 내면 된다.

함께하는그날이 운영하는 제로웨이스트숍이 다른 제로웨이스트숍과 다른 점은 제품을 직접 만든다는 것이다. 다른 곳은 대부분 제조업

전국에서 세 번째, 제주에서 처음 연 지구별가게(2019년 문을 열고 2023년 현재 위치로 이전)

함께하는그날협동조합이 운영하는 제로웨이스트숍 '지구별가게'

체가 만든 것을 판매하는 것이 중심이지만 함께하는그날은 직접 생산
도 하여 다른 제로웨이스트숍에 납품한다. 일종의 도매몰 역할을 하는
것이다. 물론 함께하는그날이 만들지 않는 제품을 파는 소매 역할도
병행하고 있다. 최근에는 버려지는 플라스틱을 활용하여 재생하는 사
출 기계를 매장에 설치하여 매장을 방문하는 소비자의 만족을 높이고
자 한다.

시장에서 지속적으로 사업을 하기 위해서는 우선 가격과 품질 경쟁
에서 살아남아야 하고 홍보와 마케팅을 잘해야 한다. 그리고 가격과
품질 경쟁을 위해서는 부가가치를 높여야 한다. 부가가치를 높이는 방
법 중 하나가 특허, 상표, 디자인 등의 산업재산권을 소유하는 것이다.
이런 준비도 하여 현재 4개 상표를 등록했고 둥글게 마감 재봉을 할 수

최근 세팅을 준비 중인 플라스틱 재활용 기계

있는 재봉틀 기계에 대한 기술특허를 냈다. 이 외에 원단에 대한 것도 특허 가능성을 변리사와 논의 중이다.

교육과 캠페인 강화

2023년부터 강화한 것이 교육과 캠페인이다. 교육은 제주특별자치도교육청의 위탁 사업을 받아 초·중·고등학교에서 환경 교육을 진행한다. 교육은 주로 강의와 체험 실습을 하는데 강의는 '함께하는그날협동조합의 사례 발표', '제로웨이스트, 환경 문제' 등을 하고, 체험은 '밀랍랩 만들기', '튤립백 만들기' 등을 한다.

캠페인은 제주의 특급 호텔 로비에서 부스 등을 이용한 전시, 홍보, 판매를 한다. 2023년에는 제주 롯데시티호텔을 시작으로 제주신화월드(서머셋, 랜딩), 씨에스호텔앤리조트, 라마다프라자 제주호텔, SK핀크스(디아넥스) 등 10개 곳에서 진행했다.

학생들을 대상으로 하는 교육

호텔에서 하는 캠페인

　지금까지 사업을 하면서 가장 힘들었던 것은 젊은 직원들이 오랫동안 일하지 못하는 것이다. 이 사업이 단순히 우리 시대에서 마치는 것이 아니라 다음 세대까지 이어지려면 직원들이 오래 근무해야 한다.

청년 주거 중심 민달팽이협동조합(홈페이지)　　　전남 해남군 청년을 위한 공유주방

지난 8년 동안 직원 면접 본 사람이 무려 50명이다. 특히 젊은 직원들이 1년을 넘기지 못한다. 지역이 보수적이다 보니 제주가 고향인 청년보다는 외지에서 제주도에 살려고 들어온 청년이 직원으로 들어오는 경우가 많다. 그런데 이 청년들이 1년 이상 살지 못하고 다시 돌아간다.

주거비, 식비 등 생활비가 많이 들기 때문이다. 월세는 한 달에 50만 원이 들고 식비는 한 끼에 1만 원이 넘어간다. 제주라는 관광지의 특징이다. 외지 청년들이 제주에 들어와서 살기 어려운 이유이자, 제주가 고향인 청년이 독립하여 살기 힘든 이유다. 청년들이 저렴하게 살 주거 공간, 그리고 관광객과 다르게 식사를 해결할 방법이 필요하다. 예를 들어 사회주택이나 협동조합주택, 그리고 공유주방, 질 좋으면서 가격이 저렴한 도시락 등이 있어야 한다. 그래야 제주 한 달 살기가 일 년이 되고, 그 일 년이 쌓여서 10년, 그리고 평생 살 수 있을 것이다.

협동조합 중견 기업으로 한 단계 성장을 위해

이렇게 쉬지 않고 달려온 지금, 조금 아쉽거나 보완하고자 하는 것이 있다. 첫째는 함께하는그날협동조합과 지구별가게에 대한 소비자의 인식을 전환하는 것이다. 그동안 캠페인을 많이 하다 보니 제조하고 판매하는 곳이라고 생각하지 않고 단순히 방문하는 소비자가 많았다. 사업 조직으로서 정체성을 강화할 계획이다. 둘째, 경영과 사업 능력 강화다. 아무래도 주부로서 살다가 사업을 해서 회계, 마케팅 등에 대한 이해가 부족하다. 이에 대한 전문성을 강화하고자 한다.

셋째, 사회적경제기업들의 폭넓은 개방성과 연대, 협력이다. 자기 조직의 독자 브랜드가 아니라도 사회적 가치가 있는 브랜드를 포용적으로 취급하면 좋겠다. 넷째, 직원들이 평생 있을 직장으로 인식하게 하려면 현재의 규모로는 부족하다. 직원이 30~50명 정도 근무하는 규모의 사업으로 성장시켜야 한다. 그리고 부가가치를 높여서 급여도 충분히 지급해야 한다.

이제 함께하는그날협동조합은 조합원 10명에 출자금이 1억 원이고 일하는 직원은 정직원 9명, 아르바이트 3명이 됐다. 제주시 노형동에 있는 생협 마을모임에서 시작했지만, 어느덧 제주와 기재부에서 모범적인 사회적경제기업으로 상을 받을 만큼 성장했다. 앞으로도 의미 있는 성장과 성숙을 기원하는 마음에서 '네 시작은 미약했으나 끝은 창대하리라'라는 어느 경전의 문구로 응원한다.

폐가전제품에서 발견한 희망
– 늘푸른자원

외환위기로 위기에 몰린 노동자, 민중과
맨손으로 시작

"1997년은 우리 사회에 큰 충격이었지요. 소위 IMF 외환위기로 인해 실업이 급증하고 금리 이자는 20%를 넘어 30%에 육박할 정도였으니까요. 중산층이 무너지고 나라는 부도 위기에 몰렸습니다. 결국 수많은 사람이 직장에서 쫓겨나고 거리에 나앉게 되었으며, 자살이라는 극단적 상황에 몰렸습니다. 우리 경남도 노동자들이 겪은 어려움은 말로 다 할 수 없었습니다. 언론에서는 그야말로 단군 이래 최대의 국가 위기였다고 했습니다. 이때 실업극복국민운동에 참여하고 그 운동의 성과로 만든 조직 중의 하나가 자활기업입니다."

경남의 사회적기업 인증 1호이자 전국 35호인 ㈜늘푸른자원을 2007년 설립하고 17년째 이끌고 있는 김진수 대표의 말이다. 법인 설립은 2007년이었지만 실제로 취약계층을 위한 실업 극복, 일자리 사업 등에 뛰어든 것은 1997년 외환위기 직후였다. 서울에 실업극복국민운동본부가 설립되었고 다음 해인 1998년에는 경남에서도 실업

1997년 IMF 외환위기 관련 보도

극복국민운동경남본부(이하 '실업극복경남본부')가 출범했다.

경남에서는 창원 중심으로 노동계, 시민사회 그리고 종교계가 참여하는 조직이었다. 이때 실업극복경남본부에서 실무자로 일하게 된 것이 늘푸른자원을 시작한 계기가 되었다. 진주, 김해 등에서는 조금 뒤에 실업극복 운동 조직들이 출범했다.

자활기업 늘푸른자원의 역할

경남 최초의 사회적기업 인증서

실업극복경남본부는 1999년 처음으로 지자체로부터 공공근로사업을 위탁받았는데, 이 사업의 하나로 의류 재활용 사업을 시작했다. 이후 2000년부터 국민기초생활보장법이 시행되면서 이 법을 근거로 각 지자체에 지역자활후견기관(이후 지역자활센터)들이 설립되었다.

실업극복경남본부가 창원지역자활센터를 위탁받아 운영하면서 의류 재활용 공공근로사업이 자활사업으로 이어졌다. 간병, 집수리, 청소, 폐자원 재활용, 음식물 재활용 등 취업 취약계층과 저소득계층이 좀 더 쉽게 할 수 있는 사업들을 중심으로 자활근로사업을 시작했다. 특히 폐자원 재활용 사업은 아무런 기술이 없어도 되고 체력적으로도 부담이 적은 분야였다. 의류 재활용 사업은 손수레를 끌고 가서 시민들이 무상으로 기증해주는 옷을 받아 와서 매장에 전시, 판매하는 것이 주된 일이었다. 당시에는 시민들이 깨끗하게 세탁해서 기증했기에 별도의 세탁이나 수선을 하지 않아도 되었다.

가정에서 버리는 폐가전제품에서 발견한 희망

2006년부터는 새로운 사업을 시도했다. 자활근로사업단이 정부 지원에서 자립해야 할 시점이 다가오기도 했다. 의류 재활용 사업은 이미 시장이 형성되고 치열한 경쟁이 펼쳐지는 상황이었기에 생존이 쉽지 않았다. 아직 존재하지 않는 새로운 시장을 만들고, 지속적인 제도와 시민사회의 지원과 후원이 가능한 영역이 무엇인가 고민했다. 그러다 선택한 것이 중소형 폐가전제품 재활용사업이었다. 수

폐가전제품 분리 작업

폐가전에서 분리한 플라스틱을 싣는 김진수 대표이사

명이 다한 중소형 폐가전제품을 적절하게 처리해서 일부 부품과 플라스틱, 고철, 비철 등을 재활용하는 것이다.

마침 수명을 다한 가전제품들이 쓰레기가 되어 지구 환경을 훼손하는 데 대해 국제적인 규제가 시작되었다. 그동안 자연환경이나 인체에 해로운 성분이 다량 함유된 폐가전제품을 제3세계 등 빈곤국에 수출하여 해당 국가의 환경을 파괴하고 해당 국민의 건강을 해쳐왔다. 그런데 이런 행위에 대한 문제 제기가 활발하게 이루어져서, 국제 협약을 통해 이런 국제 이동을 규제하려는 상황이 벌어진 것이다.

또한 국내에는 '생산자 책임 재활용제도'라는 관련 규제법이 있었다. 이 제도는 가전제품 제조 회사가 제조, 판매한 제품의 일정 비율 이상을 의부석으로 회수, 재활용하도록 하는 것이다. 제조, 판매에서 발생한 이윤은 가전제품을 만드는 자본기업이 가져가면서 거기서 나오는 폐기물은 사회문제가 되는 기존 방식을 전면 재검토한 것이다.

그렇다고 가전제품 제조 회사들이 폐기되는 가전제품을 직접 수거할 수는 없었다. 제조사들은 폐기해야 하는 가전제품을 수거, 분리, 재활용하는 데 들어가는 비용을 공적 기관에 납부하고, 그 역할을 하는 기업에 일정 부분의 지원금을 지불하는 방식이었다. 늘푸른자원은 수거, 분리하는 일을 대행함으로써 처리 비용을 받는 사업을 하는 것이다.

전국 최초로 가정에서 버리는 가전제품을 수거하다

늘푸른자원은 2014년부터는 가정에서 버리는 가전제품을 회수하는 시스템에 대해 고민했다. 기업의 폐가전제품 의무 회수 체계는 그나마 관리가 되지만 주민들이 가정에서 폐가전제품을 버리는 시스템은 문제가 있었다. 배출할 때 주민들이 비용을 부담하는 것과 배출 스티커를 구입하는 방식 모두가 불편했다. 이에 새로운 방식을 도입할 필요가 있었다.

즉 가정에서 소형 폐가전제품을 버릴 때 주민들이 수수료를 부담하지 않고 무상으로, 그리고 언제든지 배출할 수 있는 시스템을 구축하는 것이었다. 이를 위해 창원 시내의 배출 현황과 처리 과정을 조사하고, 그 결과를 바탕으로 지자체와 함께 토론회 등을 열어 인식을 확산하고, 시를 설득하여 대안을 마련했다. 공동주택에 무상 수거함을 설치하고 늘푸른자원이 수거, 재활용하는 것이었다. 이 사업을 전국에서 처음으로 시행하여 좋은 반응을 얻었고 지금은 전국의 많은 자치단체에서 시행하고 있다.

폐가전제품을 재활용하는 과정은 4단계다. 1단계는 가전제품 회사 서비스센터, 공동주택 수거함 등에서 모아놓은 가전제품을 재활용 기업이 공장에 가지고 와서 분리 파쇄하여 플라스틱, 고철, 알루미늄, 전선, PC 기판 등으로 선별하는 1차 파쇄 단계다. 여기까지가 늘푸른자원의 역할이다. 2단계는 2차 파쇄다. 2차 파쇄에서는 플라스틱을 ABS 등 재질별로 분리한다. 3단계는 2차 파쇄에서 재질별로 분리한 플라스틱을 펠렛으로 만드는 단계다. 그리고 마지막 4단계는 펠렛으로 만든

수거한 PC와 폐가전제품들

원료로 필요한 제품을 사출하는 것이다.

향후 폐가전 재활용 자활기업들이 연대하여 2, 3, 4차 단계를 함께 진행하려 한다. 이를 통해 자활기업들의 보다 높은 수익을 보장하고, 플라스틱 재활용 사업의 완결된 구조를 통해 지속가능성을 높이려는 것이다.

공장 1개가 전소되는 어려움을 이겨낸 힘

2023년 12월 말 기준으로 늘푸른자원의 직원은 13명이다. 이 중에 취약계층은 60%다. 2007년 창립 초기에는 25명까지 있었다. 경제가 어려운 시기에 일자리를 늘려야 했기 때문에 모든 작업 공정에서 기계화를 최소화한 수작업 방식이었다. 하지만 이후에는 파쇄하는 기계, 선별하는 시스템 등을 도입했다. 생산성이 높아져야 기업 유지가 가능하기 때문이다. 2023년 매출이 12억 6,000만 원이다.

사업을 하는 가운데 어려움도 여러 번 있었다. 특히 2013년 11월 14일, 공장 2개 동 중 1개가 모두 타는 일을 겪었다. 다행히 한국사회

화재로 인한 피해   기계화한 선별 시스템

적기업협의회를 중심으로 성금 모금을 진행했고, 이러한 지지와 후원을 통해 재기할 수 있었다.

정부와 자치단체에 바란다

김진수 대표는 쓰레기 처리, 재활용 등의 영역에 지방자치단체가 좀 더 적극적으로 참여해야 한다고 강조한다. 민간이 주도하는 재활용 사업에서는 가격 변동 등의 외적 요인에 의해 문제가 발생할 소지가 크다는 것이다. 일례로 몇 년 전 재활용 플라스틱 가격 하락으로 재활용업체가 수거 처리를 거부한 사건이 발생했다. 그러므로 자치단체가 보다 적극적인 관심을 가지고 참여해야 한다는 것이다.

또한 집권 정당에 따라 달라지는 폐기물 및 재활용 정책에 대한 아쉬움도 토로했다. 현 정부 들어서 1회용 컵 사용 억제를 위한 정책이 시행을 앞두고 연기됨에 따라 혼란스러웠고 현장에서 준비했던 기업들이 어려움을 겪었다. 일부 기업에서는 1회용 컵 수거를 위해 차량 등을 다 준비했으나 무산되어 그 비용을 고스란히 부담하기도 했다.

기후위기는 지금 준비하지 않으면 호미로 막을 수 있는 기회를 놓쳐 가래나 다른 어떤 도구, 방법으로도 막을 수 없게 된다. 늘푸른자원과 같은 기업이 활성화될 때 환경 보전과 일자리라는 두 마리 토끼 모두 잡을 수 있을 것이다. 기후위기, 플라스틱 문제 등이 전 지구적으로 확대되어가는 현실에서 사회적기업이자 자활기업인 ㈜늘푸른자원과 같은 기업의 역할이 더 활발하도록 시민들의 관심과 정부의 정책적 협력 등이 더 요구된다.

쓰레기로 넘치는 지구를
구원하라
– 라라워시프랜차이즈
협동조합

'기후 악당', '오늘의 화석상'이 된 대한민국

코로나19가 우리 사회에 남긴 상처는 넓고 깊다. 사람과 사람이 만나는 것이 제한되고 통제받으면서 소통, 관계 등의 의미와 방법 등이 달라졌다. 대표적으로 학생들은 학교에 갈 수 없어서 10대는 예민한 사춘기 시절 가장 필요하고 중요한 친구와 관계 맺는 시기를 놓쳤다. 그 후유증으로 대학에서 교우 관계, 인간관계 등에 대한 정신 상담이 크게 늘었다고 한다.

또 다른 상처는 엄청난 쓰레기가 양산되었고 이후에도 계속 양산되고 있다는 것이다. 코로나19 이전부터 일회용 쓰레기 문제가 심각했으나 코로나19 시기에 전염을 막기 위해 일회용품 사용을 대폭 늘리면서 더 큰 문제가 되었다. 특히 병원, 카페, 식당, 장례식장 등에서는 오히려 일회용품 사용을 권장하다시피 했다.

우리나라는 코로나 19 영향이 아니어도 쓰레기 발생량이 매우 높은 국가다. 2019년 그린피스의 자료에 따르면 1인당 연간 플라스틱 배출량이 67.4kg으로 세계 2위다. 1인당

제28차 유엔기후변화협약 당사국 총회의 '오늘의 화석상'

연간 PET 병 96개, 플라스틱 컵 65개, 비닐봉투 460개를 사용하고, 한국인 전체로는 연간 PET 병 49억 개, 플라스틱 컵 33억 개, 비닐봉투 235억 개를 소비한다. 이 중에서 플라스틱 컵만 보면 1년 동안 사용한 컵을 눕혀서 늘어놓으면 지구와 달 사이의 거리인 38만 4,400km다.

이는 당연히 기후 문제를 일으킨다. 우리나라는 국가의 환경 정책과 함께 이런 소비 등의 문제로 '기후 악당'이라는 오명을 쓰고 있으며, 지난 2023년 12월 7일 아랍에미리트 두바이에서 열린 제28차 유엔기후변화협약 당사국 총회에서 '오늘의 화석상'을 수상해, 인류의 기후 대응에 역행하는 나라가 되었다.

라라위시프랜차이즈협동조합(이하 '라라조합')은 이렇게 일회용 쓰레기로 병들어가는 지구를 살려야 한다는 미션을 가지고 2023년 4월에 창립한 협동조합이다. 창립은 2023년에 했지만, 논의는 2017년 시작했고 사업은 2018년에 준비해서 2019년에 시작했다. 2017년 논의 단계부터 2023년 경기도 14개 지역, 18개 세척 센터가 함께 프랜차이즈협동조합으로 창립할 때까지, 초기부터 지역자활센터 실무자들과 함

께 진행한 경기광역자활센터 최선린 부장을 만나 설명을 들었다.

자활기업 창업 아이디어에서 출발한
'식기 세척 사업'

성남지역자활센터가 이 사업을 하게 된 것은 '식기 세척
사업'이 2017년 '경기도 자활기업 창업 아이디어' 신규사업에 선정되
면서다. 2018년에는 이 아이디어의 사업성을 검토하기 위해 연구 용
역을 진행했는데 사업 타당성이 인정되었다. 이에 경기도의 자활기금
7,500만 원을 지원받아 준비 기간을 거쳐 2019년부터 본격적으로 사
업했고 그해 매출 4,100만 원을 올렸다. 사업에 참여한 직원은 8명이
었는데, 그동안 자활의 경험으로 봤을 때 첫해의 사업 매출치고는 괜찮

성남지역자활센터의 식기 세척 사업

은 편이어서 사업으로서의 가능성이 충분히 있다고 판단했다. 일종의 안테나 사업의 역할을 한 것이다.

이와 같은 성남지역자활센터의 사업 내용을 바탕으로 2020년에는 식기 세척 사업 센터를 4곳(성남지역자활센터, 광주지역자활센터, 시흥일꾼 지역자활센터, 의정부지역자활센터)으로 늘렸다. 그리고 경기도는 자활기 금 1억 5,000만 원으로 새로 추진하는 3곳을 지원했다. 전체 4곳의 식 기 세척 센터는 직원 45명, 120개 거래처, 그리고 2억 원의 매출을 올 렸다. 그리고 유아 식판 세척 사업 공동 브랜드로 '식판 케어'를 시작했 다. 이와 함께 장례식장 식기 세척 대행 사업과 공공부문 일회용품 사 용 자제 관련 사업 모델을 모색했다.

'식판 케어'를 넘어 다회용기 사업으로

2021년에는 안산안양지역자활센터, 파주지역자활센터, 안성맞춤지역자활센터 등도 참여했다. 그리고 8월에는 경기 지역에서 다회용기 세척 사업을 공동으로 하는 사업 브랜드로 '라라조합'을 시작 했다. 사업 분야도 다회용 텀블러와 컵 세척으로 확대했고 SKT와 연계 하여 다회용 컵 세척 분야도 시작했다. '유아 식판 세척'이라는 사업은 계속하면서 세척하는 용기 종류를 확대하고 방식도 다양하게 하여 다 회용기 렌털 서비스로 넓힌 것이다. 배달 식품 용기, 장례식장 음식 용 기, 프랜차이즈 카페 음료수 컵 등을 일회용품이 아닌 다회 사용 용기 로 전환하는 것을 사업화하기 위해 다양한 논의를 시작했다.

이렇게 사업의 내용이 구체적으로 진행되고 사회적 의미와 사업성

축제나 장례식장을 위한 다회용기

이 커지자 2022년에는 많은 지역의 자활센터가 참여하여 2배가 넘는 14개 지역, 18개 세척 센터로 커졌다. 세척장의 평균 규모가 60~70평이 되었고 하루에 세척할 수 있는 용량도 1만 개가 되었다. 여러 지역이 참여하고 규모가 커지자 자연스럽게 사업이 점점 다양하게 전개되었다. 나아가 단순히 어린이집, 유치원 등의 식판만 세척하는 사업을 넘어 장례식장 다회용기, 축제 다회용기, 카페 등의 다회용 컵 등 다회용기 렌털 서비스를 본격적으로 추진했다.

경기도청, 경기도의회 등 공공기관이 적극 참여

경기도와 같은 공공기관도 적극적이었다. 2022년 12월

15일에는 '경기도 공공기관 다회용품 사용 문화 확산을 위한 업무 협약'을 맺었다. 이러한 업무 협약을 하는 것은 결국 일반 시민들이 일회용 컵이나 용기 사용을 자제하게 하기 위해서다. 이를 위해서는 우선 텀블러 사용을 권장하고 차선책으로는 일회용 컵이나 용기보다 다회용 컵이나 용기를 사용하도록 해야 한다.

환경부의 1회용 컵 보증금제도 홍보 포스터

그런데 가정집 음식 배달 분야에서는 다회용기 사용이 어렵다. 과거에는 배달 직원이 하나의 식당에 소속되어 있어 배달 용기를 다회용기로 하고 관리할 수 있었지만 지금은 배달 앱을 통한 배달로 분리되어 있어서, 수거한다면 별도의 추가 비용과 시스템이 필요하기 때문이다.

그래서 경기도와 업무 협약을 맺은 것을 바탕으로 시범적으로 하고 있는데 대상 품목은 커피를 비롯한 음료수 컵이다. 즉 경기도청과 경기도의회에 근무하는 직원과 민원인이 음료수를 마실 때, 일회용 컵이 아니라 다회용 컵을 사용할 수 있게 하는 것이다. 그리고 사용한 다회용 컵을 반납하면 보증금 1,000원을 돌려주는 보증금제를 운영하고자 한다.

직원은 이런 시스템이 어렵지 않지만 민원인도 참여하게 하려면 보다 세밀한 준비가 필요하다. 민원인이 다회용 컵을 가지고 이동할 수 있기 때문이다. 그래서 이동한 민원인들이 쉽게 참여할 수 있도록 도청과 의회 청사 내에 다회용 컵 반환 자판기를 시범 설치, 운영하고 있다.

라라조합과 ㈜오이스터에이블이
컨소시엄으로 참여하는 서울시 사업

이뿐만 아니라 2023년에는 서울시와 사업을 진행했다. ㈜오이스터에이블과 함께 컨소시엄을 구성하여 컵 수거와 반납기 사업을 했다. 서울시가 시민들이 다회용기 컵을 사용하게 하고 회수하는 방안으로 컵 보증금을 1,000원으로 높이고, 이 컵을 자판기에 잘 반납하면 보증금 1,000원을 돌려주는 사업을 추진한 것이다.

라라워시프랜차이즈협동조합 창립총회

같은 해에 경기도와도 함께했다. 경기도사회적경제원 지원사업에 선정되어 수원시 8대, 포천에 2대 등 10대를 설치 운영했다. 경기도는 2023년 한 해 동안 무인 반납기 10대 운영을 통해 일회용 컵 16만 8,000개의 소비를 줄일 수 있었다. 반납기 1대당 16,800개 종이컵을 줄인 것이다.

그리고 이와 같은 사업을 보다 체계적으로, 그리고 추진력 있게 진행하기 위해 2023년 4월 30일 '라라워시프랜차이즈협동조합'을 창립했다. 창립에는 경기도 14개 지역자활센터가 운영하는 18개 세척 센터가 참여했는데 이후에는 경기도 내의 지역자활센터뿐 아니라 다른 광역시도에 있는 지역자활센터들이 참여하도록 하여 전국으로 확산할 계획이다. 그리고 센터의 세척 규모도 늘리고 있는데, 먼저 시흥작은자리지역자활센터와 부천원미지역자활센터 두 곳에 각각 다회용기를 하루 10만 개 세척할 수 있는 규모의 세척장을 설립했다.

자체 관리 기준을 만들며 전국화를 꿈꾸다

이렇게 사업을 전국에 확산하고 성숙시키기 위해 필요한 것이 있는데 바로 국민에게 신뢰받는 것이다. 그리고 그 신뢰를 위해서는 투명하고 안전한 세척장을 운영해야 하는데 우리나라에는 이에 대한 기준이 없다. 식기 세척 사업은 인허가 사항이 아니며 HACCP(식품 및 축산물 안전관리인증 기준, 식품 위해 요소 중점관리 시스템)과 같은 기준이 없다. 식품을 제조하는 곳이 아니기 때문이다.

그래서 이와 관계된 사업을 하면서 관리 시스템을 가지고 있는 미

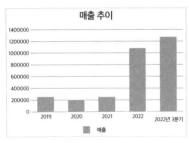

라라조합 매출 추이

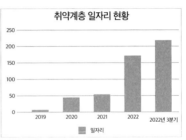

라라조합의 일자리 추이

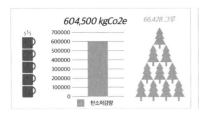

라라조합의 환경적 성과

경기도 참여 공공기관 환경 성과

국 회사 NFS의 한국 지사와 위생 프로세스에 대한 업무 협력을 맺었다. 이런 노력의 하나로 식판은 가능한 한 플라스틱에서 스테인리스스틸로 바꾸고, 플라스틱을 써야 할 때는 환경호르몬이 안 나오는 유아용 젖병 용기 재질인 PP(BPF)를 사용한다.

라라조합의 성과는 경제적 성과와 환경적 성과로 나누어 볼 수 있다. 우선 경제적 성과는 매출 급증이다. 2019년 4,100만 원이었던 매출은 2022년 약 11억 원이 되었고, 2023년에는 예상 매출 13억 원을 훌쩍 넘어 20억 원(지점들 합계)이라는 큰 성과를 올렸다. 4년 만에 무려 약 50배 가까이 성장한 것이다. 아울러 고용 인원도 2019년 8명에서 2022년 약 170명, 그리고 2023년에는 210여 명이 되었다.

환경적 성과는 다음과 같다. 다회용 컵을 10회 이상 사용했을 때 온

실가스 배출은 1회용 용기의 40% 수준으로 크게 감소한다. 일회용 컵 1,000만 개 사용을 줄이면 이산화탄소가 60만 4,500kg 감축하여 나무 6만 6,428그루를 심은 효과를 낸다. 이 성과를 참여 공공기관별로 보면 경기도와 경기도의회가 일회용 컵 17만 3,000개 사용을 줄였고 이는 나무 1,146그루를 심은 것과 같은 성과다.

사업 활성화를 위해 필요한 정책

라라조합이 하는 다회용기 사업 활성화를 위해서는 몇 가지 정책이 필요하다. 첫째, 다회용기 세척 사업에 대해 경기도의 표준이 필요하다. 다회용 컵, 배달 용기, 장례식장의 음식 용기 등을 표준화하고 용기를 반납하는 프로세스를 표준화하여 시민이 보다 쉽게 참여하게 해야 한다. 둘째, 독일과 같이 다회용기 사용을 의무화하는 법이 필요하다. 현재 정부는 후퇴하고 있는데 오히려 강화해야 한다. 법의 내용은 공공기관, 기업 등 주요 일회용기 배출 업종과 조직이 사회적, 환경적 책임을 다하도록 해야 한다.

셋째, 세척 인프라 확대를 위한 지원이 필요하다. 카페, 축제, 장례식장 등에서 기존 1회용 용기 구입 비용이 세척 비용보다 저렴하기 때문에 업주들이 참여를 꺼린다. 초기 사업이 정착될 때까지는 다회용기 사용이 1회용 용기 구입보다 저렴할 수 있게 보전할 필요가 있다.

이와 같은 지자체와 정부의 정책 지원 및 협조와 더불어 라라조합이 지향하는 지속가능한 깨끗한 세상으로 한걸음 더 빨리 다가갈 수 있기를 바란다.

3장

지역 소멸을
뛰어넘어

우리 사회가 당면한 가장 큰 과제 중 하나는 저출생 문제일 것이다. 그런데 그 저출생의 중요한 원인 중 하나로 지역 불균형을 지적한다. 국토연구원이 2024년 4월 발표한 연구 자료 〈저출산 현상의 지역별 격차와 요인〉에 따르면 비수도권에 일자리가 줄어서 사람들이 수도권으로 이동하여 과밀하게 된다. 그리고 인구 과밀은 부동산 가격 상승과 고용 불안을 가져와 초혼 연령이 높아지고 비혼자가 늘어난다. 결국 비수도권 인구의 수도권 이동은 그로 인해 발생하는 비수도권의 인구 소멸, 지역 소멸의 문제로 끝나는 것이 아니라 수도권을 포함한 사회 전체의 그림자가 된다. 그러므로 비수도권 소멸 지역에 대한 대응은 매우 중요한 이슈다.

우리나라는 비수도권, 그중에서도 광역시가 아니라 광역도에 속한 지역의 인구가 먼저 급격히 줄고 있는데 여기서는 그런 지역의 이야기를 모았다. 소개한 사회적경제기업 4곳은 비수도권 가운데서도 소멸 위험이 높은 지역에서 경영하고 있다. 충청북도 옥천군에서 청년, 청소년, 지역 주민들과 문화사업을 하는 사회적기업 ㈜고래실, 전라남도 목포에서 쇠락한 건어물 상가 지역을 활성화하는 건맥1897협동조합, 서울에서 1,000리가 넘는 경상남도 남해 상주에서 다양한 사업을 하는 동고동락협동조합, 그리고 경남 산청 한센인 거주 지역인 성심원에서 의료복지 운동을 하는 경남산청의료복지사회적협동조합이다.

충북 옥천군은 인구가 5만 명이 채 안 되며 계속 줄어들고 있으니 당연히 인구 소멸 위험이 높다. ㈜고래실은 이곳 옥천에서 청소년, 청년, 지역 주민들을 위해 문화 공간 둠벙을 운영하는 사회적기업이다. 전국적으로 꽤 알려진 〈월간 옥이네〉를 발행하고 문화기획과 행사 진행 등의 사업도 한다. 고래실은 문화 공간 둠벙에서 만화카페를 운영하며 이곳을 전시와 대관, 청소년 친화 공간, 주민 문화 공간으로 사용한다.

공간을 운영하는 것은 중요하다. 사업을 하면서 안정적으로 사람들이 모일 곳을 제공하기 때문이다. 인문학 교실, 생태 교육도 하고 주민들의 작은 소모임들도 여기서 진행된다. 〈월간 옥이네〉는 군 단위 작은 지역에서 사는 주민들의 소소한 이야기를 서로에게 그리고 외부에 알리고 있다. 더구나 20~30대 청년이 중심이 되어 운영한다는 것은 큰 장점이자 희망이다.

건맥1897협동조합은 이름에 다양한 의미를 담고 있다. 건맥은 건어물과 맥주의 줄임말인데 이 지역이 건어물 거리임을 나타낸다. 그리고 1897은 목포의 개항 시기이며, 협동조합은 조직의 법인 성격을 말한다. 전라남도 목포시는 1980년대 말에는 인구가 약 25만 명이었으나 계속 줄어 2024년 현재 약 21만 명이 되었다. 건어물 거리도 한때 전국의 많은 건어물이 이곳을 거쳐 갔으나 지금은 쇠락하여 가게 문을 닫은 곳도 꽤 있다. 이에 도시재생지역으로 지정되어 재기를 모색했으나 여의치 않았다.

그러던 중 2019년 건어물 상인들과 목포도시재생지원센터가 협력하여 맥주 축제를 열었는데 상인들이 안주로 건어물을 제공한 것이 계기가 되어 건맥1897협동조합을 창립했다. 맥주 축제는 지금도 계속되어 지역의 명물로 자리 잡아가고 있다.

서울에서 가장 먼 지역 중 한 곳인 경상남도 남해군 상주면은 서울에서 약 400km, 1,000리 거리다. 이곳에 동고동락협동조합이 있다. 인구가 너무 감소하여 면에 있던 중학교가 폐교 위기에 놓여 있었다. 그런데 2014년 이 학교를 혁신학교, 대안학교로 다시 구성하면서 새로운 길이 열렸다. 도시에서 아이들을 지나친 경쟁 교육으로 떠밀 것이 아니라 자유롭고 인격적으로 교육하고 싶은 부모들이 아이들과 함께 이곳으로 왔다. 이 부모들을 중심으로 2016년 동고동락협동조합을 설립했다.

출발할 당시 출자금 2,000만 원에 조합원은 42명이었는데 대부분 외지에서 온 학부모였고 상주 지역민은 불과 5명이었다. 7년이 지난 2023년 12월, 조합원은 230명, 출자금은 1억 원이 되었다. 빵집, 서점, 온라인 농수산물 판매, 다랭이논 보전 사업 등을 한다. 그리고 2026년부터는 LH와 남해군 등과 함께 인생학교를 하기 위해 준비하고 있다.

대한민국 육지에서 가장 높은 봉우리인 지리산 천왕봉(1,915m)이 있는 곳이 경남 산청이다. 산청은 인구가 약 3만 4,000명으로 소멸 고위험 지역이다. 이렇게 인구가 적은 지역의 어려움 중 하나는 의사 구하기가 어렵다는 것이다. 산청의료원은 2023년 내과의사 연봉을 3억 6,000만 원 준다고 공고해도 10개월 동안 지원자가 없었다.

이런 의료 소외 지역 중에서도 경호강 강가에 있는 성심원은 오랜 기간 한센인 주거 시설이었다. 한센인이 많을 때는 600여 명이었으나 지금은 70여 명이 있다. 이곳에 경남산청의료복지사회적협동조합이 운영하는 화목한의원이 있다. 2021년 11월 창립총회를 했고 총회 후 2년 만인 2023년 11월 병원을 개원했다. 2024년 10월 현재 건강지킴이 활동, 방문 진료, 조합원 음악회 등 활발한 활동을 하고 있다.

지역이 어려움을 겪는 이유 중 하나는 지역에서 생산한 가치가 외부로 빠져나가는 것이다. 통계청 국가통계포털의 자료를 보면 2020년 기준으로 서울과 경기도로 유입되는 명목 순유입액(지역총소득에서 지역총생산을 뺀 금액)은 2000년 22조 5,000억 원, 2015년 74조 2,000억 원, 2020년 57조 7,000억 원이다. 이 금액 대부분은 충남, 경남 등 비수도권에서 유입된다. 경남의 경우 2000년부터 2018년까지 무려 167조 원이 유출됐다. 이는 한국 사회의 근본적인 경제 구조 문제다.

이런 것을 막을 방법 중 하나가 협동조합, 사회적경제의 활성화다. 투자자가 서울 등에 있는 대형 매장과 달리 협동조합은 출자자가 지역민이기 때문이다. 그러므로 지역에서 협동조합, 사회적경제가 활성화되는 것은 지역에서 생산한 가치가 외부로 나가지 않고 지역에 머무를 수 있게 하는 중요한 대안이다.

농촌에서 그리는 미래
- 고래실

소멸 위험 지역에서 무엇을 할 것인가?

충청북도 옥천군은 2024년 기준으로 인구가 5만 명에서 조금 모자란 4만 8,521명이다. 옥천군을 둘러싼 보은군, 영동군, 금산군 등은 모두 소멸 고위험 지역인데 옥천군은 그 아래 단계인 소멸 위험 진입 단계를 유지하고 있다. 하지만 1995년 자치단체장을 선출하며 본격적인 지방자치제를 시작할 때 옥천군 인구가 6만 4,694명이었던 것에 비하면 약 1만 6,000명이 줄어든 상황이다. 전국 인구는 약 4,500만 명에서 5,126만 명(2024년 기준)으로 늘었지만 옥천군은 줄어든 것이다. 지방자치를 실시하면 지역이 더 살기 좋아질 줄 알았는데 그렇지 않았다. 자꾸 사람들이 떠나고 있다.

㈜고래실은 이렇게 인구가 줄어가는 옥천에서 지역 주민, 특히 청년들이 옥천에 머물 수 있는 방법을 찾는 사회적기업이다. 30년 이상 지

124

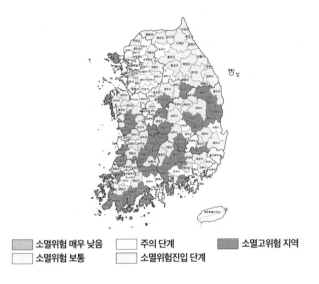

인구소멸위험 지도(기초지자체)

출처 : 이상호, 2022, 한국고용정보원

https://eng.keis.or.kr/user/extra/main/2405/publication/reportList/jsp/LayOutPage.do?categoryIdx=262&pubIdx=8452
&reportIdx=5722&spage2=1

역 언론으로 탄탄하게 자리 잡은 〈옥천신문〉 내부에서 2016년 11월에 "지역 자원을 활용한 문화 콘텐츠 개발의 필요성과 지역 주민을 위한 문화 기획의 필요성" 등을 논의한 것을 바탕으로 '문화 콘텐츠 사업단'을 구성한 것이 출발이다. 대표로는 대전 지역에서 문화잡지사업 등을 해온 이범석 씨를 영입했다.

　이듬해인 2017년 2월, 한국사회적기업진흥원이 주최한 사회적기업가 육성 사업에 참여하고 3월에는 주식회사 고래실을 창립했다. 고래실은 '바닥이 깊고 물길이 좋아 기름진 논'을 의미하는 순우리말이다. 이후 예비사회적기업을 거쳐 2019년 7월 인증 사회적기업이 되었다.

2017년, 독립적으로 법인을 설립하면서 옥천신문사에서 부국장으로 있던 장재원 기자가 합류했고 2019년에는 편집부장으로 일하던 박누리 기자가 고래실로 자리를 옮겼다.

고래실은 문화옥천, 기록옥천, 마실옥천, 디자인옥천 등 네 가지 사업 분야로 활동하고 있다. 이 중 문화옥천은 지역문화창작공단 둠벙 운영과 지역문화기획 활동을 진행하고, 기록옥천은 지역 잡지 〈월간 옥이네〉 발행을 비롯한 다양한 지역 콘텐츠를 제작한다. 마실옥천은 마을여행을 중심으로 한 옥천 지역 공간을 소개하고 여행 코스로 개발하며, 디자인옥천은 지역사회에 필요한 디자인 수요에 대응해 사업을 진행한다.

지역의 문화 자원을 발굴하고 활용하는 문화옥천 '둠벙'

고래실이 문을 열면서 처음 시작한 것은 '지역문화창작공간 둠벙'의 운영이다. 지역의 문화 자원을 발굴하고 활용하겠다는 포부로 시작한 만큼, '지역 주민이 문화로 소통하고 교류할 수 있는 장소가 필요하다'는 생각이 사업의 기본 방향이 됐다.

둠벙이 현 장소(옥천읍 삼금로1길 10)에 문을 연 것은 이곳이 무엇보다 '문화재생'이 필요했기 때문이다. 이곳은 과거 곱창집으로 운영되다가 문을 닫은 지 3년이 훌쩍 넘었는데, 위치가 어둡고 불법주차 차량으로 가득 찬 골목 안에 있어 유동 인구가 많지 않았다. 주변에 있는 성인 게임방을 드나드는 중년 남성들의 흡연과 노상 방뇨 등으로 골목 환경 역

둠벙

만화 카페

세밀화 전시

벽화 그리기

시 매우 나빴다.

마침 이곳의 2층에 사무실을 연 고래실은 이 공간을 재구성해 골목 풍경을 바꿔보기로 한다. 비어 있던 식당 공간을 리모델링하고 주변 골목엔 벽화를 그려 분위기를 쇄신했다. 둠벙과 둠벙이 있는 골목에서 다양한 문화 행사를 하면서 사람들이 자주 드나들 수 있는 분위기를 조성하기 시작했다.

둠벙은 만화 카페, 전시와 대관, 청소년 친화 공간, 주민 문화 공간으로 사용된다. 평소에는 음료 값만 내면 음료수를 마시면서 만화, 동화 책을 볼 수 있다. 책 대여료는 없고 무제한 읽을 수 있다. 하지만 책을 둠벙 밖으로 빌려 갈 수는 없다. 2017년 리모델링하고 문을 열면서 처

텃밭 워크숍

채식 요리 만들기

음 한 전시가 세월호 추모 기획전(박누리 기획)이었다.

그리고 둠벙은 '동화 읽는 어른 모임', '세밀화 연구 모임'을 비롯해 지역 청년 모임 등 다양한 옥천 사람들의 공간으로 활용된다. 아울러 옥천 주민들의 문화 공간으로 낭독회, 저자와의 대화, 북콘서트, 인문학 강좌, 공연을 열기도 한다. 그뿐만 아니라 생태공동체 활동으로 텃밭 워크숍도 하고 텃밭에서 생산한 재료로 채식 요리교실도 진행한다.

농촌 지역의 특성상 학교가 있는 옥천읍에서 집으로 가는 버스가 도시처럼 자주 있지 않아서 기다리는 시간이 꽤 길다. 청소년들은 버스를 기다리는 동안 둠벙에 와서 쉬다 간다. 그리고 둠벙은 매주 토요일, 청소년들의 자립을 도와주는 카페가 된다. 토요일에 판매한 수입금 전액을 청소년들에게 지원하는 것이다. 공간 둠벙의 이런 역할이 기반이 되어 청소년 활동을 지원하는 '사회적협동조합 꿈꾸는 배낭'과 청소년들이 직접 참여하는 '협동조합 함께살이'가 탄생했다.

옥천에서 사는 이웃들은 무슨 생각을 하면서 어떻게 살아갈까? 지역에서 살아가는 주민들의 소소한 이야기를 기록하고 알리는 〈월간 옥이네〉는 2017년 7월 창간하여 2025년 1월 기준 통권 91호가 발간됐다.

수도권과 대도시 중심으로 움직이는 출판 문화 속에서, 관심을 주지 않는 소멸 지역에서 살아가는 농민, 청년, 여성들의 소소한 이야기를 담고 있다. 〈월간 옥이네〉는 지역에서 발생하는 문제, 이슈를 공동체적인 관점에서 바라본다. 그리고 여기 게재된 글이 오마이뉴스 등 타 언론사를 통해 온라인으로 전달되기도 한다. 그러

다 보니 〈월간 옥이네〉는 전국적으로 많이 알려진 편이다.

문화 공간, 청소년 활동, 지역 기록 등의 소중한 역할

고래실은 그동안 여러 성과가 있었는데 정리하면 다음과 같다. 첫째, 주민들이 의미 있는 활동을 할 수 있게 문화 공간을 제공했다. 둘째, 시민사회 개인과 단체들의 모임을 지속가능하게 했다. 셋째, 둠벙에서의 활동을 기반으로 한 협동조합 창립과 성장을 지원했다. 넷째, 지역 청년들과 함께 옥천군에서 처음으로 청소년 기본소득을 제안했는데, 이는 현재 '옥천군 청소년 꿈키움 바우처 지원 조례'로 연결돼 관련 정책이 시행되고 있다.

작가와의 대화

　다섯째, 〈월간 옥이네〉 보도와 둠벙의 동물권 관련 캠페인 활동을 통해 길고양이 보호에 대한 지역사회 인식을 높이고 이를 기반으로 동물보호조례 제정을 제안했다. 제안한 내용에 비해 후퇴한 수준이긴 하지만 이를 계기로 옥천군에 동물보호조례가 제정되었다.

의미 있는 실험을 계속할 수 있을 것인가?

　　고래실은 인구 5만이 되지 않는 옥천에서 중요한 여러 사업을 해왔다. 지역 주민들을 위한 공간 제공, 인문학 강좌, 소모임 등 특히 청년과 청소년이 활동할 수 있도록 공을 들였다. 그리고 성과도 있다. 그런데 그 사업들이 아직 성공적인 자립 구조를 가지지 못하고 있다.

인문학 강좌

그런 중에 어느덧 창립 8년 차에 접어든 고래실은 사회적기업으로서 받는 인건비 지원이 모두 종료된 상태다. 현재 고래실에 근무하는 직원은 이범석 대표를 포함해 모두 11명으로 대부분 20~30대 청년이다. 이 청년들이 계속 옥천에 남아서 지역 문화를 지탱하기 위해서는 새로운 활로를 모색해야 한다. 공간 둠벙을 유지하고 〈월간 옥이네〉를 계속 발행하기 위해서 직원, 지역민, 옥천군 등이 머리를 맞대야 할 시점이다.

치맥, 피맥을 넘어 건맥으로!
– 건맥1897협동조합

건어물 거리의 부활을 꿈꾸며

목포는 근대문화 유산을 가장 풍부하게 가지고 있는 대표적 도시 가운데 하나다. 물론 일본제국주의에 의해 활성화됐지만 전남 무안군에 속한 지역으로 백제 시대부터 항구로 활동해 역사가 1,000년도 훨씬 넘는다. 오랜 세월 동안 왜구의 출몰로 인해 도시의 역할을 제대로 할 수 없었으나 20세기 들어서면서 한반도 남서부의 가장 중요한 항구가 되었다.

인구는 1990년대 약 25만 명을 넘었다가 이후 계속 감소하여 2023년 12월 말 기준으로 21만 4,156명이다. 2000년대 들어서서 연근해 어업이 축소되고 현대삼호중공업을 중심으로 하는 조선업이 쇠락하며 도시 전반이 활기를 잃어 인구가 계속 줄고 있다.

건맥1897협동조합은 이런 목포의 역사를 담고 있다. 1897은 목포

목포의 근대 문화유산   건맥1897협동조합이 있는 건어물 거리

의 개항 연도이고 건맥은 건어물과 맥주의 앞글자를 따서 만든 줄임말이다. 치킨과 맥주의 치맥, 피자와 맥주의 피맥이 생기기 훨씬 전에 맥주 애주가들에게 사랑받은 안주가 말린 멸치, 오징어, 한치, 쥐포, 노가리 등의 건어물이기에 건맥은 치맥과 피맥의 큰형님뻘 된다고 볼 수 있다.

　이 협동조합이 있는 목포 바닷가 만호동 건어물 거리가 잘나갈 때는 목포만 아니라 전국적으로 명성을 떨치기도 했다. 그러므로 건맥1897협동조합의 이름에는 이 명성을 부활시키고자 하는 조합원들의 염원이 담겨 있다.

도시재개발, 재건축에서 도시재생으로

　　　과거, 정부가 주거환경 개선, 정비 등의 명분 아래 강압적으로 추진한 도시재개발, 재건축 사업은 소수의 건설업자와 개발업자에게는 큰 이익을 주었지만, 생계와 생활 터전에서 쫓겨나야 하는 철거민에게는 엄청난 고통으로 다가왔다. 그러므로 강제 철거에 대한 저

다시 깨끗해진 네르비온강　　　　　　네르비온 강가에 있는 구겐하임 미술관

항은 필연적이고 필사적이어서 자주 사회 문제화되었다.

이는 배제, 양극화, 빈곤 등으로 이어져서 사회의 갈등이 깊어지고 사회적 비용이 증가하는 등 많은 문제를 일으켰다. 이런 식의 재개발을 지양하고 원주민, 세입자들이 기존 지역에 계속 거주하는 것을 최대한 보장하고 주민이 논의에 참여하면서 지역을 활성화하는 것을 도시재생이라 한다.

재개발에서 도시재생으로 전환한 곳은 자본주의, 도시화를 먼저 경험한 유럽이다. 대표적인 곳이 스페인 빌바오와 스웨덴 말뫼, 그리고 영국의 프레스턴 등이다. 특히 빌바오의 도시재생은 지역 주민, 공무원, 대학, 기업, 시민사회 등이 참여하는 '빌바오 메트로 폴리 30'을 구성하여 진행했다. 그 결과 빌바오는 젊은이들이 도시에 머무르게 하는 혁신적인 도시재생을 성공적으로 이루었다.

이를 상징하는 건물이 빌바오 한가운데 흐르는 네르비온강 가까이에 세워진 구겐하임 미술관이다. 새로운 산업을 유치하는 것보다 주민들의 쾌적한 환경을 위해, 악취가 나던 네르비온강을 먼저 살리고 그곳에 미술관을 건축한 것이다. 즉 관광을 위해 구겐하임 미술관을 만든 것이 아니라 주민들이 살기 좋은 환경을 만들고자 한 것이 세계적으로 유명해진 것이다.

우리나라 도시재생의 시작

우리나라에서 도시재생이 본격적으로 시행된 것은 박근혜 정부 때인 2013년 도시재생법이 제정되면서다. 하지만 그 전인 노무현 정부의 '살고 싶은 도시', 이명박 정부의 '도시 활력 증진' 등의 정책을 통해 도시재생에 대한 관심이 시작되었고, 법 제정 전에 창원, 전주, 청주 등에서 시범적으로 시행되었다.

시간이 지나면서 2012년에 국가 차원에서 협동조합기본법이 시행되고 2013년에는 도시재생법이 제정되면서 도시재생의 방향이 조금씩 흐름을 잡게 되었다. 단순히 거리, 건물 정비 차원이 아니라 주민들이 주인이 되는 사업체가 필요하다는 판단 아래 주민들이 직접 경제 조직들을 설립하도록 지원한 것이다.

법제화 후, 국토교통부가 추진한 도시재생의 패턴은 쇠락 지역에서

만호동 거리

쇠락 지역이 된 만호동

빈집과 건물을 조사, 발굴하고 리모델링 사업을 한 후에 주말 마켓장터 사업과 카페 또는 지역 생산물을 판매하는 편집숍을 오픈하는 것이었다. 2015년 도시재생지원센터가 문을 연 목포도 비슷하다. 목포의 뱃고동소리협동조합은 그런 방식으로 만들어진 협동조합 중의 하나로, 어업에 종사하는 사람들이 해산물 가공과 유통을 위해서 만든 것이다.

2019년 1월 목포도시재생지원센터 센터장이 된 전은호 씨는 조금 다른 방식으로 주민들 조직을 지원했다. 대표적인 것이 건맥1897협동조합과 꿈바다협동조합인데 그 과정과 이후 과제 등을 듣고 정리했다.

조금씩 살아나는 건어물 거리

건맥1897협동조합은 기존 주민 조직을 최대한 살린 방식이다. 2007년부터 건어물 거리에 상인회가 조성되어 활동하고 있었는데, 이 상인회를 2019년 협동조합으로 재탄생시켰다. 그 과정은 다음과 같다.

2019년 가을, 건어물 거리에 젊은 사람들이 오도록 맥주 축제를 했는데 상인들이 참가자들에게 자발적으로 건어물 안주를 제공하면서 큰 호응을 받았다. 이를 경험한 상인들은 한 번 더 하자는 제안을 먼저 하는 등 적극적이었다. 그런데 막상 건어물 거리에 맥주 한잔할 곳이 없다는 것을 깨닫게 되어, 상인들 스스로 맥줏집을 운영하기로 하고 만든 조직이 건맥1897협동조합(이하 '건맥조합', 이사장 박창수)이다.

창립 조합원은 상인 회장, 지역 청년, 주민 리더, 도시재생지원센터 직원 등 6명이었다. 장소는 건어물 거리 중간에 비어 있던 건물을 무

출자한 조합원 명단

지역자산화로 매입한 건물   숙박 시설

상으로 임차하고 인테리어 공사를 했다. 그런데 시작한 지 3년 만인 2022년 12월, 조합원 150명, 출자금 1억 원이 모였다.

한편 2020년, 건맥조합은 건물 매입을 검토했다. 매입 비용 3억 원과 리모델링, 인테리어, 시설과 설비 등 5억 원, 전체 8억 원이면 가능하다는 결론이었다. 건맥조합 자체 조달 7,000만 원, 사회적경제특례보증으로 5,000만 원 대출, 비플러스 클라우드펀딩 6,000만 원, 한국사회가치연대기금(SVS)에서 1억 2,000만 원 등 3억 원을 조달하고 행안부 지역자산화 자금 5억 원 저금리 융자를 통해 8억 원으로 매입했다.

현재 건맥조합은 두 가지 사업을 하고 있다. 하나는 건물 1층에서 맥주를 마실 수 있는 레스토랑을 하는 것이고, 다른 하나는 2층과 3층에서 1~2인실 방 11개를 운영하는 숙박 시설업을 하는 것이다. 건어물

경남 남해군 상주에서 견학(2021년)

거리에서는 2023년, 2024년에도 거리 축제를 하여 큰 성공을 거두었고 레스토랑의 매출은 점점 늘고 있다. 그리고 숙박 시설은 주말에는 만실이고 주중까지 합하면 평균 30~40% 정도 객실이 찬다. 성공적이라는 평가다.

큰 변수 없이 이대로 진행된다면 자산화 사업으로 빌린 자금을 몇 년 안에 다 갚을 수 있을 것이라는 희망적인 전망이다. 아울러 건어물 거리에도 사람들이 조금씩 돌아오고 있다. 이런 내용이 알려지면서 전국에서 많은 사회적경제 조직이 견학을 오고 있다.

남은 과제

현재 초대 이사장인 박창수 씨는 건어물 거리 상인회 회장 출신으로 상인 조합원들과 신뢰 관계가 아주 좋다. 어찌 보면 이 상

2022년 맥주 축제

인회가 건맥조합의 모태라고 볼 수 있는데 기존 상인회 조직이 협동조합으로 업그레이드된 모범적인 사례다. 많은 지역에서 시장번영회, 상인회 등이 공식적인 법인화에 실패했는데 이 지역은 협동조합으로 성공한 것이다.

한편 이제는 상인회로 맺어진 관계에서 협동조합이라는 조직, 시스템으로 발전해야 하는 과제가 있다. 특히 의사결정에서 민주적으로 논의하고 결정하는 훈련과 리더십으로 협동조합을 한 단계 업그레이드해야 한다. 아울러 조합원들은 자본기업이 아닌 협동조합을 이해하고 자본기업과의 차이를 알며, 더불어 살아가는 경제를 해야 한다.

마지막으로 건맥1897협동조합이 중심이 되어 목포에 있는 협동조합들이 교류하고 협력하는 협의체를 설립해야 한다. 현재 10개 정도의 협동조합이 네트워크를 이루고 있으나 활발하지 않은데, 이것을 활성화하여 서로 시너지를 주는 조직으로 성장해야 할 과제가 남았다.

학교를 통해 이룬 아름다운 조화
– 동고동락협동조합

서울에서 가장 먼 유배지에 세운 깃발

경남 남해는 서포 김만중이 유배를 갔다가 생을 마감한 곳이다. 한양에서 약 400km, 1,000리나 되는 가장 먼 지역으로 조선 시대 대표적인 유배지 중 한 곳이다. 서울에서 가장 멀어 유배지가 되었지만, 이제는 그 덕분에 바다, 산 등 자연이 청정을 유지하고 있다.

반면에 인구가 가장 급격하게 줄어드는 지역으로, 선거 때만 되면 국회의원 지역구를 유지하려고 공공연하게 서울에 있는 자녀들을 위장 전입시키기도 했다. 하지만 그런 노력도 이미 오래전에 한계를 드러내 국회의원 한 사람을 여의도로 보내기 위해 남해군, 하동군, 사천시 등 세 곳이 하나의 선거구로 묶여 있다. 한 개의 구에서 두세 명의 국회의원을 선출하는 대도시와는 너무 비교되는 현실이다.

상주는 그 남해에서도 가장 남쪽 끝에 있다. 인구가 계속 줄어드니

상주해수욕장을 끼고 있는 상주

2017년 상주중학교

하나 있는 상주중학교가 입학생을 채우지 못해 문을 닫을 처지에 놓였었다. 학교 재단은 학교를 혁신할 사람을 찾았는데 마침 간디학교와 경남 공립 대안학교인 태봉고등학교에서 능력을 인정받은 여태전 선생과 인연이 닿았다. 여태전 선생이 2014년 상주중학교 교장으로 오면서 학교가 다시 살아나기 시작했다. 이후 상주중학교는 2016년부터는 대안학교가 되었고 전국적으로 알려졌다. 그리고 상주중학교 학생의 학부모로서 상주에 온 이주민들이 중심이 되어 2016년부터 협동조합 공부를 하고 2017년 창립한 협동조합이 동고동락협동조합이다.

경쟁 아닌 연대로, 함께 나누는 경제를 향해

동고동락협동조합(이하 '동고동락')이 처음 창립할 때는 조합원 42명, 출자금 2,000만 원이었고 조합원 대부분은 상주중학교 학부모였으며 지역 주민의 참여는 불과 5명이었다. 그런데 7년이 지난 2024년 3월, 조합원은 230명, 출자금은 1억 원이 되었다. 그리고 조합원 구성은 이주한 학부모보다 지역 주민이 훨씬 많다.

이들은 사람이 줄어드는 남해 상주에서 왜 협동조합을 만들었을까? 이에 대해 동고동락 이종수 이사장의 답은 다음과 같았다. "경쟁이 아닌 연대하는 삶의 공동체, 학교와 마을이 아이들을 함께 키우는 교육 공동체, 개인의 소비적 삶이 아닌 함께 나누는 경제 공동체, 함께 먹고 춤추고 노래하는 행복한 마을 공동체를 만들고 싶기 때문입니다."

이런 공동체, 마을을 만들기 위해서는 경제적 기반을 갖추는 것이 필수인데 사업을 하는 공동체는 바로 협동조합이라는 것이다. 이를 위해 다양한 사업을 한다. 상주 마을에서 사라진 마을 빵집을 복원한 '동동', 로컬푸드 및 지역 상품을 판매하는 '은다랑', 조합에서 생산하는 농산물과 상주 지역의 특산물을 정기구독자에게 판매하는 '동동 꾸러미 사업', 지역의 소중한 농업 유산인 다랑논을 기반으로 한 농장 운영 등이다.

이 가운데 조합에서 운영하는 농장은 최근 농림축산식품부가 지정하는 농촌 돌봄 농장(사회적 농업) 남해군 1호 농장으로 선정되었다. 이를 계기로 학생들을 위한 생태교육뿐 아니라 지역사회에 치유 농업과 퍼머컬처에 기반한 지속가능한 농업을 알리고 확산하는 데 노력하고 있다. 마을에 필요한 다양한 사업 분야를 아우르고 있지만 아직은 조합에 안정적인 매출과 수익을 가져오지는 못하므로, 이제 적극적인 판매 전략이 필요한 시점이다.

'다랑논 활성화 사업'은 서비스 제공, 상품을 판매하는 일반적인 사업들과 달리 남해의 논 농업 유산을 보전하는 사업이다. 오랜 역사 속에서도 끊어지지 않고 명맥을 유지해온 다랑논을 계속 유지하기 위해 다랑논의 보전, 활성화를 추진하는 경상남도의 다랑논 보전 정책에 참여하고 있다. 이를 위해 도시민, 학생들의 모내기 체험 참여 프로그램

마을 빵집 동동 외관

마을 빵집 동동 내부

식당 동동회관

다랑논 모심기 행사

을 운영하고 다랑논 후원회를 조직하고 있다. 그리고 다랑논에서 생산한 쌀을 판매하기 위해 연초에 펀딩을 받고 가을에 쌀을 보내는 사업을 한다. 현재 동고동락이 경작하는 논은 1,500평으로 1년에 쌀 약 2.5톤을 생산하며 '은다랑미'라는 브랜드를 가지고 있다.

보물섬인생학교 프로젝트

동고동락이 조합 출발과 함께 가장 먼저 시작했던 사업이 아이돌봄사업인데 그동안은 자체 비용과 교육청 공모사업 등으로 운영하고 있었다. 그러다가 2023년에 경남도 '우리 마을 아이돌봄센터' 공모사업에 선정되어 보다 안정적으로 돌봄사업을 할 수 있게 되었다. 조합원들의 활발한 사업과 활동에 큰 힘이 될 것으로 예상한다.

그리고 지난 몇 년 동안 남해군과 동고동락협동조합이 함께 기획했던 보물섬인생학교 프로젝트가 지난 2022년 8월 국토부 공모사업에 선정되어, 3년의 준비와 공사를 거쳐 2026년 문을 여는데, 그 콘텐츠 제공과 운영에 동고동락이 참여할 예정이다. 이종수 이사장은 보물섬인생학교가 동고동락이 꿈꾸고 지향한 공동체를 만드는 데 핵심적 역할을 할 것이라고 한다. 경쟁적 삶이 아닌 대안적 삶을 꿈꾸는 청년들, 그리고 삶의 전환기를 맞는 성인들이 재충전, 쉼 등을 하는 학교를 꿈꾸고 있다.

보물섬인생학교에 들어오는 그룹에는 성인과 청년이 있는데 이들에 대한 사업 방향은 다음과 같다. 성인들은 남해 금산, 상주해수욕장 등의 자연을 기반으로 농어촌, 생태 그리고 공동체적인 삶으로 전환을 꿈

동고동락협동조합이 하는 아이돌봄사업

꾸는 사람들을 대상으로 한다. 청년들은 공교육이 제공하지 못하는 대안적 삶을 모색할 수 있는 교육 프로그램을 통해 산과 바다라는 자연 속에서 도전과 모험, 생태, 인문학 기반의 공동체 생활을 하면서 협업과 연대를 배우고 느끼면서 삶의 주체로 설 수 있도록 한다.

인생학교에는 교육센터, 마을도서관, 커뮤니티 공간 등이 들어가는 교육문화센터와, 이주민과 교육생을 위한 주거단지 등이 들어가고, 생태숲을 가꾸고 생태농업을 할 수 있는 기반 조성 사업이 포함된다.

다양한 이해관계자의 협력이 일군 사회적경제

동고동락협동조합이 하는 사업에는 다양한 이해관계자들이 참여하고 있다. 먼저 조합원으로는 지역 원주민, 이사한 이주민, 상주초·중학교 교사 등이 있다. 사업을 만들고 진행하는 일에는 남해군, 경남도, 행안부가 참여하고 공기업으로 LH가 협력한다.

이 중에 지역 주민으로 참여하는 대표적인 곳이 상주번영회다. 상주번영회는 초기 동고동락이 주민들에게 안착하는 데 중요한 역할을 했다. 상주번영회 회장이 상주중학교 학부모로서 학교 운영위원이었는데 운영위원회 활동을 하면서 이주민 학부모들을 이해하고 추구하는 목표를 공유할 수 있었다. 또한 동고동락의 이사장이 번영회 사무국장 일을 겸하면서 경제적 기반을 마련하고 상호 협력할 수 있도록 배려했다.

이주민을 넘어

이종수 이사장은 이제 동고동락이 한 단계 성장할 시점이라고 판단하고 있다. 이를 위해서는 동고동락이 하는 사업들이 경영을 정상화해야 한다. 즉 빵집, 로컬푸드 매장, 농업 분야 등의 사업에서 수익이 발생해야 한다. 경영 정상화를 위해서는 무엇보다 각 사업 분야를 담당하는 조합원 직원들의 전문성과 자발성, 적극성이 필요하다. 또한 차세대 리더, 임원들을 발굴하고 훈련해야 한다.

마지막으로 200명이 넘은 조합원이 조합의 사업과 활동에 더 적극적으로 참여하고 조합의 중장기 발전 전망, 전략 수립에 참여해야 한다. 그래야 동고동락의 씨앗인 상주중학교를 졸업한 아이들이 다시 상주 은모래 해변을 거닐며 행복하게 살아갈 공동체, 지역사회를 만들 비전을 제시할 수 있을 것이다.

동고동락협동조합 창립총회

소멸 고위험 지역의 희망
– 경남산청의료복지 사회적협동조합

의사 구하기가 하늘의 별 따기,
지리산 천왕봉 동네 산청군

한동안 언론에 경남 산청군 의료원에서 연봉 3억 6,000만 원을 준다는 공고를 일 년 동안 해도 지원하는 의사가 없다는 기사가 보도되면서 의사들의 탐욕과 함께 인구 감소, 지방소멸 등 지역의 비애가 인구에 회자되었다. 그런데 이런 현상은 비단 경남 산청군만의 일은 아니다. 비수도권 중에서 지방소멸에 직면해 있는 지역은 수시로 겪는 일이다. 의사들이 도시로, 대도시로 움직여 결국 인구 1만 명당 일차진료 의사가 대도시는 27.3명인 것에 비해 농어촌은 11명으로 3배 가까운 차이를 보인다.

이런 상황에서 경남 산청에 의료복지사회적협동조합(의료사협)을 설립한다는 것은 군민들에게 매우 중요한 일이며 협동조합계에도 주는

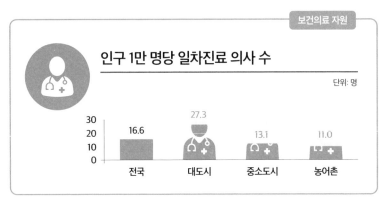

인구 1만 명당 일차진료 의사 수

단위: 명

전국	대도시	중소도시	농어촌
16.6	27.3	13.1	11.0

인구 1만 명당 일차진료 의사 수(출처 : 한국건강증진개발원, 2016)

의미가 크다. 산청에 의료복지사회적협동조합이 있어야 한다는 의견은 산청 지역의 시민사회활동가들 사이에서 먼저 나왔다. 2019년 산청지속가능협의회(약칭 '산청지속협')에서 '산청의 공공의료가 거의 무너진 것에 대한 대안이 무엇인가?'에 대해 퍼실리테이션으로 논의하던 중에 의료사협이 있으면 좋겠다는 의견이 많이 나왔다. 하지만 이를 위해 '어떻게 준비할 것인가?'에 대해서는 진전이 없었다. 아니, 너무 막막해 추가 논의가 어려웠다.

산청의 요구와 창원의 준비가 만나서

이와는 별개로 2020년 5월 경남 창원에서는 지금은 사라진 경남사회적경제통합지원센터의 센터장(정원각)이 의료협동조합에 관심 있는 사람들과 공부 모임을 시작하고 강좌를 열었다. 모임에서는 일본의 의료생협, 한국의 의료복지사회적협동조합 등의 현황과

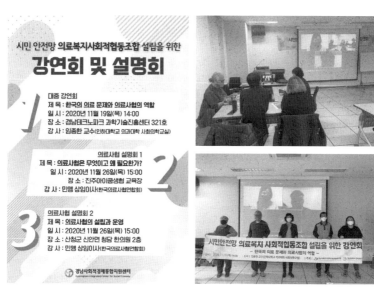

코로나19 시국에 경남사회적경제통합지원센터가 개최한 강연회

역할, 사업 등에 대해 책을 읽고 토론했다. 그러던 9월, 산청에서 고민하던 산청지속협 김명철 대표와, 창원에서 의료사협을 공부하는 모임의 정원각 센터장이 만나는 기회가 생겼다. 그리고 10월부터는 같이 모였다. 이후 한국의료복지사회적협동조합연합회(이하 '의료사협연합회') 임종한 회장, 민앵 상임이사, 타 의료사협 임직원 등이 강의를 듣고 자체 공부 모임에 참석하며 타 의료사협을 방문했다.

2021년 2월 18일부터는 가칭 경남산청의료복지사회적협동조합준비모임을 시작했다. 같은 해 4월에는 한국사회적기업진흥원이 공모한 '2021년 사회적기업가 육성사업 창업팀'에 선정되어 의료사협연합회에서 박준영(원주의료복사회적협동조합 전 이사장) 멘토를 파견했다. 박준영 멘토는 의료사협 전반의 경영과 실무를 강의하고 상담했다.

이를 바탕으로 정관 초안을 만들고 발기인대회와 총회 등을 했다. 의료사협이 한 곳도 없는 경남에 의료사협을 홍보할 겸, 발기인대회를 창원, 진주, 산청 세 지역에서 했다. 산청만 아니라 창원과 진주에서도 조합원을 모집하기 위한 포석이었다. 산청은 인구가 3만 4,000명 정도이므로 초기에는 창원과 진주 같은 도시에서 조합원 참여, 활동 등으로 협력, 지원해야 한다고 판단했기 때문이다.

3번의 발기인 대회

2021년 6월 30일 사회적협동조합창원도우누리에서 창원지역 발기인대회를 했고, 진주에서는 7월 19일 진주아이쿱생협에서, 그리고 산청에서는 8월 28일 성심원 안에 있는 성당에서 발기인대회를 했다. 이렇게 세 차례의 발기인대회를 거쳐 10월 9일 창립총회를 하기로 되어 있었다. 그런데 코로나19 상황이다 보니 설립 동의자 500명을 모으는 일이 쉽지 않았다.

결국 총회 날짜를 한 차례 연기한 끝에 2021년 11월 27일 오후 4시 산청문화예술회관 대공연장에서 '경남산청의료복지사회적협동조합(이하 '산청의료사협)' 창립총회를 할 수 있었다. 한 차례 연기한 것에 대해 분발하여 창립 때 설립 동의자 657명 중에 위임 171명, 참석자 189명 등 360명으로 개회 정족수의 절반을 훌쩍 넘겼다. 그리고 개회 선언 이후 추가로 온 사람을 합하면 총회 현장 참석자가 200명을 훨씬 넘는 규모였다.

보건복지부의 사회적협동조합 인가는 2022년 4월 7일 났다. 창립

(위 왼쪽부터 시계 방향) 창원 발기인대회, 진주 발기인대회, 산청 발기인대회, 창립총회

총회를 한 지 5개월 만이다. 이제 의료기관을 설립해야 했다. 어떤 의료기관을 할 것인가는 어렵지 않았다. 산청의료사협의 이사장이 한의사로서 개원하고 있었기 때문에 한의원을 먼저 하기로 했다. 이후 조합원의 증가와 필요에 따라 내과, 치과 등으로 확대하기로 했다.

그런데 의료기관을 일반 주민들 거주 지역이 아니라 한센인들이 살고 있는 성심원에 세울 계획이기 때문에 보통 일이 아니었다. 김명철 원장이 운영하던 한의원 자리에서 그대로 하면 쉽게, 그리고 비용도 거의 들지 않고 할 수 있었다.

한센인 거주 지역에 병원을 세우려는 모험

그러나 성심원에서 할 때는 전혀 다르다. 먼저 성심원에 있는 건물 중에 리모델링할 만한 곳을 찾아야 하고 그다음에는 성심원을 운영하는 재단법인 프란치스꼬회의 승인을 받아야 했다. 더구나 '리모델링 비용을 어떻게 조달할 것인가?'는 커다란 난제였다. 하지만 뭐니 뭐니 해도 가장 큰 문제는 '주민들이 성심원 안에 있는 병원에 올 것인가?'였다. 그리고 병원의 위치와 관계없이 협동조합에 대한 경험이 미약한 산청 지역에서 실무를 할 사람을 구하는 것도 중요한 과제였다.

이런 난관들을 다 극복하고 의료기관을 설립해야 의료복지사회적 협동조합의 역할을 할 수 있다. 성심원이라는 어려운 지역에 한의원을 세워야겠다고 결정하게 된 데는 김명철 이사장의 행적과 의지가 크게 작용했다.

20년 동안 매주 목요일에 무료 진료한 한의사 김명철 이사장

김명철 이사장은 한의사로서 20년 동안 매주 목요일 병원 문을 닫고 성심원에서 무료 진료 활동을 해왔다. 이제는 하루의 무료 진료를 넘어 성심원 환자들을 위한 병원을 성심원 안에 설립해야 한다는 사명감을 가지고 있었다. 어떻게 보면 이런 사명감이 의료협동조합을 만들려는 중요한 추진력이었다.

간담회   퍼실리테이션

　한편 한때 성심원에는 한센인들이 600여 명 있었다. 지금은 많은 분이 노환 등으로 사망하고 70여 명 있다. 그 과정에서 성심인애원이라는 별도의 시설이 생겼다. 중증장애인을 돌보는 시설이다. 그러므로 현재는 한센인을 위한 성심원과 중증장애인을 위한 성심인애원이라는 두 시설과 환자들이 있다.

　특히 과거 한센병에 대한 잘못된 지식과 인식으로 인해 일반인들이 접촉을 꺼려왔으니, 한센인 거주지인 성심원에 의료기관을 설립하는 것을 '조합원과 군민들이 어떻게 생각할 것인가?'는 매우 중요한 문제였다. 조합원들이 반대가 많다면 설득을 해봐야 하고 설득이 안 되면 성심원 안에 설립하지 말아야 하는 문제였다. 그래서 우선 조합원들의 생각을 파악하기 위해 조합원 간담회, 퍼실리테이션 그리고 임원 워크숍 등을 했다.

　그런데 간담회, 퍼실리테이션, 워크숍 등에서 나온 의견들은 성심원에 대한 염려를 깔끔하게 지웠다. 참석자 거의 대부분이 성심원에 병원을 열어도 된다는 것이었다. 조합원이라는 대중에 대한 신뢰가 얼마나 중요한가를 보여주는 결정이었다. 이런 수렴 과정을 바탕으로 산청

성심원에 병원 개원을 진행했다.

병원 설립을 찬성한 조합원들,
10년 무료 사용을 승인한 프란치스꼬회

이제 성심원을 소유하고 있는 '재단법인 프란치스꼬회'의 승인이 필요했다. 가톨릭 재단으로서 병자들에게 호의적인 입장을 견지해온 곳이지만 외부인들이 이용한다는 것은 어떻게 생각할지 알 수 없는 노릇이었다. 다행히 2022년 6월에 산청의료사협에 10년을 임대한다는 승인이 났다. 더구나 임대료가 없었다. 생각했던 것보다 훨씬 좋은 조건이었고 이것은 산청의료사협에 큰 힘이 되었다.

다음으로는 실무, 특히 실무를 총괄하고 책임지는 일이 남았다. 실무 책임을 맡을 사람에 대해 고민하던 중에 아이쿱생협연합회 회장을 역임한 박인자 이사(산청의료사협 이사)가 상임이사의 역할을 하기로 했다. 박 이사는 진주아이쿱생협 상임이사와 이사장 그리고 아이쿱생협 연합회 회장도 지냈기 때문에 실무와 협동조합에서 필요한 조합원 활

건강리더 교육

동과 갈등의 조정 그리고 민주적 수렴 등을 누구보다 잘 이해하고 있었다. 연합 조직의 회장을 역임한 사람이 신생 협동조합의 실무 책임을 맡는다는 것은 정말 어려운 결정이자 협동조합 운동에 대한 사명감과 헌신 없이는 결단하기 어려운 일이었을 것이다. 천군만마를 얻은 것 같았다. 드디어 창립 준비부터 개원식까지 잘 진행할 수 있었다.

마지막 단계로 리모델링 비용 조달 문제가 남았다. 마침 2022년 초, 산청군의 조형호 부군수가 문재인 정부가 마련해놓은 '지방소멸대응기금'에 대한 정보를 주었다. 소멸될 위기에 놓인 지역에 정부가 예산을 지원하여 소멸을 줄이거나 막고자 만든 기금이었다. 산청은 1960년대 말, 1970년대 초 인구가 7만 전후였으나 최근에는 3만 4,000명으로 인구소멸 고위험군에 속한다. 다행히 산청군이 정부의 공모사업에 선정되었다. 그리고 산청의료사협도 5억 원의 기금을 받아 성심원 내의 사용하지 않는 어르신 주거 공간 1층을 리모델링할 수 있었다. 그뿐만 아니라 산청군은 군이 공용으로 운영하는 군내버스가 성심원에 들어올 수 있도록 배려했다.

감동적인 개원식

하드웨어는 이렇게 준비되고 있었고 2021년 가을부터는 조합원과 지역 주민들을 위해 건강리더 교육을 했다. 2023년까지 3회에 걸쳐 약 60명이 수료했다. 이렇게 내부에서는 조합원 활동을 진행하고 건물 리모델링이 끝난 시점에 산청군에 의료기관 인가를 신청하여 몇 차례 시정 끝에 2023년 11월 8일 인가받았다. 그렇게 해서

2023년 11월 11일 개원식

11월 10일부터 진료를 하고 11월 11일 오전 11시 개원식을 가질 수 있었다.

개원식을 위해 이사, 활동가, 조합원들이 병원 청소와 정리를 함께 했다. 우리들의 병원이기 때문에. 개원식 전날인 11월 10일에는 성심 원에서 거주하고 있는 한센인들과 오찬을 가졌다. 그간의 과정을 설명 하고 한의원이 어떻게 운영되는지 등에 대한 안내를 함께 했다.

개원식에는 400명이 넘는 조합원, 군민, 의료사협 종사자 등이 참석 했다. 조금 쌀쌀한 날씨에도 불구하고 한의원 앞마당에서 진행했는데 큰 어려움이 없었다.

먼저 산청에 있는 문화단체 큰들의 흥겨운 길놀이와 지신밟기가 있 었다. 이어서 산청 주민들로 구성한 어울림 합창단의 축가가 이어졌고 제막식, 그리고 11월 11일이 '농업인의 날'인 것에 착안한 가래떡 커팅식을 했다. 김명철 이사장의 인사말이 있었고 신종철 경남도의원, 한국사회적기업진흥원 정현곤 원장의 축사가 있었다. 또한 정명순 산청군의회 의장, 임종한 한국의료복지사회적협동조합연합회 회장은 영상으로 축사를 보내주었다. 모두가 감동적인 인사와 축사였다.

협동조합 간의 협동이 아름다웠던 과정

이렇게 경남산청의료복지사회적협동조합이 창립하고 개원하기까지 조합원, 활동가, 이사, 직원, 그리고 산청군 군수와 의회, 공무원, 한국의료복지사회적협동조합연합회, 한국사회적기업진흥원 등 많은 사람의 도움과 지지, 응원, 참여가 있었다.

그 가운데 특히 큰 힘이 되었던 곳은 사회적협동조합창원도우누리(이사장 유한영)와 진주아이쿱생협(이사장 김미라)이다. 두 협동조합은 창원과 진주에서 초기 발기인대회를 할 때 장소와 발기인 확보에 주도적이었고 창립과 그 후에도 조합원 확대와 강좌, 지역 소모임 활동에 큰

창원도우누리사회적협동조합 강의

진주아이쿱생협에서 열린 지역 모임

힘이 되었다. 아울러 개원식 때에는 사회적협동조합창원도우누리 조합원 70여 명이 참석했고 진주아이쿱생협에서는 활동가 10여 명이 자원봉사 활동을 했다.

'당신들의 천국'이 아닌 '우리들의 천국'을 위하여

이제 개원한 지 1년이 조금 넘은 경남산청의료복지사회적협동조합 화목한의원은 의료기관으로서 신생 조직이다. 인구 감소로 소멸 위기에 처한 고위험 지역이지만 그렇기 때문에 의료기관이 더 필요하다는 역설이다. 개인 병원만 아니라 공공 병원도 환자의 필요보다는 적자를 걱정하는 지역이고 의사들은 수억 원의 연봉만 꿈꾸는 시대다.

흔히 협동조합은 시장과 정부의 실패를 주민 스스로 극복하기 위해 만드는 조직이라고 한다. 그런데 산청의료사협은 국가와 시장을 넘어 한센병 전력으로 인해 일반인이 찾아오길 꺼리는 성심원에서 시작했다. 이청준의 소설 《당신들의 천국》이 소록도에서 희생당한 한센인들을 알리는 책이었다면, 이제 화목한의원과 경남산청의료복지사회적협동조합은 한센인과 비한센인이 함께 만들어가는 '우리들의 천국'으로 가는 첫 디딤돌이 될 것이다.

4장

청년 스스로 만드는 일자리

━━━━━━━━━━ 한 사회에서 청년의 중요성은 아무리 강조해도 지나치지 않다. 국가와 사회의 지속가능성에서 청년은 중간 허리 역할을 한다. 국제협동조합연맹(ICA)에서도 청년과 여성에게 임파워먼트(권한부여)할 것을 강조하고 있다.

이러한 배경 가운데 한 가지는 사회에서 일반 실업보다 청년 실업이, 남성 실업보다 여성 실업이 더 많기 때문이다. 우리나라의 경우 2023년 12월 기준으로 일반 실업률은 3.3%인 데 비해 청년 실업률은 5.5%다(통계청 e-나라지표). 특히 비수도권에서 청년 일자리 문제는 심각하다. 일자리가 부족하여 청년들이 대도시로, 수도권으로 빠져나간다. 중소 도시뿐만 아니라 부산과 같은 대도시에서도 2023년에 청년 5,012명이 서울로 빠져나간 것으로 보도되었다(부산일보 2024. 01. 30.).

이러한 상황에서 청년들이 협동조합, 사회적경제로 창업한다는 것은 매우 의미 있다. 자신의 미래를 스스로 선택하는 방식이자, 돈 중심의 자본기업이 아니라 사람 중심의 기업에서 일하겠다는 뜻이기 때문이다. 다음에 소개하는 청년기업들은 비수도권뿐만 아니라 서울, 수도권에서도 활동하는 곳들이다. 서울에서 행사 기획과 홍보, 출판을 하는 몽땅협동조합, 경북 칠곡군에서 독립운동가 굿즈 개발과 종합광고를 하는 알배기협동조합, 경남 거제시에서 지역재생사업을 하는 공유를위한창조, 전북 익산에서 청소년과 청년의 자립을 지원하는 사회적협동조합청소년자립학교 그리고 경북 구미시에서 골목상권 활성화를 위해 카페 등을 하는 ㈜인간과공간이다.

몽땅협동조합은 대학에서 생협 활동을 한 경험을 가지고 사회에 나오면 협동조합을 하겠다고 생각한 대표가 중심이 되어 창립한 협동조합이다. 초기에는 '청년시대여행'이라는 소모임을 운영하면서 역사적 의미가 있는 유적지 여행을 했고 이후 공공기관과 함께 4.3항쟁, 평화통일 등의 사회적 이슈에 대해 행사를 기획, 진행했다. 앞으로는 공공기관과의 거래뿐만 아니라 영리 시장에도 참여하고 자체 상품도 기획, 디자인하여 판매할 계획이다. 몽땅협동조합에는 직장 내의 생활이 행복할 수 있도록 직원들로 구성된 '행복TF'가 있는데 여기서 직장 생활을 평가하고 회사에 새로운 제안을 한다. 가령 근무 시간을 주당 35시간으로 한다거나 최대 휴가 기간을 30일로 하는 것 등이다.

군 단위 협동조합, 그중에서도 청년들이 중심이 되어 사업을 하는 협동조합은 어떻게 경영할까? 알배기협동조합은 대표가 대학생일 때, 학교 선후배들과 함께 창업한 드문 경우다. 이후 경상북도가 하는 사업을 진행하면서 칠곡군에 자리 잡았다. 알배기협동조합은 경북과 대구의 사회적경제 행사, 이벤트를 여러 번 진행하면서 실력을 인정받았다. 그리고 경북 출신으로 독립운동을 했으나 많이 알려지지 않은 독립운동가들을 알려야겠다는 생각을 했다. 영화 〈밀정〉에서 전지현이 연기한 저격수 안옥현은 실제 독립운동을 한 여성 남지현을 모티브로 한 것인데, 알배기협동조합에서는 관련 굿즈를 만들어 판매했다. 코로나19로 남들 어려울 때 미리 준비했던 온라인으로 오히려 사업이 성장했고, 코로나19가 끝나갈 때에는 또다시 대비해서 사업이 성장했다. 남들보다 빠른 준비는 위기를 기회로 만든다.

㈜공유를위한창조를 시작한 대표는 도시계획을 전공하던 대학생 시절 도시재개발을 보면서 도시계획에 건물만 있지 사람이 없음에 의문과 안타까움을 가졌다. 영국에서 자원봉사 10개월을 한 후 돌아와서 폐지 줍는 할머니들을 돕는 사업을 했으나 두 번의 실패를 경험하고 마지막이라는 심정으로 대학 전공인 도시재생에 뛰어들었다. 부산시 초량에 있는 산동네의 이바구캠프다. 산전수전 다 겪은 어르신들과 뚝심 있게 한 결과, 주민들이 쫓겨나는 재개발이 아니라 공존하는 도시재생이라는 미션을 성공리에 마쳤다. 이를 경험으로 경남 거제에서 청년마을 사업, 어촌활력증진지원 시범사업 등을 진행했다. 그리고 지금은 밀양시에서 소통협력센터를 하고 있다.

인간과공간은 사회적기업으로 경북 구미시에서 작은 골목 상권 살리기를 미션으로 하고 있다. 이를 위해 초기에는 플리마켓을 여러 차례 주도했다. 구미시 인근에서 농사를 짓는 지역 농민들의 농산물과, 그 농산물을 재료로 해서 만든 식품 등을 주로 판매했다. 그러다가 점점 막걸리, 맥주 등으로 영역을 넓혔고 청년들의 문화 공연 등을 유치하면서 참여의 폭도 넓어지고 반응도 좋았다. 플리마켓은 마침내 거리축제로까지 확대됐다. 인간과공간은 이런 경험과 역량 속에서 이제는 정착하여 카페를 열고 주변 골목 상권을 넓히는 일에 주력하고 있다. 카페에서는 빈티지 의류와 커피, 티 그리고 OEM 방식으로 생산한 수제 맥주도 판매한다. 그뿐만 아니라 음악가들이 공연할 수 있는 무대와 공간도 있다. 이렇게 다양하고 복합적인 형태로 만든 것은 차만 파는 카페로는 점점 경쟁력이 없어질 것이라고 판단했기 때문이다.

위의 사례들이 청년들이 스스로 자기들의 사업을 창업한 방식이라면, 기성세대가 지원하여 청소년 또는 청년들이 자립하는 방식도 있다. 시설에 있던 청소년들이 사회에 나왔을 때 자립하여 살아갈 수 있게 도와주는 전북 익산시 '사회적협동조합청소년자립학교'의 이야기다. 한때의 일탈로 시설에 있다가 사회에 나온 청년은 돌아갈 가정이 없는 것은 물론이고 색안경을 끼고 보는 편견, 사회가 요구하는 일에 대해 준비되어 있지 않은 상태 등으로, 시설에 있을 때가 더 그리울 정도다. 그리고 어느덧 나이는 성인으로 분류된다. 이에 대해 익산의 사회적협동조합청소년자립학교는 시설에서 나온 청소년, 청년들에게 주거 지원, 대안교육, 취업 창원 지원 그리고 돌봄 등 네 분야의 사업을 하고 있다.

청소년, 청년 시절 협동조합이나 사회적경제를 경험하면 자립에 도움이 되는 것은 물론이고 사회에는 자본주의 경제만 있는 것이 아니라는 경험도 할 수 있다. 나아가 기성세대가 자본, 돈 중심의 사회 속에서 기울어진 운동장, 양극화, 빈곤, 실업을 만들어냈다면 청년 세대들은 사람 중심의 사회, 배제가 아닌 통합의 사회를 다시 꿈꿀 수 있게 할 것이다.

행복한 직장 만들기
– 청년협동조합몽땅

"청년들이 굳이 왜 그러겠어요?"

협동조합기본법이 제정되기 전인 2010년, 이탈리아에
서 만난 볼로냐대학의 스테파노 자마니 교수는 '볼로냐에서 청년들이
협동조합을 활발하게 하는 이유'를 묻는 우리의 질문에 오히려 "청년들
이 자유롭게 기업을 하지, 굳이 왜 자본기업에 들어가서 돈의 노예가
되려고 할까요?"라고 되물었다. 해석하자면 협동조합은 이윤 추구를
하는 자본 중심의 기업이 아니라 사람들의 욕구를 해결하는 기업임을
지적한 것이다.

하지만 시장경제에서 이윤이라는 당근과 터보 엔진으로 움직이는
자본기업과의 경쟁에서 살아남아야 하는 협동조합이 수익을 남겨야
한다는 것은 당연하다. 특히 주식회사로 대변되는 자본기업 중심의 생
태계인 한국 사회에서 청년들이 협동조합으로 회사를 운영한다는 것

몽땅의 직원들(모든 사진 제공 청년협동조합몽땅)

은 쉬운 일이 아니다.

청년협동조합몽땅(이하 '몽땅')은 자본기업 중심으로 기울어진 운동장이라는 불리한 사회 환경 속에서 협동조합을 창립하여 운영하는 청년기업이다. 사업 아이템은 문화기획과 온라인 웹, 책, 포스터 등의 디자인이다.

2017년 창업을 주도했고 초대 이사장을 지냈으며, 지금은 사업 대표를 담당하는 오준석 씨에게 "몽땅이 일반 자본기업과 다른 점이 무엇입니까?"라고 물었다. 이에 대해 그는 몽땅의 미션을 설명하는 것으로 대신했다. '더 나은 세상을 위한 디자인'이라는 미션에는 구성원이 일하기 좋은 기업 환경을 만드는 것이 주요하게 포함되어 있다고 했다. 매출과 영업이익을 어느 개인의 몫으로 가져가지 않고 임금을 비롯한 근무 환경 개선에 상당 부분 사용하고 그를 통해 구성원이 만족하는 일하기 좋은 환경을 만들기 위해 노력하고 있다는 것이다.

오준석 대표

연 30일 휴가, 주 35시간 근무

　　몽땅에는 행복한 직장 생활을 위한 '행복TF(Task Force)'
가 있다. 직원들로 구성된 이 행복TF는 매년 연말 몽땅에서의 직장 생
활을 평가하고 회사에 새로운 제안을 한다. 이 제안은 논의를 통해 시
행되는데 다음과 같다.

　첫째, 몽땅은 대표와 신입 직원 상관없이 연중 30일의 휴가를 사용
할 수 있다. 이는 일반 직장에서 오래 근무한 노동자에게 줄 수 있는
연차휴가 최대 기간인 25일보다 5일 많다. 몽땅에서는 설립한 해인
2018년부터 이것을 모든 직원에게 적용하고 있다. 둘째, 근무 시간이
하루 7시간, 주당 35시간이다. 셋째, 매주 금요일은 재택근무를 한다.
코로나19 팬데믹으로 인해 재택근무를 하던 기업들 대부분이 최근 업

몽땅데이 진행 모습

무 효율성이라는 이유로 재택근무를 없애는 추세인데, 몽땅은 주 1회 시행을 유지하고 있다.

넷째, 자녀 중에 8세 미만의 아동이 있는 직원들은 육아기에 재택근무를 할 수 있다. 어린이집이나 유치원에 다니는 자녀가 아플 때 곤란해했던 직원들의 경험을 통해 이런 제도를 만들게 되었다. 다섯째, 한 달에 한 번 '몽땅데이'를 하는데, 직원들의 여가와 충전을 위한 다양한 활동을 하고 있다. 당일치기 여행을 가거나 전시를 관람하고 체험 프로그램에 참여하기도 한다.

오 대표는 직원들로 이루어진 행복TF를 통해 업무 환경을 개선하면서 구성원들이 '이런 정책들로 몽땅에 대한 소속감과 나름의 자부심을 가질 수 있지 않을까?' 생각하게 되었다고 한다. 몽땅의 퇴사율과 이직률은 일반 직장에 비해 상대적으로 낮아서, 최근 청년들의 높은 이직률과 비교하면 몽땅의 시도에 상당히 긍정적인 측면이 있다고 볼 수 있겠다.

그뿐만 아니라 몽땅의 경영 상태도 좋은 편이다. 2023년 총매출이 약 8억 원이었고 사무실 임차료, 인건비 등 경비를 모두 제하고 남은 당기순이익이 8,000만 원 정도다. 규모는 크지 않지만 상당히 알찬 협동조합이다. 오 대표로부터 협동조합으로 사업하게 된 배경과 과정에 대해 설명을 들었다.

대학생협 상임이사와 세월호 참사가 가르쳐준 것

오 대표는 경희대학교에서 대학생협 활동을 했다고 한다. 단순하게 조합원으로만 있었던 것이 아니라 학생으로는 드물게 상임이사까지 역임했다. 일반적으로 대학생협에서 상임이사는 이사회에서 지명한 상근 직원이 맡는데, 당시 생협 내부 사정으로 학생 신분으로 상임이사를 맡았던 것이다. 이런 경험을 하면서 졸업 후에 직장을 가질 때, 일반 자본기업이 아니라 협동조합을 하겠다고 생각했다고 한다.

처음부터 협동조합이라는 사업체를 만들어서 한 것은 아니다. 처음에는 '청년시대여행'이라는 청년 소모임을 만들고 운영했다. 역사와 사회 문제를 중심으로 청년들이 프로그램을 기획하고 운영하는 활동을 했다. 제주 4.3항쟁, 5.18민주화운동을 비롯해서 세월호 참사까지 다양한 역사와 현실에 대한 문제의식을 가지고 활동을 이어왔다.

이러한 활동을 바탕으로 청년들의 주체적인 경제활동에 대해서도 고민을 시작하게 되었는데 마침 회원 중 두 사람이 대학생 때부터 생협에 대한 이해가 있고 협동조합에 대한 관심도 있어서 2017년 함께 협동조합 설립을 준비했다. 그리고 이 세 사람이 결합하여 2017년 12월 협동조합을 창립했다. 다른 두 사람은 후원의 성격으로 협동조합에 참여했다. 준비 과정에서 세 사람이 프리랜서 형태의 활동으로 모은 돈 1,000만 원을 바탕으로 작은 사무실을 구했다.

초기에 도움을 준 사회적기업가 육성사업, 삶터사회적협동조합, 북서울신협

한편 2018년 초에 동대문구사회적경제지원센터의 소개를 통해 한국사회적기업진흥원의 '사회적기업가 육성사업'을 알게 되었다. 이를 통해 사업개발비 약 2,000만 원 규모의 지원을 받았는데 이 자금이 초기에 큰 힘이 되었다.

또한 몽땅이 사업을 막 시작해서 어려울 때 두 곳의 도움을 받았다. 한 곳은 삶터사회적협동조합이고 다른 한 곳은 북서울신협이다. 사업 초기 몽땅은 공공으로부터 사업을 수주했는데, 전체 2,000만 원 사업비 중에 1,000만 원을 먼저 지출하여 사업을 진행한 후 정산하는 방식이었다. 은행 대출도 불가능해 1,000만 원이 없어서 사업이 무산될 뻔했는데, 삶터사회적협동조합이 1,000만 원을 빌려주어서 할 수 있었다. 그리고 북서울신협은 원활한 자금 운영을 위해 사업 자금을 대출해주었다. 일반 은행을 이용하지 못하는 상태에서 5,000만 원씩 두 차례에 걸쳐 1억 원을 연리 2.5%로 융자해주어 몽땅이 사업을 원활하게

할 수 있었다.

오 대표에게 가장 기억에 남는 사업을 물었더니 "2019년, 2020년에 실시한 '평화통일페스티벌: 미리 만나는 통일 서울(이하 '통일 서울')' 전시 행사와 '제주4·3항쟁 70주년' 기념 사업을 한 것"이라 했다. '통일 서울'은 말 그대로 한반도가 통일됐다고 가정하고 서울에서 어떤 일이 벌어질지 예측하며 체험하는 활동을 통해 통일

평화통일페스티벌: 미리 만나는 통일 서울

준비의 필요성을 알리는 행사였다. 이 기획전에서 독일에서 통일을 경험한 방송인 다니엘 린데만 씨가 강연했는데, 반응이 아주 좋았다. 그리고 몽땅이 자체 기획한 '제주4·3항쟁 70주년' 기념 사업은 2018년에 배지(badge)와 양말을 디자인하여 판매했다. 수익은 제주너븐숭이 4·3기념관에 전달했다.

청년협동조합몽땅의 사무실. ©라이프인

사회문제 관련 사업을 넘어
유능한 디자인 기업이 되기 위해

이제 몽땅은 한 단계 성장을 고민하고 있다. 사회문제와 관련된 기획만 아니라 시장에서 요구하는 홍보, 기획도 하고 사회적경제, 공공, 비영리단체와의 거래 외에 영리기업 그리고 소비자를 직접 만나는 거래도 하고자 한다. 즉 사업 분야는 다각화하고 고객은 다양하게 하며 시장은 적극적으로 개척하고자 한다. 현재 있는 직원들에게 평생직장이 되기 위해서는 사업 규모를 키우고, 사업의 지속가능성을 확보하기 위해 웹, 홍보물 디자인뿐만 아니라 동영상, 광고 그리고 다양한 문화 기획 등 사업 분야 및 활동도 확대하려 한다. 또한 현재 외부 업체의 수주를 받아서 진행하는 것 외에 자체 브랜드를 기획하고 있다. 몽땅이 디자인 제품을 만들어 소비자에게 직접 판매하는 것이다.

이렇게 성장하기 위해서는 경영과 각 분야의 전문성이 필수인데 아직 부족한 실정이다. 부족한 전문성을 보완하기 위해서는 내부 직원들의 역량을 강화하고자 한다. 그래도 부족한 것은 외부 전문가 영입 또는 프로젝트별 외부 인사 참여, 부분적인 외주 등도 고려할 생각이다.

현재 직원 7명 중 5명이 조합원이고 출자금은 1,000만 원으로 늘었으며, 사무실도 확장해서 독립 공간으로 이전했다. 초기에 비해 제법 성장한 모습이다. 다른 협동조합, 사회적경제기업의 도움이 몽땅의 사업 초기에 큰 힘이 되었던 것같이 성공적으로 사업을 해서 다른 청년 협동조합들이 창업하거나 어려움을 겪을 때 경험을 나누고 협력하는 협동조합이 되길 기대해본다.

2

제일 잘나가는
종합광고회사를 향해
– 알배기협동조합

창업한 지 10년, 여전히 청년기업

더위가 가장 기승을 부리던 2023년 8월 초, 경북 칠곡군
에 있는 사무실에서 심영준 대표와 여영진 PD(프로젝트 디렉터)를 만났
다. 심 대표는 알배기협동조합(이하 '알배기조합')을 대학 시절에 창업했
다. 당시 사업 경험이 전혀 없었지만 동아리 활동의 일환으로 학교 선
후배들과 2014년에 협동조합을 시작했다. 알배기는 '알이 들어 있어
배가 부른 생선'이라는 뜻도 있지만 '겉보다 속이 알차고 충실한 상태'

경상북도 청년괴짜방(모든 사진 제공 알배기협동조합)

라는 의미를 가지고 있다.

　어느덧 10년의 세월이 흘렀지만, 지금도 구성원들을 보면 청년기업이다. 정부가 인증하는 청년기업은 7년이라는 지정 기간이 지나서 졸업했다. 그리고 일부 직원은 40대에 들어섰다. 하지만 심 대표를 중심으로 많은 직원이 20대, 30대다. 젊은 청년들이 뛰고 있는 협동조합 기업이다. 조합원은 현재 7명인데 이 중에 근로자 대표 2명과 이사장 1명 이렇게 총 3명이 직원으로 일한다. 그리고 감사 1인, 일반 조합원들이다. 조합원 3명을 포함한 전체 직원이 12명인데 협동조합의 민주적인 운영 체제와 사업체로서의 시스템이 잘 작동하고 있다. 직원 채용 때에는 무엇보다 먼저 업무에 맞는 실력을 고려한다. '채용하려는 분야에 능력이 있는가?'와 '우리의 경험을 바탕으로 성장할 기회가 될 수 있을까?'가 중요한 판단 근거다.

　알배기조합에서 하는 사업은 디자인, 홍보 영상 제작 등의 종합광고와 행사 기획과 진행 그리고 기념품 제작, 판매다. 어찌 보면 대도시에 맞는 사업 아이템인데 칠곡군에 자리를 잡게 된 것은 경북의 청년 정책 '청년괴짜방'과 관련이 있다.

　청년괴짜방은 경상북도가 청년들이 이용하는 공간을 조성하고 청년들이 공간을 중심으로 네트워킹과 사회생활을 준비할 수 있도록 돕는 일이었다. 첫 공간이 2017년 12월 20일 칠곡 지역에서 문을 열었는데 운영을 알배기조합이 맡게 된 것이다. 공간을 사무실로 사용하면서 청년들의 소통과 경제적 자립을 위해서 카페를 운영했다. 초기에 모인 사람들의 전공이 동영상, 디자인 그리고 공간 기획 분야였다. 이후 지방의 작은 군에서 종합광고라는 사업이 어려울 것이라는 예상을 깨고 성장하고 있다.

경험 부족으로 치른 값비싼 수업료

　하지만 처음부터 잘나갔던 것은 아니다. 사회생활 경험이 약하고 사업 경력도 없이 시작하다 보니 힘든 과정도 많았다. 작은 규모의 사업부터 차곡차곡 쌓으며 차츰 더 큰 과업을 수행하고 그런 일들을 수년 동안 모아 포트폴리오로 만들었다. 이젠 다른 중견 기업들과 견주어 입찰을 수행할 만큼 많은 실력이 축적됐다. 그 과정 중에 외부 업체와의 소송과 다툼도 있었다. 그리고 경험과 연륜이 부족한 것을 채우기 위해 더 많은 땀을 흘려야 했다. 이런 과정들이 켜켜이 쌓여

2014 소셜벤처 경연대회(본선 입선)

2016 소셜벤처 경연대회(특별상 수상)

서 지금의 알배기조합을 만들 수 있었다.

남보다 한 템포 빨리 준비한 경영 마인드

코로나19로 모두가 어려울 때, 오히려 알배기조합에는 기회가 되었다. 코로나19로 모든 오프라인 행사가 사라지고 모임이 중지되자 알배기는 발 빠르게 온라인 장비를 강화했다. 줌, 유튜브 등을 이용한 비대면 온라인 행사를 할 수 있게 준비한 것이다. 기존에 가지

독립운동가 관련 기념품

고 있는 영상 장비 등에 몇 가지만 더하면 가능했다. 이렇게 온라인 사업이 들어오면 덤으로 다른 사업들도 함께 수주받는 경우가 많았다.

역으로 2022년에는 다시 코로나19 이후를 준비했다. 대면 관계의 사업을 준비한 것이다. 이를 위해 직접생산증명서 등을 받았다. 이런 예상과 준비는 적중했고 2022년에는 전년 대비 약 2배에 가까운 매출을 올렸다. 사업이 어느 정도 정상 궤도에 오른 것이다.

〈밀정〉의 전지현은
실제 경북의 독립운동가 남자현

알배기조합이 진행한 사업 중에 경북의 독립운동 굿즈

사업이 있다. 독립운동가를 기억하기 위해 관련 기념품 굿즈를 만들고 판매하는 사업이다. 이는 안동에 있는 경상북도독립운동기념관에 갔을 때 느낀 점에서 착안했다. 기념관에는 경북 출신의 많은 독립운동가가 소개되어 있는데 이육사, 이상화 등 몇 사람 빼고 대부분은 대중이 모르는 분이었기 때문이다.

영화 〈밀정〉에서 전지현이 역할을 맡은 저격수 안옥윤은 안동 출신의 여성 독립운동가 남자현을 모델로 한 것이다. 이렇게 기존의 이육사, 이상화만이 아니라 남자현, 김창숙, 이상룡, 허위 등을 기념하는 머그컵, 기념 티셔츠, 스티커, 메모 패드, 에코백 등을 기획하고 디자인해서 제작, 판매한다. 독립운동 굿즈를 판매하고 생긴 수익금의 일부는 매년 독립운동 유공자 후손들에게 기부하며 그 의미를 더하고 있다.

2022년 경주에서 열린 제4회 대한민국사회적경제박람회 가운데 제4회 전준한 사회적경제 대상 시상식 총괄 진행을 알배기조합이 맡았다. 이 상은 1927년 경북 함창에서 협동조합 운동을 주도한 전준한 선생을 기리는 상으로서 경상북도가 전국의 사회적경제 관계자를 대상으로 수여하고 있다. 이 외에도 2022년 협동조합 10주년 기념행사, 2021년 경상북도 비대면 채용박람회, 2021년 DGB 대구경북 소셜벤처투자대회 등을 운영했다.

이런 이벤트 행사만 아니라 2023년 6월부터는 과기부가 대구 시내에 조성한 연구특구 핵심 위치에 만든 '코워킹 스페이스'를 디자인하고 입주 기업체들 간의 네트워킹과 활성화를 위한 프로그램을 운영하고 있다.

'2023년 경상북도 마을기업 가치 경제박람회'는 마을기업과 사회적

기획과 운영을 담당한 여러 행사와 수상 내역

경제기업들의 상품과 서비스를 지역민들에게 홍보, 판매하고 성과를 공유하는 박람회였다. 참여 부스 90동, 대형 주제관 2동, 메인 무대 등 대규모 실외 행사였는데 알배기조합이 박람회장 기획부터 공간 구성, 시공, 홍보, 실시간 무대 행사 중계, 콘퍼런스 진행, 이벤트 등을 수행했다. 그뿐만 아니라 경북관광두레의 성과를 공유하고 지역협의체를 활성화하기 위한 행사인 '2023 경북두레 플리마켓'도 기획부터 운영까지 수행했다.

공공 영역에서 민간 영역으로

협동조합을 창립한 지 10년이 넘는 동안 예비사회적기

2023년 경상북도 마을기업 가치 경제박람회(포항 영일대 광장)

업을 거쳐 2019년에는 사회적기업 인증을 받았고 2016년에는 전국대
회 솔루션 사업 특별상, 경북도지사 표창, 2022년에는 한국사회적기업
진흥원 표창을 받았다. 그리고 2년 연속 SVI(Social Value Index, 사회적
가치 측정 지표) 탁월 등급도 받았다. 사회적경제에서 촉망받는 기업이
된 것이다.

　그러나 알배기조합은 지속가능한 발전을 위해 지금도 끊임없이 고
민하고 있다. 지금까지는 사업 대부분이 공공 영역의 매출 기반형 사
업 중심이었다. 그런데 이제는 민간 영역의 비중을 점차 늘릴 계획이
다. 그래야 보다 안정적이고 변화에 능숙한 기업이 될 수 있다. 기업의

혁신은 실패할 수 있다. 그러나 알배기조합은 청년기업으로 무모한 도전을 통해 성장을 도모하고자 기업 내 재투자를 적극적으로 진행하고 있다.

새로운 도약을 위한 신규 소통 플랫폼 '올인벤트' 오픈

알배기조합은 지금까지의 현장 행사와 포럼 등을 통해 쌓인 경험을 바탕으로 광고 콘텐츠 기획부터 제작, 진행까지 모든 것을 담은 '올인벤트'라는 플랫폼을 출시할 계획이다. 올인벤트는 '행사와 관련된 모든 것이 들어 있다'는 all-in-event의 의미를 가진 브랜드로서 주최, 주관사가 활용할 수 있는 오픈 플랫폼이다.

올인벤트는 발주처의 행사 개설부터 참가자들의 손쉬운 행사 신청과 운영까지 일원화된 서비스로 편리한 행사 기획과 운영이 가능하다. 또한 발주처에서는 축적된 데이터를 기반으로 차후 사업과 정책 수립에 반영할 수 있는 데이터를 활용하는 기반으로 운영된다. 오픈 플랫폼인 올인벤트는 2025년 상반기에 내부 비공개 테스트를 거쳐 2025년 하반기에 공식 오픈하여 운영할 예정이다.

청년에게 실패할 수 있는 권리를

지역에서의 사업과 활동은 많은 어려움이 있다. 더구나 청년기업이자 사회적경제기업으로 사업한다는 것은 더 불리한 환경이다. 그래서 지자체의 많은 관심이 필요하고, 다른 사회적경제기업과 협력해야 하며, 중간지원기관과 소통을 강화해야 한다. 그래야 서로 힘이 되고 사업에서 시너지를 일으킬 수 있다.

협동조합, 사회적기업, 마을기업, 자활기업도 시장에서 생존해야 할 기업이다. 공공 영역에서나 시장에서나 생존하기 위해서는 과감한 투자와 혁신을 해야 한다. 그런데 성공할 수도 있고 실패할 수도 있다. 실패를 걱정하여 청년들이 과감한 시도를 하지 못한다면 실패보다 더 무서운 '꿈이 없는 사회'가 된다.

청년들이 비수도권 지역에서 무모하다고 할 정도의 적극적인 도전을 해야 지역을 활성화할 동력을 찾을 수 있다. 청년들이 '실패가 패가망신이 아니라 혁신을 위해 필요한 권리'라는 사회적 분위기를 만들어 경험할 수 있어야 한다. 알배기조합과 같은 청년기업들은 지역에 머물고 싶어 한다. 그래서 지역에서 할 일을 찾아 열심히 뛰고 있다. 그러므로 단순히 일회성으로 도와주는 것이 아니라 청년들이 건강하게 사업을 할 수 있는 생태계, 환경을 만들 필요가 있다.

지역을 지키는 청년기업의 미래
– ㈜공유를위한창조

사람들이 숨 쉬고 사는 마을

　　모두 '서울로, 수도권으로!'를 외치는 지금, '지방 소도시에 살고 싶은 지속가능한 동네를 만드는 지역 기획사'가 있다. 경남 거제시 장승포로에 소재한 로컬 프로듀서 그룹 '㈜공유를위한창조'다. 2014년에 설립한 이 회사의 콘셉트는 '마을 기획사'다. 마을을 구성하는 사람, 공간, 콘텐츠를 기획하고 관리하는 거의 모든 일을 감당하는 이들은 마을 활성화 프로그램을 비롯한 여러 도시재생 프로젝트를 성공시켜왔다.

　　밀양에서 만난 박은진 대표는 '공유를위한창조'가 지향하는 목표가 무엇이냐는 질문에 '파타고니아 같은 기업을 만드는 것'이라고 했다. 박 대표는 대학에서 도시계획을 전공했는데 도시계획의 공부 내용 자체는 좋았으나 '왜 도시 전체에 대한 물질적 계획만 하고 사람들이 숨

쉬고 사는 마을에 대한 계획은 하지 않을까?'라는 의문을 가졌다고 한다. 그래서 그런 일을 직접 해야겠다고 생각했다. 마을 단위에서 살피고 계획해야 마을에서 살아가는 사람들의 의견을 반영하고 참여하는 도시재생의 원래 의미가 살아날 수 있다고 생각했기 때문이다.

당시 이런 고민을 혼자 해결할 수 없어 선배와 상의하던 중에 아일랜드에 있는 '캠프힐커뮤니티'를 소개받았고, 휴학 뒤 2013년에 참여했다. 캠프힐커뮤니티는 장애인과 비장애인이 함께 살아가는 곳인데 전체 구성원 약 100명 가운데 비장애인 봉사자가 70%이고 장애인이 30% 정도였다. 전체 마을은 하는 일에 따라 여러 분야로 나누어져 있는데, 박 대표는 장애인 4명, 비장애인 4명 등 8명이 농사일에 참여하는 팜워크숍에 속하게 되었다. 함께 작물을 재배하고 소, 돼지, 닭 등을 기르며 우유를 짜기도 했다. 활동비로 한 달에 약 200유로(한화 약 30만 원)를 받았는데 생활에 전혀 어려움이 없었다. 캠프힐커뮤니티에서 생활한 1년은 박 대표가 삶의 방향을 정하는 데 아주 중요한 경험이 되었다.

조금 다른 마을 만들기

한국에 돌아와서 졸업을 하고 마을운동을 하는 활동가들을 만났다. 부산 감천마을, 산복도로, 영도 등에서 도시재생, 마을 만들기 등의 주민운동을 10년 이상 헌신적으로 하는 현장 활동가들이었다. 이들의 경험 역시 많은 도움이 되었다. 그러나 박 대표는 조금 다른 방법으로 마을 만들기를 해야겠다고 생각했다.

그것은 어드보커시(Advocacy), 즉 주민들의 요청, 요구를 행정에 전달하고 대변하는 운동만으로는 충분하지 않다는 생각이었다. 사업을 통해서 본인과 주민들의 경제적 자립 구조를 만들어가야겠다고 생각했다. 그래야 지속가능하다. 마을 만들기에서 주민들이 스스로 사업하여 경제 행위를 해야 정부 정책 등의 외부 환경이 변해도 흔들리지 않고 계속할 수 있다.

이런 일을 함께할 중요한 파트너를 만났다. 아니, 파트너라기보다 멘토와 같은 사람이다. 식음료 사업과 숙박 사업 등을 하던 박정일 대표다. 부산의 마을 관련 활동가들이 박정일 대표가 운영하는 사업 공간에서 모임을 많이 했는데 그런 중에 알게 되었다.

박정일, 박은진 두 사람이 2014년 7월 '주식회사 공유를위한창조'를 창업했다. 박정일 이사가 창업주였고 지금은 박은진 씨가 대표이사를 하고 있다. 창업한 지 햇수로 11년째인 2025년 현재, 전체 직원은 14명이다. 2023년부터 밀양소통협력센터를 위탁받으면서 밀양에서 근무하는 직원이 크게 늘었다.

실패에서 배운 것

창업 후 첫 사업은 취약계층을 지원하기 위해 만든 어묵 꼬치 가게였다. 부산 초량에는 폐지를 줍는 할머니가 많이 있는데 할머니들에게 어묵을 꼬치에 꽂는 일을 하게 했다. 폐지 줍는 일보다 훨씬 힘이 덜 들고 경제적으로도 도움이 될 것이라고 생각했다.

그런데 실패했다. 어묵꼬치는 식품업으로 분류되기 때문에 위생 관련 교육을 받아야 하고 4대 보험을 들어야 하는데 할머니들이 어려워

했다. 특히 오랜 세월 폐휴지 줍는 일로 낮에 돌아다니는 습관이 들어 있는데, 앉아서 어묵을 꽂으려니 좀이 쑤시는 등 안 맞았던 것이다. 시니어클럽을 통해 다시 시도했으나 또 실패했다. 주부로서 수십 년을 살아온 할머니들은 통일된 레시피를 따르지 않고 각자의 길들여진 입맛에 따랐다.

파산 직전, 주민 속으로 들어가다

두 번의 연이은 실패로 자본금이 모두 고갈되어 사업은 파산 일보 직전이었다. 이런 위기 상황일 때, 이바구캠프에 참여해보라는 제안을 받았다. 부산역 주변이 도시재생 선도사업으로 선정되었는데 그 사업 중 일부가 이바구캠프 사업으로, 건물 4채에 대한 리모델링과 일부 매입, 그 과정에서 일어나는 주민 갈등 해소, 소통, 조직 등을 하는 일이었다. 어떻게 보면 애초에 꿈꾸고 하고자 했던 일이었다.

그런데 막상 현장에 들어가니 상상했던 것과는 너무 달랐고 험해도 너무 험했다. 거의 모든 도시재개발, 도시재생이 그렇듯이 주민들의 이해관계가 첨예하게 걸려 있었고 당사자들이 살아온 삶이 너무 척박했기 때문이다.

주민들의 딸뻘도 안 되는 20대 중반의 어린, 더구나 여성으로 감당하기는 쉽지 않은 일이었다. 역시 가장 어려운 것은 주민들 간의 소통이었다. 60대 전후의 할머니들이 저녁 식사를 하면서 소주를 한잔하는데, 낮에 갈등이 컸던 날에는 대화 속에 욕이 난무하고 때로는 소주잔이 날아다녔다. 그런데 다음 날은 언제 그런 일이 있었냐며 아무렇지

이바구캠프(이바구는 이야기를 뜻하는 경상도 지역 방언)

않게 친하게 지낸다. 이런 일이 종종 있었다.

그 속에서 소통하여 서로 조금씩 양보할 수 있는 부분을 찾아내고 합의하며, 다수가 동의할 조건을 만들어내야 했다. 때로는 전날 합의한 내용이 다음 날 깨지기도 했다. 다수결로 결정한 계획에 대해 회의에 참석하지 않아서 몰랐다면서 무효화를 시도하고 큰소리를 내기도 했다. 2년의 세월 동안 속이 새카맣게 타들어갈 때도 있었고 눈물을 흘리기도 했다.

눈물로 일궈낸 초량의 도시재생 사업

그런데 드디어 해냈다. 4개 건물을 번듯하게 만들고, 마을 주민들과 함께 창업하여 마을기업까지 추진하게 된 것이다. 3개 건물은 부산시 동구청 소유이고 1개는 개인 소유인데 무상으로 리모델링을 하고 10년 동안 주민들이 임차료 없이 사용하는 방법이었다. 주민들에게 자기 공간이 생긴다는 것은 큰 변화였다. 주인의식이 생기고 적극적으로 참여하기 시작했다. 2015년, 2016년 무려 2년 동안 혼신의 힘을 쏟은 결과였다.

이 경험을 바탕으로 2017년, 2018년 두 해는 영도구에 있는 봉산마을에 가서 도시재생 뉴딜사업을 사전 지원했다. 그리고 2019년 경남 거제시 장승포동에 둥지를 틀었다.

부산은 이바구캠프를 통해 도시재생사업의 가능성을 보고 큰 경험

부산의 대표적인 도시재생 지역 초량의 모습

을 축적한 곳이지만 박은진 대표가 꿈꾸는 마을 만들기와는 무엇인가 맞지 않았다. 도시의 분위기, 관을 비롯한 이해관계자들과의 소통의 어려움, 소모적일 정도로 지나친 경쟁, 젊은 후배들을 키우지 않는 분위기 등이 그랬다.

그래서 2019년에는 부산만 아니면 좋겠다는 생각으로 마을 만들기 사업에 적합한 곳을 찾기 시작했다. 그렇게 해서 회사 구성원들과 함께 찾은 곳이 경남 거제시 장승포동 지역이었고 2019년 6월 이사를 했다. 4년에 걸쳐 천천히 이전했다. 부산에서 하던 사업들이 있었고 구성원들이 그동안 살아온 기반과 터전이 부산이며, 가능하면 모든 직원이 거제에 참여하기를 희망했기 때문이다. 2023년 4월 법인 본점 이전과 구성원 전원 이주를 마쳤다.

거제로 둥지를 옮기다

거제를 택한 이유는 네 가지였다. 첫째, 부산과 가깝다. 부산에서 떠나기로 했지만, 회사 구성원들이 모두 부산과 관계가 있는 사람들이라 부산은 계속 다녀야 했다. 둘째, 바다가 있어야 했다. 바다는 고향과 같은 곳이기 때문이다.

셋째, 가능성이다. 사업적으로 '마을 만들기를 성공적으로 할 수 있는 곳인가?' 하는 고민이다. 넷째, '회사 직원들이 살아갈 삶의 터전으로 적합한 곳인가?'를 배려했다. 직장으로서만이 아니라 생활 공간으로서도 중요하기 때문이다. 한편 거제가 텃세가 심하다는 말도 들었다. 하지만 이바구캠프의 경험을 통해 진정성을 가지고 주민들과 함께 고민

거제시 장승포에 있는 청년마을

하면 어떤 난관도 극복할 수 있다는 자신을 얻었기에 문제가 되지 않는다고 생각했다.

거제에서 첫 사업은 LH 주거복지재단의 소셜벤처 성장지원 사업이었다. 약 1억 원의 사업비로 커뮤니티 공간을 만들고 그 공간에서 주민들이 독서, 영화, 운동 등 다양한 소모임 활동을 하도록 하는 것이었다. 성공적이었다. 주민들과 소통도 좋았다.

다음으로 장승포에서 행정안전부의 청년마을 사업을 했다. 마을에 청년들이 지역을 탐색하고 정착할 수 있도록 공간, 콘텐츠, 실험의 기회를 제공하는 사업인데 이 사업도 잘 마쳤다. 이런 사업 경력들이 바탕이 되어 2022년에는 거제시 장승포에서 해양수산부가 진행하는 '어촌활력증진지원 시범사업' 앵커 조직으로 선정되었다. 그리고 2023년

어촌활력증진지원 시범사업　　　　밀양소통협력센터

경남 밀양에서 소통협력센터도 위탁 운영하게 되었다.

　　과거의 중간지원조직들은 사업의 역할을 완료한 후에는 해산했다. 하지만 이제부터 하는 사업은 '㈜공유를위한창조'라는 기업의 이름을 걸고 장기적으로 추진하는 것들이다. 조직의 이름이 역사에 남는 사업들인 것이다. ㈜공유를위한창조는 지역에서 민관협력 사업을 통해 지역에 새로운 가능성을 제시하고, 살 만한 터전을 만들어가는 회사로 나아갈 계획이다.

　　2017년에는 대표가 박은진으로 변경되었다. 청년기업으로 자유롭게 경영해보라는 배려였다. 단순히 대표이사 자리에만 앉은 것이 아니다. 박정일 전 대표의 배려로 박은진 대표의 지분이 51%로 늘었다. 지배구조까지 바꾸며 날개를 펼치게 배려해준 것이다.

청년이 지역을 떠나지 않게 하려면

　　박 대표는 청년들이 경남을 떠나지 않게 하는 방법이 단순히 대기업, 제조업 유치에만 있다고 생각하지 않는다. 보다 근본적인 해결 방안은 청년들이 기업가 정신을 가지고 도전하고 실험할 기반과 터전이다. 그래서 후배들을 키우려고 노력하고 있고, 좋은 후배가 나타나면 박정일 대표가 자신에게 회사 지분까지 주면서 기회를 주었듯이 자신도 후배에게 기회를 줄 생각이다.

청년기업가들이 도전할 기반과 터전을 제공하는 일, 좋은 지적이다. 비수도권에서 살아가는 청년들이 지역을 떠나지 않게 하는 것은 쉽지 않다. 청년들이 지역을 떠나지 않고 지역에서 살 수 있게 하기 위해서는 '떠나지 않게 하는 정책', '떠났던 청년들이 돌아오게 하는 정책' 그리고 '지역에 연고가 없는 청년들이 새로 진입하는 정책' 등이 필요하다.

정부, 지자체들은 이렇게 다양하고 세밀한 접근을 통해 맞춤형 사업을 준비해야 한다. 그리고 그런 사업이나 정책들은 청년들에게 실패할 권리를 누릴 수 있게 해야 한다. 금수저 부잣집 자녀들이 든든한 집안을 배경으로 세상에 없는 파격적인 시도로 혁신에 성공할 수 있는 것처럼, 흙수저 청년들도 실패할 기회와 권리를 주고 그 실패가 자양분이 되어 다시 도전하는 사회를 만들어야 한다. '실패는 성공의 어머니'라는 구호와 사회적 분위기가 오늘날 586이 된 기성세대에게 큰 힘이 되었듯이 오늘을 살아가는 청년들에게도 여전히 가슴 뛰는 슬로건이 되는 한국 사회가 되길 희망해본다.

4

로컬의 일상을
문화로 브랜드화하다
– 인간과공간

왜 지역에 천착하는가?

직장인으로 근무하다가 나이 40세가 되기 전에 사업을
시작해보고 싶어서 '㈜인간과공간'을 창업하고 사회적기업을 운영하
는 조재형 대표를 만났다. ㈜인간과공간은 조 대표가 경북 구미에서
2018년 4월, 동료 최중철 씨와 함께 설립한 회사다. 회사를 설립한 후
5년 동안 지역에서 문화 공연, 농산물 플리마켓, 카페 운영, 골목 콘텐
츠 기획 등 다양한 시도를 해왔다. 이렇게 다양한 시도를 하면서도 변
하지 않은 것이 있는데, 바로 지역성이다. 지역성은 현재 있는 구미 지
역인데, 이 지역에서 지역의 문화적 특성을 찾고 그 특성을 정착시키기
위해 다양한 아이템을 온라인과 오프라인에서 병행한다.

창업한 후 처음 시도한 작업은 잉여공간연구소라는 브랜드를 만들
고 연구소가 사용할 공간을 만드는 일이었다. 사용하지 않는 지하실을

잉여공간연구소   더 스크린

리모델링하여 '더 스크린'이라고 명명했다. 그리고 그 이름 앞에 '홍익 공간'이라는 단어를 보탰다. 동시대, 같은 지역에 있는 청년들이 함께 공유하는 경험을 나눌 수 있는 공간이라는 의미를 부여하기 위해서다.

더 스크린에서는 지역의 클래식 음악가, 대중 가수의 공연, 토크 콘 서트 그리고 모임 공간 대여 등의 사업과 활동을 했다. 더 스크린에서 1년 정도 지역 네트워크를 만든 다음 시도한 것은 2019년 6월 1일 구 미시 금리단길(구미시 원평동에 있는 거리)에서 진행한 지역 골목 파티 '한 량축제'였다. 플리마켓을 운영했고 젊은 음악인들로 구성한 팀들은 버 스킹 공연으로, 랩과 노래로 흥을 돋우었다.

골목 파티를 통해 확인한 플리마켓의 가능성

한량축제 이후 마켓브레이즈(Market Brase, 약칭 '마브')를 시작했는데 일종의 플리마켓이다. 구미를 기반으로 '건강한 먹거리 문 화가 되다'라는 슬로건으로 2020년 6월에 시작했다.

브레이즈는 Brand와 Base를 조합하여 만든 단어로 '다양한 브랜드

마켓브레이즈

들과 협업하면서 함께 성장하는 기반을 만든다'는 의미를 부여했다. 참여하는 생산자는 사전에 직접 찾아가 만나서 설명을 충분히 하고 인터뷰한 내용을 인스타그램에 올리면서 참여할 수 있도록 했다. 1차 농산물 생산자도 있지만 빵과 같은 가공 생산자도 참여했다. 홍보 포스터에는 가능한 한 참여하는 생산자들의 모습을 담았다.

2020년 6월 처음 마켓브레이즈를 시작할 때 참여 팀은 10개 정도였으나 2021년에는 평균 35개 팀이 참여할 정도로 활발했다. 이런 사업을 통해 이후 ㈜인간과공간이 어떤 사업을 할 것인가 하는 고민의 깊이를 더할 수 있었다. 일종의 안테나 사업의 성격이다.

소시지와 맥주의 만남 쏘맥상통

코로나19 팬데믹 이후 마켓이 많아지는 상황에서 계속 마켓을 하기보다 다른 콘텐츠를 진행하고 싶었다. 그래서 진행한 행사가 '쏘맥상통'이다. 쏘맥상통에서 쏘맥은 소주와 맥주가 아니라 쏘시지

쏘맥상통과 막걸리나

와 맥주의 조합이다. 즉 수제 소시지를 안주로 수제 맥주를 마시면서 다양한 로컬 브랜드를 알리는 일종의 팝업스토어다. 경북에 있는 3개 브루어리와 맥주공방 그리고 살라미, 반햇소, 홍스바베큐 등 소시지 제조사와 다양한 먹거리 생산자들이 참여했다. 여기에 고래밴드를 비롯하여 지역 음악가들이 참여하여 그야말로 음주가무를 즐길 수 있었다. 축제를 준비한 사람들이나 객으로 참여한 사람들이나 모두 신나는 축제였다.

　7월 쏘맥상통에 이어 8월에는 지역 막걸리 생산자들이 참여하는 '막걸리나'를 열었다. 140년 전통의 경북 칠곡양조장, 김천 백년주조, 단양 도깨비막걸리, 구미 선산탁주 등에서 참여했다. '신동 생막걸리'를 생산하는 경북 칠곡양조장은 무려 4대째인 140년을 이어오는 곳으로 경북의 대표적인 전통주 생산 양조장이다. 이 신동 생막걸리는 바나나 향이 나는 것으로 유명한데 진짜 바나나를 넣은 것이 아니라 이 양조장의 효모와 미생물, 지하수가 어우러져 나는 향이라고 한다. 그리고 김천 백년주조에서 생산하는 막걸리는 스파클링 막걸리라는 특징이 있으며, 구미 선산탁주는 구미에서 전통적으로 내려오는 방법으로 막걸리를 제조한다. 경북의 양조장만 아니라 2019년 대한민국 우리술 대축제에서 1위를 한 충북 단양의 도깨비양조장도 참여했다.

정부 지원에 의존하지 않기 위해서

오프라인에서는 구미시 봉곡동에 카페 마켓브레이즈(약칭 '마브')를 열었다. 거리의 플리마켓 운영을 통해 사업의 방향, 취급할 상품 그리고 콘셉트를 잡은 것이다. 카페 마브에서는 빈티지 의류와 커피, 티 그리고 OEM 방식으로 생산한 수제 맥주 '봉곡'을 판매한다. 카페에는 음악가들이 공연할 수 있는 무대와 공간도 있다. 이렇게 다

카페 마켓브레이즈

양하고 복합적인 형태로 만든 것은 차만 파는 카페로는 점점 경쟁력이 떨어질 것이라고 판단했기 때문이다.

사업이기 때문에 당연히 이익이 나야 한다. 이익이 나야 직원들을 안정적으로 고용하고 새로운 사업에 투자할 수 있다. 정부에 의존하지 않기 위해서 B2C 사업을 중심으로 한다. 사회적기업으로 인건비 지원을 받은 것은 초기에 큰 도움이 되었다. 그러나 지원 사업 기간이 끝나기 전에 자립해야 한다.

마브가 생각하는 로컬 사업은 전국 1등이 아니다. 우리 주변에서 평범하게 사업을 하는 사람들이 평범한 골목에서 평범한 조건으로 사업을 하는 것이다. 하지만 꾸준히 조금씩 알려지면 어느 순간에는 지역 자체가 브랜드화될 것이라고 생각한다. 그래야 혼자, 한 기업이 아니라 그 골목 전체가 산다는 것이다. 그리고 사업은 기업의 대표 혼자가 하는 것이 아니라 가치와 철학을 공유하는 사람들과 함께하는 것이다. 그래야 기업도 지속가능하고 직원들도 지속가능하다.

5

탈시설 청년의 둥지
– 사회적협동조합
청소년자립학교

위험했던 잼버리 대회에서 빛난
사회적경제의 힘

2023년 여름 한국 사회를 뜨겁게 달구었던 '제25회 세계
스카우트 잼버리' 대회. 참석자들 식사 등이 다급해진 정부는 사회적경
제에 손을 내밀었다.

"잼버리 대회 참석자들에게 하루 2,300개의 도시락을 3일 동안 매일
조달했습니다. 더구나 비건, 할랄(이슬람교 교인들이 먹는 식품) 도시락이
었습니다. 날씨가 너무 더워 비건, 할랄 식품을 좋아하는 사람들이 즐
겨 찾는 두부류와 나물은 전혀 할 수가 없었어요. 빨리 쉬니까요. 그런
데 그 많은 도시락을 공급할 수 있었다는 것은 '사회적협동조합청소년
자립학교'와 협력하는 익산시의 민간 자원이 그만큼 풍부하고 다양하
다는 것이죠. 신선한 식재료를 공급하는 로컬푸드 생산자, 대학생 자

미래를 고민하는 비행 청소년들

원봉사자, 시민사회단체 회원들, 사회복지사, 대학교수 등이 밤새 도시락을 쌌습니다.”

하루 2,300개라는 엄청난 규모의 도시락을 공급한 곳은 '사회적협동조합청소년자립학교(이하 '자립학교')'가 운영하는 '청년식당'이었다. 청년식당은 자립학교가 청년들의 일자리를 위해 마련한 사업으로 직접 운영하고 직업 훈련도 함께 하고 있다. 자립학교는 사각지대에 놓인 위기 청소년들의 자립을 위해 설립했다. 특히 시설에 입소했다가 퇴소하는 비행 청소년들이 돌아갈 가정이 없는 경우에 자립할 때까지 보호와 교육 등을 지원한다. 지원 내용으로는 주거 지원, 맞춤형 교육, 취업과 창업 지원 등이 있다.

2019년 3월 창립한 자립학교는 2017년부터 2년 동안 '시설보호 비행 청소년의 자립 지원 모형 개발'이라는 연구 사업을 진행한 안윤숙 교수(원광대)가 연구하다가 현장에 뛰어들어 창립한 협동조합이다. 자립학교 안윤숙 이사장을 만나서 그 과정을 듣고 정리했다.

위기에 놓인 청소년과 청년들을 위한 협동조합

사회복지 연구자로서 현장에서 만난 33명의 아이들은 한 명 한 명의 사연이 너무 기구하고 가슴 아팠다. 사업이 망해서 가정이 해체되거나 부모에게 버림받은 정도가 아니다. 열 살도 되기 전에 아버지가 삼촌을 살해하는 것을 볼 수밖에 없었던 아이도 있었다. 재혼한 아버지가 감옥에 가서 유흥주점을 하는 새엄마에게 갔다가 다시 할머니가 데려갔는데 거기서 친척 남자 어른에게 성폭행을 당한 아이도 만났다. 보호시설에 있다가 퇴소하여 집에 갔는데 엄마와 세 번째 동거하는 남자가 아이와 잠을 자겠다고 하자 남자에게 그러라고 하는 엄마를 보고 도망쳐 나온 아이도 만났다.

막장 드라마 이상으로 도덕이 무너진 가정과 야수 같은 사람들을 겪으면서 기성세대에 대해 분노하고 극한적인 적대감을 가진 청소년들을 만난 것이다. 이렇게 기성세대에게 적대감을 가지고 있는 아이들을 만나서 대화한다는 것은 쉽지 않다. 스스로 드러내지 않고 숨기 때문이다. 그래서 면담에 응한 청(소)년들에게 30만 원의 면접 비용을 준다고 하여 겨우 만날 수 있었다.

연구 과정에서 만난 아이들과
현장 속으로 들어간 연구자

2년의 연구 사업은 사실 비행 청소년들에게 가장 절실한 것이 무엇인지를 알게 하는 시장 조사의 성격이 되었다. 그리고 연구 결과는 안윤숙 이사장의 논문을 위해 쓰인 것이 아니라 연구실을 떠나 현장으로 가게 하는 사명서가 되었다.

다행히 주변의 많은 사회복지사, 대학교수, 시민사회단체 그리고 시설장들이 힘을 보태주었다. 2019년 창립할 때, 조합원 8명에 회원 130명이 참여하여 2,500만 원의 출자금을 모았다. 그리고 매월 1~3만 원 후원하는 사람들도 약 70명으로 한 달에 약 150만 원이 들어온다.

자립학교가 최종적으로 추구하는 방향은 위기의 청년, 청소년들이 스스로 사회생활을 할 수 있도록 하는 것이다. 방법은 다양한 프로그램과 직업 훈련을 제공하는 것이다. 그러므로 자립학교는 이들이 자립적인 삶을 살 수 있도록 플랫폼 역할을 한다.

네 분야의 사업

자립학교는 크게 네 가지 분야의 사업을 한다. 주거 지원, 대안교육, 진로와 취업 창업 지원, 돌봄 등이다. 첫 번째, 주거 지원은 위기 청소년에게 가장 중요한 사업으로 비빌 언덕을 만들어주고 심리적 안정을 주는 출발이다. 우선 '블루하우스'라는 셰어하우스를 운영하는데 그룹홈, 자립생활관을 통해 가족생활 체험을 할 수 있다. 가족

자립생활관   대안교육

진학 지원   진학 지원

생활은 과거 자신들이 겪은 불행했던 가정의 경험을 넘어 가족에 새로운 의미를 부여한다. 아울러 일상생활 체험을 할 수 있는 사업이다. 식습관, 에너지 절약, 위생과 청결 그리고 안전과 위기 대처 능력을 높이는 것이다. 1년간 함께 살면서 가정생활 기술과 인성, 사회성 향상 기술을 배우게 된다.

2023년 4월부터는 바자울청소년회복지원시설을 운영하고 있다. 6호 처분(복지시설이나 소년보호시설에 감호 위탁)을 받아 시설에 있던 청소년들이 시설을 나온 다음 돌아갈 가정이 없는 경우, 1호 처분(보호할 수 있는 사람에게 감호 위탁)으로 변경하여 입소할 수 있다. 지금까지 위기 청소년 33명, 바자울 7명 등 40명이 주거 지원을 받았다.

두 번째, 자립학교에서 대안교육을 하는데 세 가지 방향으로 한다. 사회화 교육, 사회성 향상, 인성과 예절 교육 등이 그것이다. 일반적인 가정과 학교에서 이루어지는 인문, 사회, 경제, 문화, 예술, 체육 교육과 활동 등을 통해서 배울 수 있는 기초 역량에 대한 내용들이다.

사회화 교육은 사람으로서 반드시 배워야 하는 가치관과 행동양식을 교육하고, 사회성 향상에서는 다양한 사람과 함께 하는 놀이를 통해 세상과 마주하기 체험 등을 한다. 인성과 예절 교육은 스포츠를 통한 공격성과 충동성 조절, 스포츠 예절 체험 등이다. 이런 내용들은 함께 살면서 생활 속에서 느끼거나 체험 등을 통해서 배운다. 그리고 때로는 개별 상담, 집단 상담을 하기도 한다. 이 대안교육 참여자는 기초학습 44명, 기초체력 20명 등 64명이다.

지속가능한 자립을 위한 창업, 취업 지원

세 번째, 진로와 창업, 취업 등에서는 각자에 대한 맞춤형으로 진행한다. 검정고시나 대학 진학 그리고 진로와 직업 훈련 등이다. 우선 진로 교육은 진로 성숙도와 적성검사를 통해서 자기의 성격에 맞는 적성과 진로를 찾을 수 있게 한다. 검정고시를 원할 때는 학교 밖 청소년지원센터와 연계하여 검정고시 학원을 다닐 수 있게 하고 멘토 지원도 한다. 대학 진학을 하고자 할 때는 자신에게 맞는 학과를 선택할 수 있도록 도와준다.

청년식당과 진로 사례들

　예를 들어 제과제빵을 배우고 싶어 하는 청년이 있었다. 그런데 몇
달 만나는 동안 음식을 매우 잘 만든다는 것을 알게 되었다. 그래서 방
향을 바꾸어 식품영양학과에 갈 수 있도록 하여 현재 4학년에 재학 중
이다. 지금까지 사회적기업 3명, 일반 기업 3명 그리고 대학 진학 3명
등 9명이 취업과 진학을 했다. 특히 비행 청소년으로 6호 처분을 받았
던 A는 자립학교를 만나면서 전문대를 졸업하고 현재 어엿한 사회복
지사가 되었다.

　창업과 취업을 위해서는 정부나 자치단체의 직업 훈련과 연계한다.
예를 들어 취업성공패키지, 국민내일배움카드 등이다. 이 외에 학교

밖 청소년지원센터, 직업훈련학교, 자활센터, 청소년쉼터, 한국폴리텍 대학 등과도 연계하고 협력한다. 그뿐만 아니라 한식 조리사나 바리스타 등에 대한 인턴십과 직업 체험을 할 수 있게 한다.

그리고 진로와 직업 훈련에 머무르지 않고 직접 청년들의 일자리를 위해 2020년에 '청년식당'을 열었다. 코로나19가 한창일 때다. 다행히 매장에서 식사하는 방식과 도시락 배달을 병행해 코로나의 어려움은 겪지 않았다. 청년식당에서 인턴십을 하기도 한다. 2021년에는 청년식당 2호점을 열었다. 이 과정에서 어려움도 겪었다. 경비와 인건비를 위해 안 이사장 개인이 카드와 보험 약관 대출을 약 5,000만 원 받기도 했다. 다행히 지금은 많이 갚았다.

청소년 돌봄을 넘어 지역사회 돌봄, 지구 돌봄으로

마지막으로 하는 사업이 돌봄 사업인데 이 돌봄에서는 먹거리 돌봄을 핵심으로 하고 있으며, 그 안에는 청소년 돌봄, 지역사회 돌봄, 지구 돌봄 등이 있다. 특히 그동안 청소년 중심으로 하던 돌봄을 넘어 지역사회 돌봄까지 확장하고 있다. 사회복지공동모금회와 함께 진행하는 '다정밥상'이라는 프로그램은 어르신들에게 무료 급식을 제공하는 사업으로 지역사회 돌봄의 출발이다. 이는 청소년 먹거리 돌봄 등을 포함하여 지역사회에 '먹거리 돌봄 센터'를 구축하려는 것이다.

어르신들에게 무료 급식을 제공한다고 해서 완제품 식사를 제공하

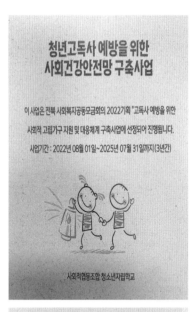

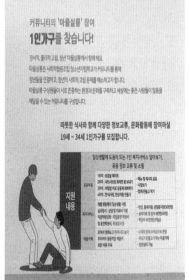

청년고독사 예방사업

는 방법만 하지 않는다. 가령 월요일은 식사를 제공하고 수요일은 비만, 고혈압, 당뇨 등 건강을 위한 식단 관리를 하도록 지도한다. 그리고 금요일은 공유주방의 성격으로 스스로 반찬 등을 조리할 수 있게 한다. 사회복지공동모금회에서 지원하는 비용은 한 끼에 약 15만 원으로 10여 명 식사가 가능한 금액이다. 그런데 실제 식사는 40~50명이 한다. 그만큼 청년식당에서 부담하는 것이 있기에 가능하다. 이렇게 먹거리 돌봄을 할 때, 지역 농산물을 사용하고 일회용품이 아닌 다회용기를 사용하여 지구를 보전하는 지구 돌봄을 실천하고 있다.

2022년 10월부터 전북사회복지공동모금회와 함께 '청년고독사 예방을 위한 사회건강안전망 구축사업'을 하고 있다. 20대 청년들이 혼자 살다가 죽는 고독사를 막기 위한 사업이다. 청년 1인 가구를 찾아서 다른 청년들과 식사하고 차를 마시고 소통하고 교류할 수 있도록 지원하는 사업이다. 청년들의 사회적 고립을 예방하면 가능할 것으로 판단한다.

청년들이 직접 참여하고 경영할 수 있는 시스템 구축을 향하여

이제는 2025년 총회 때 청년 조합원을 늘리고 청년이 임원에 많이 참여하는 것을 목표로 하고 있다. 초기 창업은 대학교수, 사회복지시설이나 청소년 시설의 단체장, 시민사회단체 대표 등 지역사회의 명망가들이 중심이 되어 시작했다. 이제는 점점 위기의 청소년, 불안한 청년들 당사자의 사회적협동조합이 되도록 할 계획이다. 그래서 조합원으로 가입하고 있고 이사로 들어와서 의사결정에 참여하도 록 할 계획이다.

그리고 창립 후 10년 정도가 되면 이사장도 할 수 있도록 하고자 한 다. 이를 위해 회계, 인사, 마케팅 그리고 지역사회의 다양한 자원과 연 계 등 경영을 위한 훈련을 하고 있다. 그래야 지속가능한 사회적협동 조합청소년자립학교가 되기 때문이다.

5장

젠트리피케이션을 극복하는 지역자산화

━━━━━━━━━━ 젠트리피케이션은 한국, 서울의 신촌, 강남의 가로수길
에만 있는 현상이 아니다. 거의 모든 자본주의 국가에서 발생하고 한
국에서는 수도권, 비수도권 가릴 것 없이 일어나는 현상이다. 토지, 집,
건물을 투기 대상으로 보는 것을 막기 전에는 젠트리피케이션을 막기
어려울 것이다.

물론 서구 유럽에서는 임대료를 물가와 연동해서 임대료 폭등을 막
기도 하고 우리나라와 같이 상가임대차보호법을 통해 임대인 맘대로
올리던 임대료를 통제하기도 한다. 하지만 건물주가 임차인을 쫓아내
려고 마음먹으면 그리 어렵지 않게 쫓아낼 수 있다. 그 결과 우리나라
초등학생들의 장래 희망 상위권에 건물주가 있으며, 조물주 위에 건물
주라는 웃지 못할 일들이 벌어진다.

일반 자본기업, 자영업자에게도 한 지역에서 오래 사업을 한다는 것
은 아주 중요하다. 단골, 평판 등을 유지할 수 있기 때문이다. 그런데
사회적경제에서 지역은 더욱 중요하다. 사회적경제에서 지역, 지역민
은 소비자, 이용자, 노동자이자 동시에 출자자이기 때문이다. 자본기업
에 지역은 투자의 대상이고 이윤이 낮아지면 떠나면 그만이다. 하지만
협동조합, 사회적경제에 지역은 그럴 수 없는 공간이다.

자본기업은 젠트리피케이션이 발생하면 좀 어렵더라도 다른 곳에 가서 사업을 하면 된다. 하지만 사회적경제는 다른 지역으로 가는 순간 지역이라는 정체성을 잃어버리고, 그 사업체를 이용하려고 출자한 지역 출자자들은 출자의 필요가 사라진다. 그렇기 때문에 협동조합, 사회적경제기업에 젠트리피케이션은 조직의 존망을 결정할 정도로 치명적이다.

그럼 젠트리피케이션을 피하려면 어떻게 해야 할까? 당연히 자산을 취득해야 한다. 사업체가 있는 곳의 토지, 건물 등 부동산을 소유해야 한다. 그렇게 하려면 큰돈이 필요하다. 그런데 사회적경제기업 중에는 건물을 살 정도로 큰 자본이 있는 기업이 거의 없다. 그래서 지난 문재인 정부에서 생각해낸 방법이 지역자산화, 시민자산화라는 방법이었다. 행정안전부와 도시주택보증공사(HUG)에서는 지역자산화 또는 시민자산화라는 이름으로 사회적경제기업이 자산을 취득할 수 있게 협력했다. 자산화 공모사업에 선정된 기업들에 정부가 일종의 보증을 하면 농협과 같은 금융권에서 낮은 금리로 중장기 대출을 해주는 방법이다. 이렇게 자산화를 통해 지역에서 안정적인 사업을 하는 사례들을 정리해봤다.

전라남도 영광군 묘량면에 둥지를 튼 여민동락사회적협동조합은 2008년부터 작은 학교 살리기, 노인복지센터 운영, 협동조합 농장 운영 등을 하면서 정착했다. 도시가 아닌 농촌의 면 지역이라 젠트리피케이션이 발생할 가능성은 거의 없지만 안정적으로 정착하기 위해서는 자산 취득이 필요했다. 노인복지센터를 운영하면서 마을 점방, 농장, 식당, 카페, 학교급식 등의 사업을 안정적으로 그리고 지속적으로 하기 위해서는 부동산을 소유할 필요가 있었다. 그래서 2020년에 지역자산화 공모에 참여하여 선정되었으나 막상 적합한 땅을 구하지 못해 포기했다. 그리고 2022년 다시 시도했는데 선정되어 땅을 구입하고 공사해서 2023년 건물을 세울 수 있었다.

경남 창원시에 있는 사회적협동조합창원도우누리는 지역의 장애인, 노인들에게 사회서비스를 제공하는 사업을 하므로 지역민과의 친밀한 소통과 유대관계가 매우 중요하다. 사업을 하다가 다른 지역으로 이사 가면 이용하던 어르신, 환자들이 더 이상 이용할 수 없기 때문이다. 그래서 2020년 총회에서 건물을 구입해 사업을 안정적으로 하자는 결의를 했다. 2021년 2월 행안부의 지역자산화 공모사업이 시작됐고 응모한 결과 선정되었다. 전체 23억 원 규모였다. 2021년 당시에는 증자로 7억 원을 모았고 16억 원을 농협에서 대출받았다. 이후 조합원들이 대출 이자를 줄이기 위해 증좌운동을 더 해서 출자금을 12억 원으로 늘려 조직의 부담을 크게 줄였다. 지금은 건물을 소유하기 전에 월세로 공간을 이용할 때보다 더 적은 비용으로 이자와 원금을 갚고 있다.

사단법인 극단현장은 2024년 창단 50주년을 맞은 오래된 조직이지만 사회적경제로는 몇 년 안 된 예비사회적기업이다. 초기 순수 취미 연극 시절을 거쳐 1990년대 초에는 상근자 3명을 두면서 전문 극단의 면모를 갖추기 시작했다. 그러면서 상설 연습 공간, 사무실 등이 필요했다. 법인도 필요해서 사단법인으로 인가를 받고 2009년에는 지정기부금단체가 되었다. 그러는 가운데 공간을 몇 차례 옮겨 현재의 건물 2개 층을 소극장으로 리모델링하여 사용했다. 그런데 건물주가 건물 자체를 매각하려고 내놓았는데 몇 년이 지나도 사겠다는 사람이 없었다. 마침

2019년 행안부의 지역자산화 공모에 참여했다가 최종 심사에서 떨어졌는데 다행히 도시주택보증공사(HUG)의 지역자산화 사업에 도전하여 건물을 매입할 수 있었다.

대전에서 지역재생운동을 한 사회적기업 ㈜윙윙은 지역자산화의 중요한 사례이면서 청년들이 주도하는 지역재생사업의 좋은 모델이기도 하다. 지역자산화는 대체로 정부 정책과 결합한 방식인데 윙윙은 순수한 시민 참여로만 건물을 자산화하고 있다. 이 조직의 대표는 대학생 때는 지역아동센터 활동가, 졸업 후에는 쇠락 지역 활성화를 위한 지역 축제, 조례 제정, 주민들과의 소통 등을 했다. 마침 도시재생센터 운영 기회가 와서 도시재생에 참여하면서 자산의 중요성을 더욱 배웠다. 그리고 마을관리 협동조합을 인큐베이팅하기도 했다. 그러다가 드디어 2020년에는 자체 건물을 소유했다. 건물의 1층에는 카페, 2층에는 윙윙 사무실, 3층에는 사회적경제 중간지원조직이 입주해 있다. 점차 자산화를 확대하여 2024년 기준으로 10여 공간에 15개 팀이 입주해 있는 건물 6개를 운영하고 있다. 이 중에 2개는 직접 소유, 3개는 장기 임대, 1개는 공공시설로 위탁 관리하고 있다.

스웨덴에는 '노동자의 집'(또는 민중의 집)이 500여 개 있다. 더구나 '노동자 공원'(또는 민중 공원)까지 130개 있다. 노동자, 시민들의 든든한 자산이자 쉴 공간이다. 그리고 지역이 활성화되기 위해서는 상하수도, 전기, 병원 등이 개인 소유로 상업화되지 말고 공공화되어야 한다고 지적한다. 사회적경제, 협동조합이 자산을 취득하는 것은 공공화에 근접하는 방식이다. 개별 기업의 사업적 성공 외에 또 다른 이유에서 지역자산화, 시민자산화가 필요하다.

농촌 노인의 삶의 질을 높이다
– 여민동락공동체

빈곤율, 자살률 모두 높은 한국의 노인들

우리나라는 65세를 넘는 노인의 빈곤율(가처분소득이 중간 균등 가구의 50% 미만인 비율)이 43.4%(2018년)로 OECD 국가 중에 가장 높으면서 유일하게 40%를 넘었다. 세계에서 유례가 없는 급격한 발전으로 선진국 문턱에 왔다는 평가를 받지만 그렇게 발전하도록 희생

동락원(모든 사진 제공 여민동락공동체)

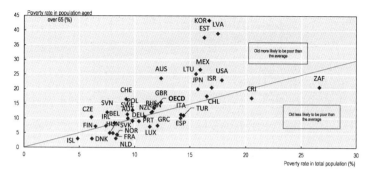

국가별 65세 초과 노인의 빈곤율

출처 : https://www.oecd-ilibrary.org/sites/d76e4fad-en/index.html?itemId=/content/component/d76e4fad-en
참고: 데이터는 일부 국가를 제외한 2018년 기준
http://www.oecd.org/social/income-distribution-database.htm(2021년 7월 버전)

한 세대에 대한 연금 등의 복지는 매우 낮은 것이 현실이다. 이는 결국 OECD 국가에서 가장 높은 노인 자살률로 이어져 사회문제화되고 있다.

이런 문제의식 때문이었을까. 전남 영광군 묘량면에 터전을 잡은 여민동락공동체는 2007년 2월 시작했을 때부터 농촌에 있는 노인들을 위해 노인 돌봄을 중심으로 하는 공동체 설립이 목표였다고 한다. 여민동락공동체 제안자인 강위원 씨는 대구에서 2000년 초부터 3년 동안 재가노인복지센터에서 일했다. 이후 강위원 부부, 인터뷰에 응해준 권혁범 부부 그리고 이민희 부부 등 6명이 이곳 묘량면으로 이사하여 11개 읍면에 대해 농촌복지 현황을 조사하고 휴경지를 빌려서 밭농사를 시작했으니 훗날 여민동락의 농장 '동락원'이 된다.

첫 조직 사업, 영농조합법인

     2008년 5월 재가노인복지센터가 준공되고 6월에 시설 인가를 받았다. 원래는 사단법인 설립을 목표로 했으나 이 시기에 전남도는 지역 법인 충족률을 120% 달성하여 더 이상 받아줄 수 없고 사단법인은 복지시설 운영을 할 수 없다는 이 지역만의 해석이 있었다. 그래서 여민동락 활동 초기에는 제안자인 강위원의 이름으로 비영리 개인 시설로 설립했다.

  하지만 내용적으로는 6명이 출자하고 민주적으로 운영하는 협동조합 방식이었다. 물론 관련 협동조합법이 없던 시기다. 2009년에는 비영리민간단체로 등록했고 2013년에 인가받은 사단법인 여민동락공동체가 사업의 주체가 되었다. 이후 이 노인복지센터가 여민동락공동체

여민동락공동체 구 본관

여민동락 영농조합법인이 운영하는 농장

의 조직적인 출발이자 다양한 사업을 하는 거점이 된다.

치매나 중풍처럼 스스로 일상생활 수행이 어려운 고령 노인들 돌봄을 위한 재가노인복지센터는 설립 1년 만에 자리를 잡았다. 이후 추가로 진행한 지역 조사를 통해 용돈벌이 수준의 일자리가 있으면 좋겠다는 비교적 건강한 노인들의 필요를 알게 되어 모싯잎송편 공장 설립을 통해 노인 일자리를 만들었다. 그리고 모싯잎송편 재료의 안정적인 공급과 로컬푸드 매장, 인근 학교 급식에 농산물 식재료를 공급하는 등의 사업 조직이 필요해서 2017년, 농업을 전담하는 여민동락 영농조합법인을 설립했다.

여민동락 영농조합법인은 2018년에 농림축산식품부가 추진하는 사회적 농업 시범사업자로 선정되었으며, 2019년에는 농식품부 거점 농장으로 선정되었다. 여민동락 영농조합법인이 생산하는 농산물로는 새싹보리, 유기농 쌈채소, 야생화 등이 있고 사회적 농업을 하면서 청년들과 농부학교를 운영한다. 아울러 어르신들의 건강과 소일거리를 위해 농장을 운영하며 여기서 생산한 농산물을 학교급식센터에 납품한다.

2010년 무렵부터 지역에는 생필품을 판매하는 가게인 소위 점방(店房)이 점점 사라졌다. 이익이 나지 않아 도저히 운영할 수 없게 된 것이다. 마땅한 이동 수단이 없는 사람들과 나이가 너무 많은 어르신들은 읍내 슈퍼마켓을 이용하기 어려웠다. 더구나 당시는 농산물 가격이 크게 하락하여 농가 대부분의 수입이 감소하는 등 경제적으로도 무척 어려운 시기였다.

사라져가는 점방 살리기

이에 여민동락공동체는 묘량면 소재지에는 고정 점포를 열고 다른 지역은 차량을 이용한 이동 점포를 운영하기로 했다. 2011년 4월, 여민동락의 자체 마을기업 2호로 '동락점빵'을 열고 차량으로 '찾아가는 이동 5일장' 사업을 시작했으며, 11월에는 친환경농산물 도농 직거래 사업을 시작했다. 2013년 5월에는 전라남도 예비사회적기업으로 지정되었고 2014년 4월에는 '동락점빵사회적협동조합' 창립총회를 하여 8월에는 농림축산식품부 인가를 받았다. 2017년부터는 매년 24개 경로당에서 찾아가는 간담회를 통해 주민의 목소리를 경청하고 있다.

마을에서 가게가 사라지는 것은 여민동락공동체가 있는 묘량면의 문제만이 아니다. 전국, 특히 비수도권의 많은 지역에서 일어나고 있는 현상이다. 이에 대해 여민동락공동체는 협동조합 방식으로 '동락점빵'을 열었고, 점빵에서 먼 지역은 차량을 이동하여 찾아가는 '이동 점빵'을 운영하고 있다. 단순히 생필품을 판매하는 역할만 하지 않는다.

여민동락공동체에 있는 점빵(왼쪽 위)과 이동식 점빵

거동이 불편한 어르신들을 위해 생필품 가정 배달과 간단한 심부름도 한다. 이 외에 여민동락공동체의 쌀 브랜드인 '더불어삶' 공동 방아 사업, 농산물 도농 직거래, 학교에 급식과 간식 공급, 경로당 간식 배달, 복지 상담, 마을의 소식을 전하는 일 등을 한다.

정리하면 취약계층에게 기초 생필품을 공급하고 지역 복지의 빈틈을 메우며, 경제 사업을 통해 발행한 수익금 전액을 지역에 환원함으로써 경제와 복지의 선순환 구조를 만들려는 것이다.

지역사회와 함께하는 작은 학교 살리기 운동

2009년 12월에는 폐교 위기에 몰린 묘량중앙초등학교를 살리기 위해 '작은 학교 살리기 워크숍'을 하고 2010년 1월에는 지역민 공청회를 개최했다. 이후 체육대회, 가을마당 행사 등의 노력을 한 결과 2012년 3월에는 학생이 12명에서 34명으로 늘어 통폐합 대상 학교에서 제외됐다. 2015년에는 전남도교육청의 '꿈키움 행복나래' 마을학교 사업에 선정되었고 2016년 2월에는 직영급식소가 설치되어 자체 급식을 시작했다. 2024년 기준으로 초등학생 63명, 유치원생 21명 등 전교생이 83명이다.

학교는 지역사회의 중요한 거점 공간 중 하나다. 특히 다른 공공기

묘량중앙초등학교 살리기

관이나 시설이 빈약한 농촌 지역에서 학교의 역할은 더욱 중요하다. 작은 학교 살리기 운동을 계기로 만난 묘량면의 학부모, 주민 그리고 여민동락공동체 활동가들은 이후 마을 교육 공동체 활동을 한다. 학교 중심의 교육지원 활동에서 농촌공동체 활성화를 위한 마을 교육문화 활동으로 영역을 넓힌 것이다. 내용을 보면 학부모, 주민 등이 참여하는 자체 교육 소모임, 다양한 주제의 인문학 강좌, 교육 공동체 활동 우수 지역 견학 등의 학습 활동과 역사 탐방, 마을신문 만들기, 농부학교, 아이들과 함께하는 창의 요리, 책 읽어주기 동아리 등의 교육문화 프로그램 활동을 하고 있다.

'여민동락 할매손'의 실패에서 배운 교훈

2009년에는 노인복지센터에 오는 노인들에게 용돈벌이 일자리를 제공하는 사업을 시작했다. 노인 빈곤이 농촌도 예외는 아니므로 묘량면의 어르신들에게도 금전적 보상이 되는 일이 필요했다. 영광군이 지역 특산품 중의 하나로 굴비, 소금과 함께 모싯잎송편을 브랜드화하는 사업을 지원했다. 여민동락공동체도 노인 일자리 창출을 위해 영광군의 사업에 참여하여 모싯잎송편을 만드는 '여민동락 할매손'(자체 마을기업 1호)이라는 개인 명의의 사업체를 만들었다. 모싯잎송편은 송편에 모시의 잎을 갈아 넣어 만드는 것이다.

이 모싯잎송편에 들어가는 쌀과 모싯잎 그리고 송편소(동부콩)는 모두 마을 작목반에서 친환경농업으로 생산한 재료를 사용했다. 처음에는 모싯잎송편 사업이 잘됐다. 그래서 2013년에는 '더불어삶'이라는

모싯잎송편을 만들었던 여민동락 할매손

농산물 가공공장을 설립했고 2015년에는 '더불어삶사회적협동조합'이 농림축산식품부 인가를 받아 법인으로서 사업 주체가 되었다. 그런데 잘되던 사업이 2020년 즈음이 되자 매출이 줄고 생산성이 떨어지는 등 어려움에 처하게 되었고 결국 2022년에 모싯잎송편 만드는 일을 중단했다.

실패의 원인은 여러 가지가 있는데 가장 큰 것은 모싯잎송편을 생산하는 업체가 영광군 내에 너무 늘어난 것이다. 초기 20여 개였는데 이후 최대 150개까지 늘어나 경쟁이 치열해졌다. 두 번째, 가격 경쟁력이 떨어졌다. 다른 업체는 국내산 일반과 수입 재료를 사용하는데 여민동락은 친환경 재료만 사용하여 가격이 약 2.5배까지 차이 났다.

세 번째, 기술의 문제였다. 여민동락 모싯잎송편은 주로 택배를 통해 판매했는데, 다음 날 먹을 때 일부 딱딱해지는 현상을 막는 기술이 부족했다. 네 번째, 생산성 저하다. 노인들이 점점 나이 들면서 만드는 속도가 느려진 것이다. 마지막으로 시장 분석과 판로 개척 실패였다. 모싯잎송편이 명절 특수를 벗어나지 못하는 제품으로 시장의 한계가 있었고 판로를 새로 만드는 데 실패했다.

이 실패를 경험으로 여민동락공동체는 앞으로 농산물 가공 사업을 하지 않기로 결정하는데 그 이유는 다음과 같다. 첫째, 가공 생산과 판매를 담당하는 활동가들의 전문성 부족과 직원들 역량 강화를 위한 지원의 한계다. 둘째, 농산물 가공 사업은 생산 과정이 복잡하고 소비자가 많은 대도시 영업의 노동강도가 매우 세다. 그렇기에 조직은 이 노동에 합당한 경제적 보상을 해야 하는데 노인 일자리 조직의 특성상 수익률이 낮아 그렇게 하지 못했다.

셋째, 생산과 판로 개척을 위해서는 담당자가 여민동락공동체 사업 지역을 자주 벗어나 밖으로 다닐 수밖에 없다. 이럴 경우 지역사회와의 관계 구축을 중요하게 생각하는 여민동락공동체의 방향과 달라서 담당자가 정체성 혼란을 느꼈다. 이는 여민동락이 농촌을 기반으로 건강한 공동체 형성을 지향하는 것과 맞지 않는다. 이러한 실패 원인에 대한 분석과 교훈은 이후 여민동락공동체에 중요한 자산이 될 것이다.

미래를 준비 중

여민동락공동체는 앞으로 다음과 같은 사업들을 하고자 한다. 여민동락공동체에는 직원 17명, 노인복지센터에 매일 오시는 어르신 20명, 그리고 방문자 등 40여 명이 있다. 이들의 삶의 질을 높이기 위해 식당과 카페 운영을 준비하고 있다. 특히 묘량면에는 카페가 없어서 주민들과 묘량면에서 근무하는 사람들이 휴식을 취하거나 미팅 등을 하면서 차를 마실 장소가 없었는데 이 문제를 해결하고 사업성도 있다고 판단했다.

지역자산화로 설립한 건물

그리고 물류창고와 매장도 필요하다. 농장에서 생산한 농산물과 (이동) 점빵에서 판매하는 제품 그리고 식당, 카페에서 필요한 식자재 등을 보관하기 위한 물류창고, 생산한 농산물을 상설 전시하고 판매할 공간이다.

다음으로 여민동락공동체가 심혈을 기울이는 사업 중 하나가 자산화 사업이다. 여민동락공동체가 경영하는 다양한 사업들을 안정적으로 유지하기 위해서는 자체 소유의 땅과 건물이 필요하다. 이를 위해 공모에 참여한 행안부 지역자산화 사업에 2020년 선정되었다. 그런데 적합한 지역에 땅을 구하지 못해 포기했는데 2022년 다시 공모에 시도하여 선정되었다. 여민동락공동체 옆에 있는 밭 1,800평을 구입했는데 땅의 용도를 변경하여 건물을 세우는 것이다. 여기에 들어가는 자금은 농협에서 10억 원을 대출받아 진행했다. 다행히 2020년 지역자산화 사업 실패 등의 여러 어려움을 극복하고 2023년 8월 건물을 완공했다.

그리고 중장기적으로 계획하고 있는 사업 중 하나가 의료복지사회적협동조합의 설립과 운영이다. 묘량면에는 병의원 등의 의료기관이 없어서 지역사회통합돌봄 제공을 위해 매우 중요한 미션이다. 의료복지사회적협동조합이 설립될 시점이 되면 기존 조직들의 재정비가 이루어질 예정이다. 그럴 때 더 큰 시너지 효과를 낼 것이다.

여민동락공동체의 꿈이 이루어지기를 바라며

여민동락이 20년 전 출발할 때 꿈꾼 내용들이 하나하나 실현되어가고 있음을 볼 수 있었다. 1970, 1980년대 한국 사회에서는 '조국 근대화'라는 목표 아래 공단과 도시에서는 노동자들이 땀을 흘리며 희생되어왔고 농민들은 제조업, 중화학 공업 우선을 위한 농산물 저곡가 정책에 희생되어왔다. 그렇게 조국 근대화를 위해 노력하고 희생된 노동자, 농민들이 이제는 백발의 노인이 되었다.

그런데 도시의 노인들은 잔여적인 수준이라도 일부 복지 혜택을 받을 수 있는 데 비해 농촌의 노인들은 거의 그렇지 못하다. 이러한 현실 속에서 농촌의 어르신, 노인들이 행복한 삶을 살 수 있도록 노력하는 여민동락공동체는 사회적경제에 시사하는 바가 크다. 이 여민동락공동체의 모델이 다른 농촌 지역에도 좋은 모델이 되기 바란다.

살던 동네에서 늙는다는 것
– 사회적협동조합
창원도우누리

노인 통합 케어 사회서비스

어르신들이 천천히, 그러나 부지런히 몸을 계속 움직인
다. 거동이 불편한 어르신, 팔이나 다리의 움직임이 부자유스러운 어
르신 등이다. 그리고 이분들의 동작 하나하나를 도와주는 노동자 조
합원들이 있다. 2020년 발생한 코로나19로 어르신들 케어가 더욱 어
려울 때에도 사회적협동조합창원도우누리(이하 '창원도우누리')는 어르
신들의 가정을 방문하여 도시락 배달, 목욕 등의 사회서비스를 제공
했다. 그런 노력으로 창원도우누리는 창원시 봉림동에서 어르신들과
그 가족 그리고 주민들에게 꽤 알려진 사회서비스를 제공하는 협동조
합이 되었다.

창원도우누리가 협동조합으로 출범한 것은 지금으로부터 약 8년 전
인 2017년 2월이다. 하지만 사회서비스 사업을 시작한 것은 21년째

다. 2004년 창원지역자활센터 복권기금사업단으로 가사간병 재가 방문 서비스를 시작했다. 2007년에는 노인 돌봄 종합서비스사업 제공 기관과 장애인 활동 지원 사업 기관으로 지정받았고 2008년에는 노인 장기 요양사업을 시작했다. 그리고 2015년에는 중증장애인 도우미 지원사업을 함으로써 장애인돌봄서비스 분야도 확대했다.

사회적협동조합창원도우누리 건물

내 노동의 질과 내용을 함께 결정하는 협동조합

2017년 창원도우누리는 사회적협동조합으로 재탄생한다. 단순히 사회서비스를 제공하는 대가로 급여를 받는 임노동에서 회사의 중요한 결정을 하는 데 참여하는 노동자협동조합으로 창립한 것이다. 더 정확하게는 간호사, 사회복지사, 생활지원사, 요양보호사, 장애인활동지원사, 가사관리사 등 116명(창립 당시)의 노동자들이 조합원으로서 노인, 장애인들에게 제공하는 돌봄 등의 서비스 제공만 아니라 회사를 소유하게 된 것이다.

창원도우누리에서 운동하는 어르신들　　　방문 목욕 차량

센터에서 장기를 두는 어르신들　　　가정 방문하여 생일을 축하하는 노동자 조합원들

　　사회서비스를 제공하는 회사를 설립하는 데 필요한 자금을 노동자들이 갹출해서 내고 제공하는 서비스 내용과 노동 조건, 임금 등을 결정하며, 경영에도 참여하고 그 결정을 책임진다. 아울러 노동자 조합원 외에 후원 조합원 등이 함께 참여하는 사회적협동조합이다.

　　일하는 노동자들이 회사의 주인이 된다는 것은 혁명적인 변화다. 법인의 형태가 주식회사나 사회복지법인 등에서는 법인의 소유자가 따로 있고 일하는 노동자들은 월급을 받고 일하는 임노동이다. 하지만 노동자협동조합으로 바뀌는 것은 일하는 노동자들이 각자 적게는 수백만 원에서 많게는 수천만 원까지 출자금을 내고 직접 회사를 소유하는 것이다. 이와 함께 회사의 중요한 결정에 참여하고 그 결과가 좋든지 나쁘든지 책임지는 것이다. 최악의 경우 회사가 파산하면 자기가 낸 출자금을 한 푼도 건지지 못할 수도 있다.

이렇듯이 권한과 책임이 막중한데 그 내용을 제대로 알고 사업을 하는 노동자협동조합이 드문 것이 우리 사회의 현실이다. 그렇다 보니 성공적인 노동자협동조합(또는 직원협동조합)을 찾기가 쉽지 않다.

향상된 사업 성과와 조직 운영

다행히 창원도우누리는 2017년 사회적협동조합으로 전환한 후의 사업 성과와 조직 운영 내용이 상당히 좋은 편이다. 사업은 2018년 한부모 가사 지원 서비스, 2019년 방문 요양, 방문 목욕, 주간 보호 사업 등의 통합 돌봄센터 운영 등으로 확대되었다. 이를 반영하듯이 2024년 2월 현재, 조합원은 220명으로 약 2배 가까이 늘었고 출자금은 9억 5,000만 원으로 늘어났으며, 이용하는 어르신과 장애인이 1,000여 명에 이른다. 그동안 이런 성과로 인해 2019년 제2회 대한민국 사회적경제박람회에서 대통령 표창을 받았고 2022년에는 한국사

도시락 배달 사업

회적기업진흥원이 평가하는 성과에서 3년 연속 '탁월'을 받았다.

창원도우누리의 사업을 살펴보면 첫째, 바우처 사업으로 가사간병 방문 지원, 장애인 활동 지원 사업을 한다. 둘째, 장기 요양 사업으로 방문 요양, 방문 목욕, 주간 보호 사업이 있다. 셋째, 돌봄 사업으로 노인 맞춤 돌봄 서비스를 운영한다. 넷째, 영양 돌봄 급식센터 운영과 도시락 배달 사업을 한다. 다섯째, 일상돌봄서비스로 중장년과 가족돌봄 청년에게 돌봄 및 가사서비스, 이동이 불편한 중장년에게 병원 동행을 제공한다. 여섯째는 가사서비스 사업으로 고용노동부의 인정을 받아 가사관리사를 채용하는 일자리 창출 사업이다. 즉 가사관리사가 어려운 위기 가정을 방문하여 유·무료 청소와 정리정돈을 해서 깨끗한 가정 환경을 조성함으로써 생활 안정을 찾는 데 도움을 주는 등 다양한 활동을 한다.

그런데 이런 사업들 대부분은 한 지역에서 오랫동안 이용자들과 관계를 맺고 소통하면서 진행하는 것이 효과적이다. 그래야 서비스를 제공하는 노동자와 서비스 이용자의 신뢰가 커지고 이용자 개별 맞춤형으로 대응할 수 있다. 아울러 어르신, 장애인들이 센터를 쉽고 친숙하게 방문할 수 있도록 공간이 안정화되어야 하는데, 공간 안정화에서 가장 어려운 것이 건물 임차료 인상 문제다. 임차료 인상으로 이사를 다니거나 비싼 임차료로 수익성이 악화되기 때문이다.

공간의 안정화를 위해

창원도우누리의 지역자산화 사업은 '지역에서 사회서비

지역자산화로 매입한 건물

스가 필요한 사람들과 안심하고 만나며, 안정적인 사회서비스를 지속적
으로 제공하려는 고민' 속에서 시작했다. 안정화를 위해서는 이사를 다
니지 않고 한곳에서 할 수 있도록 부동산을 구입해야 하므로 2018년
2월 총회에서 조합원들이 공간 구입을 결의했다. 마침 행정안전부가
2019년에 지역자산화 사업을 시범사업으로 시작하고 2020년부터 본
격화했는데 경남사회적경제통합지원센터가 2021년 초 이런 정보를
창원도우누리에 제공했다. 이와 함께 행안부의 지역자산화 전 담당자,
신용보증기금의 팀장 등을 연결해 준비를 잘할 수 있도록 도왔다.

아울러 경상남도는 지역자산화에 필요한 자금 중 일부에 대해 3년
동안 이자의 일부를 지원하는 정책을 시행했다. 이런 협력을 바탕으로
창원도우누리는 2021년 2월 신청해서 4월에 최종 선정되었고, 창원시
봉림동에 있는 연면적 603㎡(약 182.7평)의 3층 건물을 23억 원에 구입
했다. 7억 원을 증자했고 16억 원 대출은 정부가 중개하고 농협이 진

행했는데, 이때도 농협에서 퇴직한 경남사회적경제통합지원센터의 자문위원이 농협과 창원도우누리의 신뢰 형성에 적지 않은 역할을 했다. 이후 조합원들이 증자하여 2024년 현재 조합원 출자가 12억 원이고 대출 금액이 11억 원이다.

지역자산화 효과는 빠르게 나타났다. 마을의 어르신들과 조합원들이 창원도우누리 센터에 오는 일이 크게 늘어났다. 사무실이 2층에서 1층으로 내려옴에 따라 쉽고 편리하게 방문하는 것이다. 방문은 소통으로 이어지고 손쉬운 방문과 소통은 이용자들의 만족도를 크게 높였다. 이뿐만 아니라 지역의 사회적경제기업, 시민사회단체들과의 연대와 협력도 강화되고 있다. 나아가 교육기관, 공공기관과도 섭외력이 높아지고 있다. 한 예가 2022년 11월 한들초등학교에서 사회적경제 활동 나눔 부스를 운영한 것인데 사회적경제를 홍보하고 학생들에게 장애인, 노인 체험 등을 하도록 했다. 이 일에 한들산들사회적협동조합, 창원아이쿱생협, 창원시사회적경제지원센터가 함께했다.

창원도우누리의 꿈

사람이 태어나서 성장하고 나이 들어서 죽음을 맞이하는 것은 지극히 자연스러운 일이다. 이런 생애 주기에 따라 필요한 육아, 교육, 치료, 돌봄 등의 서비스를 자본이 소유하는 기업에 의존하지 않고, 사람을 중심에 놓고 존중하면서 내가 사는 동네 가까이 있는 조직으로부터 케어받는 것이 보다 인간적인 사회일 것이다. 그래서 앞으로 창원도우누리는 사회서비스 분야를 지금보다 더 확대하고자 한다.

2024년 총회

즉 커뮤니티케어를 종합적으로 제공하는 것을 꿈꾼다.

　그리고 의료복지사회적협동조합과 함께하여 시너지를 내고자 한다. 창원도우누리가 직접 창립을 주도할 수도 있고 연대할 수도 있다. 그래서 경남산청의료복지사회적협동조합 설립에 준비부터 참여했고 네트워크를 이루고 있다. 중장기적으로는 창원에도 의료사협이 있어야 한다고 본다. 아울러 마을에 다양한 사회적경제기업, 조직들이 설립되어 함께 연대하기를 원한다. 그런 가운데 사회서비스를 제공하는 노동자들에게 좋은 일자리를 안정적으로 제공하는 노동자협동조합이 되기를 희망한다.

창단 50년인 오래된 미래
– 극단현장

'사회연대경제 활성화를 위한 결의안'

'사회적경제의 범위를 어디까지 할 것인가?'에 대해서는 나라마다 전통과 법과 제도에 따라 조금씩 차이가 있다. UN은 2023년 4월 18일 총회에서 '사회연대경제 활성화를 위한 결의안'을 통과시켰다. 그리고 2025년을 다시 '세계 협동조합의 해'로 결의했다. 일반적으로 사회적경제가 협동조합, 공제조합, 사회적기업, 마을기업, 자활기업 등을 범위로 한다면 사회연대경제는 여기에 NGO, 사단법인, 재단법인 등을 포함하는 보다 넓은 범위를 제시한다. 이러한 분류에 대해 벨기에의 자크 드푸르니(Jacques Defourny) 교수는 2021년 편저한 《사회연대경제》에서 지지를 표한 바 있다.

이러한 흐름에 발을 맞춰 사단법인 극단현장을 방문했다. (사)극단현장은 1974년 창립한 연극 단체로서 2024년 창립 50주년이 되었다.

1974년 극단현장 창단 첫 공연

인구 35만 정도로 작은 규모의 도시인 진주에서 전문 예술 단체로서 반세기를 지켜온 것은 매우 드물고 대단한 일이다. 그만큼 극단을 이끌어온 사람들의 열정과 진주 시민들의 호응이 잘 맞은 사례라고 볼 수 있다.

이렇게 의미 있고 깊은 역사를 만드는 데 중요한 역할을 한 두 사람을 만나서 50년의 역사를 듣고 정리했다. 한 사람은 진주MBC에 근무하면서 1996년부터 2015년까지 무려 20년 동안 극단 대표를 맡아 사단법인 인가, 전문예술법인 지정, 지정기부금단체 지정 등을 받은 정대균 전 대표이고, 다른 한 사람은 1993년 상근 실무자로 들어와 2016년부터 지금까지 대표를 맡고 있는 고능석 씨다.

직장인 동호회를 넘어
전문 예술인을 키우는 현장

1974년 극단을 처음 시작할 때에는 단원들 모두 직장에

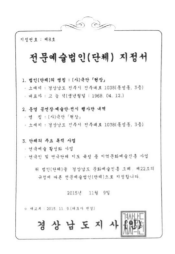

지정번호 : 제8호

전문예술법인(단체) 지정서

1. 법인(단체)의 명칭 : (사)극단「현장」
 · 소재지 : 경상남도 진주시 진주대로 1038(봉성동, 3층)
 · 대표자 : 고 능 석(생년월일 : 1968. 04. 12.)

2. 주된 공연장·예술단·전시 등 행사단 내역
 · 명 칭 : (사)극단「현장」
 · 소재지 : 경상남도 진주시 진주대로 1038(봉성동, 3층)

3. 단체의 주요 특화 사업
 · 연극예술 활성화 사업
 · 연극인 및 연극단체 지도 육성 등 지역문화예술진흥 사업

 위 법인(단체)을 경상남도 문화예술진흥 조례 제22조의
 규정에 따른 전문예술법인(단체)으로 지정합니다.

 2015년 11월 9일

※ 재교부 : 2015. 11. 9.(대표자 변경)

경상남도지사

다니면서 연극을 했다. 일종의 직장인 동호회 성격이었다. 하지만 1년에 3개에서 6개까지 작품을 무대에 올렸기에 거의 매일 밤 연습을 하다시피 했다. 직업 연극인 이상으로 열심히 했다.

그렇지만 전업 상근자 없이 극단을 이끌어가는 방식에는 한계가 있었다. 작품 제작과 공연, 연기 등에서 전문성이 부족하여 계속 유지하기 어렵다는 판단을 했다. 그래서 1993년에는 큰 변화를 주어 3명이 전업으로 상근하기로 했다. 다음으로는 조직에 대한 정비가 필요했다. 고유번호증을 받아 사업을 했는데 이 또한 한계가 많았다. 내부 논의 끝에 사단법인을 하기로 했다.

사단법인 극단현장으로 조직을 재정비하고 경상남도 전문예술단체로 지정을 받았다. 그리고 2009년에는 지정기부금단체가 되었다. 지정기부금단체가 되면서 회비와 후원금이 안정적으로 들어와, 넉넉하지는 않아도 큰 도움이 되었다. 연극에 전념할 수 있는 상근자, 그리고 어느 정도 작품 활동을 할 수 있는 최소한의 경비가 가능했다.

이제는 공간을 만들어야 했다. 다행히 1993년에 독지가의 도움으로 사용료 없이 독자적인 연습실 겸 상설 공연장을 만들었다. 과거 병원 영안실로 사용하던 지하 공간을 개조한 것이다.

김장하 선생의 도움

1998년에 새로운 공간으로 이사했다. 이번에는 4층이었다. 그런데 보증금과 월세가 있어야 했다. 남성당 김장하 선생을 찾아갔다. 흔쾌히 보증금 3,000만 원을 빌려주셨다. 이 돈은 이후 돌려받지 않겠다고 하여 현재 사단법인의 기본자산 일부가 되었다. 이 공간에서 2006년까지 약 9년 동안 있었다.

그런데 어느 날 갑자기 건물주가 건물을 팔았다. 새로운 공간을 마련할 시간이 없어서 약 1년 동안 독자적인 공간이 없었다. 2007년 9월이 되어서야 공간을 마련할 수 있었는데 그 공간이 현재 (사)극단현장이 소유하고 있는 건물이다.

해당 건물은 과거 '동명아트홀'이라는, 1개 스크린을 걸어서 영화를

지역자산화 전과 후

상영하던 작은 영화관이었다. 진주 중앙시장에 있던 동명극장 주인의 아들이 하는 곳이었다. 지금과 같이 멀티플렉스 개념이 전혀 없던 시절, 수십 년 동안 영화 상영을 했다. 3층과 4층을 터서 계단식 영화관으로 사용했지만 연극 전용관과는 또 달랐다. 무대를 넓히고 객석을 보수하고 조명, 음향 시설 등을 하면서 1억 2,000만 원이라는 큰 비용이 들었다. 약 10년 동안 소극장으로 잘 사용했다.

그런데 진주시청이 다른 지역으로 이사를 간 후 시내 활성화에 실패하고 진주시 동부 외곽에 혁신도시가 들어서면서 소극장이 있던 원도심이 점차 쇠락 지역으로 변해 도시재생 지역이 되었다.

쇠락 지역에서 도시재생 지역으로

유명 메이커 매장으로 사용하다가 이사를 간 건물 1층에는 장기간 새로운 세입자가 들어오질 않았다. 그러자 건물주는 건물 자체를 팔려고 매물로 내놓았다. 매물로 내놓아도 역시 오랫동안 팔리지 않았다.

그러던 중에 행안부가 공모 시범사업으로 지역자산화를 추진한다는 정보를 알게 되어 공모에 응했다. 1차 통과되고 최종 심사에서 아깝게 떨어졌다. 다시 도시주택보증공사(HUG)에서 도시재생 지역에

있는 자산을 매입할 때 도와주는 사업을 알게 되었다. 지역자산화 사업이었다. 많은 노력 끝에 공모에 참여했는데 다행히 선정되어 건물을 매입할 수 있었다.

선정된 후 자금을 받게 될 때까지의 과정도 쉽지 않았다. 6개월 동안 진주에서 부산에 있는 본사에 20번 넘게 다니면서 서류를 수정하고 보완하여 받을 수 있었다. 그 20번을 넘게 서류를 점검받는 과정이 컨설팅이자 훈련이었다. 그러면서 더욱 단단해졌다.

건물주도 큰 도움을 주었다. 감정가가 19억 원인 건물을 15억 원에 매물로 내놓았는데, 다시 13억 원에 살 수 있게 낮춰준 것이다. 이렇게 싸게 해주어 당국으로부터 다운계약서가 아니냐는 의심까지 받을 정도였다. 물론 다운계약서가 아니다. 건물주는 수십 년 동안 영화관을 운영했던 문화예술인인데 마침 극단현장이 구입하겠다고 하니 2억 원을 깎아준 것이다.

파란만장, 백만대군 등의 시민 후원

건물 매입비 13억 원 그리고 전체 리모델링비 4억 원 등 총 17억 원이 필요했다. HUG에서 전액 빌려주는 것이 아니고 어느 정도 자부담이 있어야 한다. 극단현장이 건물주에게 맡겨놓았던 보증금 1억 원, 자체 자금 3억 1,000만 원, HUG 자금 10억 9,000만 원 등을 합하면 15억 원이 있었다. 2억 원이 더 있어야 했다.

이를 위해 파란만장과 백만대군 두 운동을 했다. 먼저 파란만장은 인생 파란만장이라는 뜻과 함께 1만 원짜리 지폐의 색깔이 파란 것에

예술중심현장 층별 안내

서 착안하여 1만 장, 즉 1억 원을 모으겠다는 것이었다. 이 운동으로 8,000만 원을 모았다. 백만대군 운동은 1인 100만 원 이상의 돈을 무이자로 빌리는 것인데 1억 2,000만 원을 모았다. 두 운동을 통해 2억 원을 모은 것이다. 이 외의 자금 1억 원은 별도로 빌렸다. 다행히 HUG 자금은 이자가 1.5~2.0%로 아주 저렴하다.

건물은 리모델링을 마치고 2020년 '예술중심현장(Art Center Hyunjang)'이라는 이름으로 다시 태어났다. 지하 1층은 현장A-zit로 다목적 소극장이다. 연극만 아니라 음악, 춤 등 다양한 장르의 예술을 연습하고 공연할 수 있다. 지상 1층은 현장A-round로 카페와 전시실이다. 2층은 현장Agora 공유사무실, 공동 협업 공간으로 만들었다. 3층은 현장Art Hall로 관객 150명 정도 들어가는 공연장이다. 이 공간들 모두 사회적 가치가 있는 일에는 무료로 대관해주고 있다. 그리고 대관 사업으로 들어오는 비용으로 공간 전체의 비용을 충당하고 있다.

월세 비용으로 건물을 소유하다

이런 지역자산화 사업은 해당 사업체에 큰 힘이 되고 있다. HUG의 자금 등에 대한 이자가 과거 공간을 임차하면서 지불한 월세와 비슷하거나 그 이하이기 때문이다. 2년 6개월 동안 시민들에게 무이자로 빌린 돈의 절반 정도를 갚았다. 앞으로도 꾸준히 갚을 것이다. 그러다 보면 10년, 20년 후에는 시민의 자산이 될 것이다. 현재는 다시는 쫓겨날 걱정을 할 필요 없이 안정적인 공간을 기반으로 연극에 전념할 수 있다. 극단현장만 아니라 다른 예술 단체, 시민사회단체에도 공간에 대한 걱정을 크게 덜어주고 있다. 공유 공간, 공유 자산과 같이 사용하고 있다.

대표적인 예가 시민들이 만든 '극단 이중생활'과의 공유다. 이중생활은 2016년 극단현장이 경남문화예술회관과 협업하여 시민들을 대상

극단 이중생활

극단 이중생활

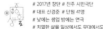
2017년 창단 # 진주 시민극단
대표 신경준 # 단원 41명
낮에는 생업 밤에는 연극
치열한 삶을 일상에서도 무대에서도

으로 개최한 연극 교실, '내가 바로 국민배우'를 수료한 시민들이 만든 조직이다. 강좌는 극단현장이 했지만 이후 조직 활동과 운영은 스스로 하고 있다. 1993년 극단현장이 상근자 중심의 전문 예술 조직으로 전환하면서 시민들이 직접 연극에 출연할 기회가 줄었는데, 이에 대한 보완 또는 복원의 개념으로 시도한 사업이다. 2024년 현재 직장인 40명으로 구성되어 있고 건물 2층에 있는 공동 협업 공간에 사무실을 마련해 있다.

시민이 만들고 시민이 소유한 진주의 자산

창단 50주년 기념공연 〈강목발이〉 포스터

극단현장은 2024년 현재 사단법인 회원 43명, 상근단원 12명 그리고 후원회원 약 460여 명으로 구성되어 있다. 주 사업은 자체 공연 제작과 초청 공연, 예술 교육, 축제 기획, 정부와 자치단체 공모 사업 등이다. 우리나라 지역 문화단체들 대부분이 그렇듯이 경제적으로 궁핍함을 각오하는 삶이다. 극단현장은 지역자산화 사업을 통해 공간을 확보했지만, 아직 자기 공간 없이 전전하는 단체가 많다. 나아가 인구 50

만 이하의 도시에는 전문 예술 단체 자체가 없는 곳이 대부분이다.

이를 극복하기 위한 방안으로 고능석 대표는 러시아의 사례를 든다. 러시아에는 국립극단이 300개 정도 있는데, 정부가 직접 만드는 것이 아니라 지역의 극단 중에서 실력 있는 단체들을 지정하는 방식이고, 그렇게 지정한 국립극단에는 예산의 50%를 지원한다는 것이다. 이럴 때 여러 방식의 극단들이 존재하는 다양한 생태계가 형성, 유지된다는 것이다. 그렇게 되면 지역의 극단, 예술인들이 서울, 중앙의 국립극단, 광역에 있는 도립극단에 갈 필요 없이 지역에 머물 수 있고 지역민과 호흡하며 은퇴할 때까지 함께할 수 있다.

지역자산화 자금도 장기 상환할 수 있도록

한 가지 더 바라는 것은 지역자산화를 통해 지원받은 HUG 자금을 10년이 아니라 20년, 30년 이상 갚을 수 있게 했으면 하는 것이다. 개인이 주택담보대출을 받으면 보통 20년 이상이며, 길게는 40년 동안 갚게 한다. 지역자산화도 역시 비슷한 방식으로 상환 기간을 주어야 한다. 특히 비영리단체들은 수익성이 낮기 때문이다. 더구나 사회적협동조합의 비분할 자산과 사단법인, 재단법인의 기본자산은 사업을 청산할 때 사사로이 나눠줄 수 없고, 같은 목적을 하는 비영리단체가 계승하거나 자치단체나 국가가 최종 소유자가 된다. 그렇기 때문에 사회적경제, 사회연대 경제와 관련된 정책을 입안할 때는 더긴 안목으로 살펴볼 필요가 있다.

꿈은 우주적으로
실천은 동네에서
– 윙윙

청년이 꿈을 꾸는 지역

'당신의 꿈은 무엇인가?' 2023년 정년 퇴임을 한 나에게 종종 스스로 묻는 질문이다. 개인이나 조직이나 모두 꿈을 꾸는 만큼 성장하고 성숙한다고 믿기에 삶을 돌아보는 차원에서다. 아울러 '청년이 미래'라는 슬로건에는 여러 의미가 있지만 가장 핵심적인 내용은 '청년이 가진 꿈' 때문일 것이다. 그리고 청년이 꾸는 꿈은 개인의 소망이자 그 사회의 미래를 가름하는 잣대가 되므로 소중하다. 나아가 그 꿈은 청년 개인과 사회를 움직이는 엔진이 된다. 반대로 청년들이 꿈을 꾸지 않는 사회는 미래가 없는 죽은 사회가 된다.

대전에서 만난 사회적기업 ㈜윙윙의 이태호 대표는 꿈이 큰 청년이다. 그 큰 꿈은 대전의 한 지역아동센터 활동에서 시작했다.

이태호 대표는 대학생 시절인 2011년, 자원봉사 활동으로 대전 곳

초기 자원봉사 활동으로 했던 도배와 벽화 그리기

곳의 열악한 지역아동센터 내부를 도배하고 벽화 그리는 활동을 했다. 자원봉사 활동으로 팀원들과 쌓은 실력을 가지고 이번에는 동네 골목길로 향했다. 어릴 때부터 살던 대전시 유성구 구암동 동네에 벽화를 그린 것이다. 아름다운 자연환경과 달리 무채색이던 동네의 회색 콘크리트 담들에 벽화를 그렸다.

벽화 그리는 일에는 청년들만 아니라 동네 어르신들도 참여했다. 청년들은 어르신들의 삶을 벽화에 만들어 담고, 어르신들은 청년들에게 점심과 간식을 기꺼이 내주었다. 더구나 그리는 동안 어르신들은 기분이 좋았는지 흥얼거리고 춤도 추었다. 이렇게 동네의 주거 환경을 개선하면서 지역사회에 변화를 만들고 청년들이 성장하는 모습을 관찰하며, 변화된 환경을 보며 성취감을 느꼈다.

청년들에게 판을 깔아주자

한편 대전에는 2010년부터 '가치 있는 지식을 널리 알리자'는 비전을 모토로 TED×Daejeon 활동을 하는 비영리 민간단체 문

TEDxDaejeon

화가치원이 다양한 활동을 하고 있었는데, 그중 하나가 코워킹스페이스 벌집(벌들의 협동을 본받자는 의미)의 운영이었다. 이태호 대표는 벌집에 합류하여 TEDxDaejeon 활동과 정책 제안 콘퍼런스를 통해 '대전 청년기본조례'를 제안했다. 이 조례는 시의원의 발의를 통해 제정하게 된다.

이후 커뮤니티비즈니스 창업 활동을 이어가고 유지하기 위해 이태호 대표를 비롯한 청년 6명이 보증금 1,500만 원, 월세 60만 원인 공간에서 함께 살기로 했다. 보증금은 선배들이 연 2.5% 저리로 빌려주었고, 월세와 에어컨 등 공간 내부 시설은 6명이 매월 20만 원씩 분담하여 부담했다.

2015년이 되자 커뮤니티 벌집에 있던 청년들은 자신들의 경제적 미

마을 축제

래를 고민하다가 각자 서점, 교육, 영상, 식당, 셰어하우스 등을 사업 아이템으로 창업했다. 창업한 지역이 현재 ㈜윙윙 사무실이 있는 유성 구 어은동인데 이곳을 비파크(Bee Park)라고 불렀다. 어은동은 충남대 학교와 카이스트 사이에 있는데, 마을 앞으로 개천과 공원이 있고 뒤 로는 약 1만 2,000명이 사는 아파트 단지가 있어 상권으로는 불리하지 않으나 오래된 지역으로, 인근에 새로운 상권이 형성되면서 쇠락하고 있었다.

　어려운 지역에서 청년들이 창업한다고 하니 기존 주민과 상인들이 협조적이었다. 2015년부터 주민들과 축제도 하고 운동회도 하면서 가 까워지고 신뢰도 쌓아갔다. 그리고 지역 상인들을 알리는 다양한 소개 자료를 만들고 홍보 활동도 이어갔다. 성급하게 사업적 성과를 내기보다는 원주민과 이주 청년들 간의 상호 신뢰를 통해 관계를 탄탄하게 하기 위한 활동들이었다.

청년, 지역 주민, 자영업자들이 어울려 소통하고 연결하는 동네

2017년 ㈜윙윙을 창업하고 사업 중 하나로 카페를 운영하기 시작했다. 그리고 마침 다음 해에 뉴딜사업이 시작되었다. 대전의 도시재생사업은 대부분 대전역 원도심 주변에 집중되었는데, 2017년에는 선정 기준이 기존과 달리 주민들의 내부 거버넌스를 중요하게 평가했다. 몇 년 동안 지역 주민들과 협력하던 어은동이 지정되었고, 현장마다 설치하는 현장지원센터 관리 단체로 그동안 어은동에서 사업

어은동 도시재생 지역 건물

과 활동을 해온 ㈜윙윙이 선정되었다.

도시재생사업 예산 100억 원 중에 70억 원은 2층 건물(1층은 아동 공간과 주민 커뮤니티센터, 2층은 사무실과 셰어하우스) 건축 비용이고 23억 원은 거리 정비, 그리고 7억 원이 건축 기간 중 센터를 운영하는 직원 인건비, 주민 교육비, 공동체 활동비 등이었다.

어은동 지역의 도시재생사업이 완료되고 건물이 준공되는 시점에 주민들 중심으로 안녕마을관리사회적협동조합을 창립했다. 안녕마을은 주민들 스스로 지은 이름이다. 주민들이 자체적으로 운영하는 공간이 생기면서 주민들의 인식도 많이 달라졌다. 건물 관리와 공간 운영 등에서 주인의식, 주체성, 자발성이 생기고 행정부서와의 관계도 성숙해졌다. 청년들에게도 큰 도움이 됐다. 도시재생을 스스로 해냈다는 자존감, 창업팀 유치의 자신감, 그리고 벌집 커뮤니티의 가능성 등이

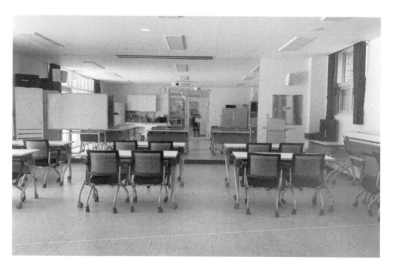

어은동 주민 소통 공간

1,000명이 건물주인 1차 매입 건물　　　외부 도움 없는 자산화 사업의 2차 매입 건물

보이기 시작했다.

　청년들은 '어은동 지역의 커뮤니티를 어떻게 유지 또는 회복할 것인가?'를 논의하고, 창업팀을 모아서 공간을 공유하고 이용할 절차와 운영 방안 등을 논의하기 시작했다. 이런 논의를 하면서 ㈜윙윙을 중심으로 어은동의 청년들은 자체 자산, 건물 소유를 추진하기 시작했다.

　예비사회적기업을 거쳐 본 사회적기업이 된 ㈜윙윙은 어은동 도시재생 현장 센터를 성공적으로 운영한 경험을 바탕으로 현재는 세종시 두 지역 현장 센터와 전체 도시재생센터까지 위탁받아 운영하게 되었다. 그리고 2020년 8월에는 자체 건물을 소유하기로 결정했다. 비싼 월세, 관리비 등을 감안하면 건물을 사서 관련 조직들을 유치하는 것이 오히려 경제성이 있다는 판단이었다.

사회적 금융을 주로 하는 비플러스를 통한 크라우드 펀딩으로 2억 4,000만 원, 입주업체 보증금과 자기자본 등 2억 원 그리고 지역 신협 5억 4,000만 원 대출 등 총 9억 8,000만 원으로, 건물 매입비 7억 8,000만 원, 리모델링 비용 2억 원 등을 조달한 것이다. 건물 1층은 카페로 운영하고 있다. 2층은 ㈜윙윙의 사무실로 사용하고 있고, 3층에는 사회적경제 중간지원조직인 세상만사사회적협동조합이 있다가 다른 곳으로 이사했는데, 카이스트 출신 로봇 스타트업이 입주할 예정이다.

이런 공간 사업은 점차 성장하여 매입, 장기 임대, 공공 위탁 등을 통해 2024년 4월 현재 6개 건물에 20여 공간, 15개 팀이 입주해 있다. 2개 건물은 직접 매입했고 3개는 장기 임대이며, 1개는 공공시설로서 위탁 관리하는 건물을 연계했다.

1,000명이 함께 건물주가 되면 어떨까요?

㈜윙윙이 2022년 8월 건물을 매입한 방식은 신선하다. 1호 자산화 건물과 토지를 부동산신탁회사에 신탁을 의뢰하고 신탁사가 발행한 수익증권을 부동산증권거래소 플랫폼에 상장해서 투자받는 방식인데 전국에서 약 1,000명이 참여했다. 지역에서 200명이 300만 원씩 투자해서 6억 원, 플랫폼을 통해 700명이 평균 30만 원 남짓 투자해서 2억 1,000만 원, 그리고 ㈜윙윙이 1억 원 투자 등 9억 1,000만 원으로 수익증권을 판매했고, 판매 대금으로 동네에서 두 번째 건물을 매입했다. 2024년 건물 리모델링 공사를 마쳤는데, 건물 1층에는 안녕마

을관리사회적협동조합 이사장이 운영하는 어은동 맛집 한식당이 들어왔고, 2층, 3층에는 창업 공간과 창업 주택이 입주할 계획이다.

서울의 성수동 같은 곳이 하나의 높은 건물을 공유하면서 관계 기업, 조직들이 참여하는 수직적 방식이라면 어은동은 수평적 공유 방식이다. 어은동에 분산되어 있으면서 셰어하우스, 카페, 교육장, 전시 공간, 창업 공간 등을 함께 이용하는 방식인 것이다.

꿈은 이루어진다

공간과 도시에 대한 이태호 대표의 꿈은 4단계다. 이제 1단계인 6개 건물, 18개 창업팀이 어느 정도 자리를 잡아가고 있다. 이것을 창업팀과 공간으로 구성된 '커뮤니티 비즈니스 거리'라고 부르고자 한다. 2단계는 30개 건물을 연결하는 규모를 생각한다. 그리고 대전의 특색을 살려 다양한 지식 및 로컬 콘텐츠를 다루는 커뮤니티, 공간, 창업팀을 인큐베이팅하는 것이 목표다.

3단계는 50개 건물을 연결하는 것이다. 건물 매입뿐만 아니라 건물 관리가 어려운 동네 어르신들을 대상으로 한 장기 임대와 시니어 주택 제공, 임대주택 유치 등 다양한 방식으로 동네 시행사를 자처한다. 이른바 지역을 점, 선이 아니라 면(面) 단위로 기획하는 '에어리어 매니지먼트' 회사로서, 공간·커뮤니티·지식 콘텐츠를 기반으로 과학기술 실증도시의 역할을 하는 것이라고 한다. 대전에는 대덕, 유성을 바탕으로 엄청난 과학 지식인들이 있는데 과학 콘텐츠 관련 유튜버 순위권에 대전 출신은 드물다. 사람은 있는데 콘텐츠 파워, 브랜딩이 약한 것이다.

개소를 준비하고 있는 공유 사무 공간

로봇을 이용한 제작   작은 책방 등을 함께 사용하는 공간

대전의 강점인 과학기술 지식인과 청년 창업을 연결해야 하는데 이는 인문, 사회의 역할이다.

    마지막 4단계는 경제와 환경을 고려하는 자체적인 순환공동체를 유성 외곽 전원 지역에 조성하는 것이다. 경제와 환경이 서로 대립적인 관계가 아니라 오히려 시너지를 발휘할 수 있다는 것을 보여주고자 한다.

선배, 지역 주민, 청년들이 함께 꿈꾸는 대전

㈜윙윙은 사업체로는 2017년에 시작했지만 그 기반은 2010년, 2011년에 시작됐다. 그리고 이태호 대표와 청년들이 중심이지만 그 과정에는 대전 지역에서 지역사회운동을 하는 선배들의 유산, 자치단체와의 협력, 그리고 무엇보다 어은동 주민들의 지지가 큰 역할을 했다.

시간은 어느덧 10년을 훌쩍 넘어 함께 활동한 청년들도 이제 30대 중반에 들어섰다. 중요한 과제는 지속가능성이다. 지속가능성은 생태 환경적 측면에서만 중요한 것이 아니다. 그곳에서 사람이 일하기 때문에 경제적 지속가능성, 그리고 사회적 지속가능성도 중요하다. 이를 위해서는 각 사업의 전문성과 사회 전체를 보는 통찰력을 가진 리더들이 필요하다. 청년들의 도전정신 그 이상이 필요한 것이다. 아니, 계속 참여하는 청년 세대의 청년 정신은 유지되어야 하고 청년에서 중년으로 넘어서는 리더들의 역할이 더해져야 할 때다. 이태호 대표를 비롯한 이사들의 리더십에 희망을 가져본다.

6장

제조와 유통을 통한 사회적경제의 활성화

─────── 협동조합은 일종의 패러다임 전환이다. 생산 수단을 자본이 소유하고 노동자는 임노동을 하고 소비자는 거기서 생산된 제품 또는 서비스를 소비하는 방식이 자본주의의 일반적인 시스템이라면 협동조합은 생산 수단을 자본에 맡기지 않고 소비자, 노동자, 자영업자, 농민 등이 소유하는 방식인 것이다. 그래서 자본주의 시스템에서는 경제, 사업이 생산 수단을 소유하고 있는 투자자들의 이윤을 위해 움직인다면 협동조합에서는 소비자, 노동자, 자영업자, 농민들의 필요, 니즈에 의해 움직인다. 사회적경제와 협동조합이 완전히 일치하지는 않지만 돈 중심의 경제가 아니라 사람 중심의 경제라는 근본적인 방향에서는 궤를 같이한다.

이렇게 패러다임 전환이라면 각 분야에서 사회적경제, 협동조합이 골고루 발달하는 것이 바람직할 것이다. 그런데 우리 사회의 사회적경제, 협동조합은 제조 분야가 약하다. 정부가 2020년 발표한 협동조합의 업종별 실태를 보면 도매 및 소매업(20%), 교육 서비스업(15%), 예술 스포츠 및 여가 관련 서비스업(9.2%), 농림어업(9.0%), 제조업(8.1%) 등으로 제조업 비중이 낮다. 그리고 도매와 소매업은 20%가 있으나 대부분 일반 상품을 취급하는 매장으로 사회적경제기업의 제품을 전문적으로 유통하는 곳은 거의 없는 실정이다. 그러므로 여기서는 제조와 유통 분야에서 비교적 견실하게 사업하는 곳을 방문하여 소개했다.

사회적기업 ㈜멘퍼스는 광주광역시에서 사무 가구를 제조, 판매하는 회사다. 2010년부터 사업한 개인사업자 회사를 2015년 법인으로 전환하고 2016년 일자리 창출형 사회적기업 인증을 받았다. 노동자들의 일자리를 유지하는 것을 중요한 가치로 삼고 있다. 코로나19 시절에도 노동 시간을 8시간에서 6시간으로 줄여서 아무도 해고하지 않고 함께 일했다. 고용만 아니라 환경 문제에도 적극적으로 대응하여 업무용 법인 차량 중 절반인 4대를 전기차로 운행하고 있고 공장 지붕에는 493KWP 규모의 태양광발전소를 설치하여 RE100도 실천하고 있다. 그리고 대학과 연계하여 재활 치료에 사용하는 짐볼형 의자를 개발하고 해외 수출도 하고 있다.

㈜오산양조는 경기도 오산시에서 사업하는 기업으로 마을기업 인증을 받았다. 오산시에 있는 전통시장인 오색시장에서 오랫동안 식자재 도매상을 하던 오산식품을 리모델링했다. 오색시장이 쇠락하여 주거 환경 개선 지역으로 선정되어 도시재생을 진행했다. 리모델링을 하면서 마을기업을 추진했는데 아이템은 전통주였다. '오산막걸리'를 첫 제품으로 출시하고 반응이 괜찮아 다음에는 '하얀까마귀'라는 이름으로 출시했다. 이후 막걸리 외에 증류주도 생산하고 요리할 때 사용하는 요리술도 생산한다.

단순히 자신들의 제품만 생산하는 것이 아니라 오색시장 활성화를 위해 2022년부터 시장 가운데서 '플레이 술라운드'라는 축제를 개최한다. 오산시만 아니라 타 지역에서 자신들이 생산하는 전통주를 가지고 참여하는 지역 축제다.

광주광역시에서는 평범한 주부들이 19년째 재봉틀과 손바느질 등을 이용하여 부엉이 열쇠고리, 필통, 지갑, 태블릿 파우치 등을 생산하고 판매한다. 2006년 처음 가정집에서 다섯 명이 시작할 때는 아이들 방과 후 교실을 운영하면서 소일거리로 바느질을 배우면서 했다. 2012년 아이들이 초등학교를 졸업하면서 다섯 사람이 돈을 조금씩 내서 사무실을 구했고 2014년에는 '예쁜손공예협동조합'을 창립했다. 그리고 2015년 광주광역시로부터 예비마을기업 지정을 받았고 2023년에는 우수 마을기업으로 선정되었다. 지금은 생산, 판매, 교육 등 세 가지 사업을 한다. 앞에서 나열한 제품들을 직접 생산하고, 생산한 제품을 매장과 온라인에서 판매하고 있다. 교육 사업은 학교나 주민자치센터에 찾아가서 하는 교육이 많고 때로는 조합 자체 교육장에서 하기도 한다.

경남 하동 섬진강 강변에 있는 '㈜복을만드는사람들(복만사)'은 김밥을 해외로 수출하는 기업이다. 김밥을 일본의 'Sushi'가 아닌 'Kimbap'이라고 표기한다. 취약계층 고용, 친환경 국내산 농산물 사용 등 이중의 사회적 가치를 실현하고 있다. 복만사의 대표는 지금의 사회적기업을 할 때까지 고깃집, 치즈스틱 제조사, 프랜차이즈 사업, 코로나19 등 여러 번의 사업 실패를 겪으면서도 오뚜기처럼 일어섰다. 그리고 수없이 많은 실험과 시도를 통해 터지지 않는 냉동 김밥을 성공시켰고, 해동 속도를 빠르게 하는 김밥 용기를 특허받았다. 더구나 요즘 젊은 층에게 호응이 좋은 비건용 김밥을 제조, 판매하고 있다. 2024년 매출액이 85억 원이고 2025년에는 200억 원 매출을 목표로 하고 있다.

전주를 대표하는 음식 중의 하나는 전주비빔밥이다. 이를 응용해서 만든 빵이 '천년누리 전주빵'이고 이를 제조하는 곳이 사회적기업 '㈜천년누리'다. 빵에 소로 들어가는 재료가 전주비빔밥에 들어가는 재료와 거의 같다. 상하기 쉬운 재료들만 뺐다. 노인 일자리 사업을 하는 사회복지법인 나누는사람들이 시작한 사업인데 경영에 어려움을 겪자 지금의 대표가 모두 인수했다.

인수 후에는 미션을 하나 더 늘렸다. '우리 밀 살리기'다. 노동자의 일자리가 중요한 것도 맞지만 기후위기 시대에 환경에 대한 영향력 역시 최소화하면서 사업을 해야 한다는 사명감을 가지고 있다. 가격 부담과 수익률 악화의 위험이 있지만 국내산 원부 재료의 사용을 꼭 지키려고 한다. 그런 노력이 인정받아서인지 이제는 꽤 알려져 공장을 확대하기 위해 준비하고 있다.

사회적경제기업이 만든 제품을 전문으로 유통하는 곳은 없을까? 몇 곳이 있으나 대부분 공공 조달을 하는 곳이다. 사회적경제기업의 제품을 일반 소비자들에게 판매하는 유통기업은 사회적기업 ㈜소박한풍경이 거의 유일하다. 소박한풍경은 농촌개발기업 ㈜이장의 미디어사업부에서 시작해 독립법인을 만든 곳이다. 처음에는 마을의 정체성 개념 정리, 자원 연계 방법, 주민 소통, 마을 홈페이지와 안내판 등의 기획과 디자인에서 시작하여 일부 시공까지 했다. 하지만 결국 농촌 마을에 있는 농업 관련 회사, 사회적경제기업들이 생산한 제품이 팔리지 않으면 소용없다는 판단으로 제품 개발, 생산, 판매 유통까지 확장하여 지금에 이르렀다. '강원곳간'이라는 지역 브랜드도 만들고 온라인 유통을 책임지는 강원곳간사회적협동조합 창립에도 눈에 보이지 않게 기여했다. 이제 오프라인의 유통을 강화하고 소셜벤더 육성과 매장 3곳 운영, 지역 시그니처 상품 개발과 생산에 힘을 기울이고 있다.

큰 자본을 가지고 자동화를 통해 대량 생산하고 그것을 전국적인 유통망을 통해 소비자들에게 전달하는 방식은 협동조합, 사회적경제가 접근하기 어렵다. 하지만 원부 재료나 디자인에서 지역적 특성을 가지고, 자동화가 어렵고 적은 자본으로도 할 수 있는 아이템에서는 사회적경제가 경쟁력이 있을 것이다. 특히 지역 주민들이 필요로 하는 상품에 더 잘 대응할 수 있는 기업이 협동조합, 사회적경제기업이다. 규모가 작기 때문에 자본기업의 관심이 적을 것이다. 이후로도 계속 블루오션, 틈새시장을 찾아야 한다.

제조업에서 자본기업과 경쟁하는 사회적기업 – 멘퍼스

삼성전자, 개인사업을 거쳐 사회적기업으로

"대학 졸업 후 5년 동안 삼성전자에서 핸드폰을 개발하는 엔지니어로 일했습니다. 이후 삼성전자에서 나와 15년 동안 삼성전자의 휴대폰 개발을 대행하는 벤처회사를 운영했습니다. 개발비를 받고 개발에 착수하고 수요가 많았기 때문에 사실 사업의 어려움은 거의 없었다고 봐야죠. 그런데 삼성이 스마트폰 체제로 넘어가면서 외부에 주던 개발 용역을 모두 자체 개발로 바꿨습니다. 사실 난감했죠. 고민하다가 사무 가구 사업에 참여했습니다. 아버지가 2010년부터 하시던 개인사업을 동생이 하고 있었는데, 가족회의 결과 제가 하는 것이 좋겠다고 해서 맡게 되었습니다."

광주광역시에서 사회적기업 ㈜멘퍼스를 경영하는 조석 대표의 말이다.

㈜멘퍼스 공장 내부

  사회적경제기업 중에 제조업을 하는 기업은 흔치 않은데 사회적기업 ㈜멘퍼스는 사무 가구를 생산, 판매하는 기업이다. 2015년에는 회사를 법인으로 전환하고 2016년, 예비를 거치지 않고 바로 일자리 창출형 사회적기업 인증을 받았다. 2023년 말 직원은 27명(취약계층 12명)이고 매출은 62억 원, 자본금은 8억 원이다. 동종 업계가 직원 1인당 약 3억 원의 매출을 올리는 데 비해 ㈜멘퍼스는 1인당 2억 3,000만 원으로 낮은 편이다. 경쟁력이 떨어진다고 해석할 수도 있지만 역으로 그만큼 고용을 많이 하는 방식으로 사업하고 있다.

노동자들의 안정된 일자리를 위해

  조 대표는 노동자들의 안정된 일자리 제공을 사회적경제기업을 하는 중요한 목적으로 삼고 있다. 그리고 새로 고용하는 것도 중요하지만 지속적으로 유지하는 것에 더 큰 가치를 두고 있다. 2016년 사회적기업을 신청할 때에는 단순히 정부의 지원을 받을 수 있다고 해서 시작했다. 그러나 사회적기업으로 운영하면서 사회적 가치의 중요성을 배우고 여러 변화를 가져왔다.

예를 들어 코로나19 때 일감이 줄었지만 직원 수와 월급을 전혀 줄이지 않았다. 일감이 줄었는데 직원 수는 그대로이니 단축 근무를 했다. 하루 6시간 정도로 줄이면서 직원 수와 급여를 계속 가지고 가서 어려웠는데, 다행히 정부에서 고용 유지 지원금이 나와서 큰 어려움 없이 경영할 수 있었다.

기후위기, 환경 문제에도 적극적으로

멘퍼스는 기후위기 극복을 위해 ESG, RE100을 적극적으로 실천하고 있으며, 사회적 가치 실현은 취약계층 고용과 기부를 통해서 하고 있다. 현재 사회적기업 인증에서 취약계층 고용형은 취업

지붕 위에 설치되어 있는 태양광발전

당시 취약계층이었으면 계속 인정받는 것으로 완화되어 있다. 인증 요건은 취약계층을 30% 이상 고용하는 것인데 ㈜멘퍼스는 약 40%를 고용하고 있다. 기부는 장애인 단체 등에 가구를 무상 제공하는 방법으로 하고 있고 직원들과 재능 기부 등을 한다. 한편 환경 문제에도 신경을 많이 써서 법인에서 사용하는 차량 가운데 절반인 4대를 모두 전기차로 구입하여 운행하고 있다.

회사의 경쟁력을 위해 세계적인 인증도 여러 개 확보했다. 특히 수출을 위해서는 유럽과 같은 선진국들이 요구하는 인증들이 있는데 대표적인 것이 ISO와 RE100이다. 국제표준화기구가 주는 품질 인증 ISO9001, 환경 인증 ISO14001, 안전과 보건 인증 ISO45001 등도 받았다. 그리고 기업에서 사용하는 에너지를 모두 재생에너지로 해야 하는 RE100을 위해 6억 5,000만 원을 들여서 공장 옥상에 태양광발전 설비를 했다. 규모는 전체 493kW로 공장 전체에서 쓰는 전기의 1.8배 규모인데, 모두 한전에 판매하고 있다.

수출과 관련하여 사회적 가치를 묻는 바이어가 있었다. 수출 상담을 하면서 ㈜멘퍼스가 사회적 가치를 실현하는 사회적기업이라고 하니 덴마크 바이어가 '구체적으로 어떤 사회적 가치를 실현하고 있느냐?'고 물었다. 이에 대해 취약계층을 고용하고 있는 기업이라고 답했다. 바이어는 바로 이해하고 계약이 성사됐다.

직원의 복지를 위한 정책

직원들의 복지를 위한 회사의 정책으로는 기숙사 무료

1층은 식당, 2층은 기숙사   짐볼형 의자인 아리짐

제공, 내일채움공제, 우리사주 등이 있다. 우리사주는 1억 8,000만 원 상당의 회사 주식을 우리사주조합을 통하여 임직원들과 나눌 계획이다. 내일채움공제는 원하는 직원들만 한다. 직원이 월 12만 원, 회사가 월 24만 원 등 총 36만 원 적금을 넣으면 은행에서 복리로 계산해준다. 3년에 약 2,000만 원 정도를 모을 수 있어 직원들이 그 기간에 안정적으로 일하는 데 상당한 도움이 되고 있다.

아울러 원하는 직원들은 회사에서 마련한 기숙사에서 생활할 수 있고 숙박은 모두 무료로 제공한다. 그런데 기숙사가 회사 안에 있다 보니 기숙사에 들어가는 비용에 대해 세제 혜택이 없다. 정부는 영수증을 발행하는 기숙사 비용에 대해서만 세금 감면 혜택을 주는데 중소기업으로 그렇게 운영하는 것이 어렵다. 기숙사를 회사 밖에서 별도 법인으로 운영하면서 거래 영수증을 발행하는 대기업들만이 세제 혜택을 받는데, 이에 대해서는 시정이 필요해 보인다.

조 대표는 ㈜멘퍼스 직원들을 안정적으로 고용하기 위해서는 아직

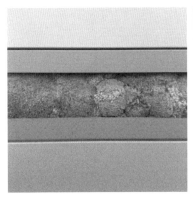

파티션 위에 이끼를 넣은 모델
(이끼가 실내 습도를 조절함)

벌집 모양의 조립형 장식
(원예복지협동조합과 협업)

성장해야 한다고 생각하고 있다. 그리고 멘퍼스가 성장하기 위해서는 사무용 가구뿐만 아니라 피트니스 기구, 가정용 가구 등으로 사업을 넓히고 수출을 통해 시장을 확대해야 한다고 생각한다.

대표적인 것이 의자인데 운동을 겸할 수 있는 짐볼형 의자를 만들었다. 호남대 재활치료학과 이현민 교수와 함께 3년에 걸쳐 개발했는데 노약자들이 앉아서 운동할 수 있는 짐볼을 의자로 개발했다. 그리고 짐볼에 앉아서 간단하게 운동과 게임을 할 수 있는 동작 40여 개를 개발했다.

짐볼 자체가 화학 제품으로 만들어서 아무리 친환경 소재를 사용한다 해도 화학물질이 전혀 안 나올 수가 없다. 그래서 짐볼에 커버를 씌워서 사람이 짐볼을 사용해도 화학물질에 노출되지 않게 했다. 2022년부터 독일에 수출하고 있고 이후 다른 나라에도 수출할 계획이다.

운영상의 어려움과 아쉬움

㈜멘퍼스를 운영하면서 어떤 어려움이 있는지 문자 조 대표는 다음과 같이 답했다. 나라장터를 통해 공공기관에 입찰을 들어가는데 중소기업으로서의 어려움이 해결되었으면 한다는 것이다. 나라장터에 등록된 관련 업종 업체가 170여 곳 있는데 상위 10%의 큰 기업들이 대부분의 입찰을 수주한다. 장애인, 여성, 사회적경제기업 등의 가점으로는 입찰 가격 1억 원 규모를 넘지 못하는데 우수 조달의 경우 금액에 관계없이 입찰을 받을 수 있다.

그런데 이 우수 조달이라는 자격은 제품의 특허권과 연결되어 있는데 가구의 경우 특허권 대부분이 가구 자체가 아니라 가구에 들어가는 부속품에 있고, 이 부속품의 특허권은 대기업이 가지고 있다. 그리고 특허권을 가진 기업은 이를 매출이 많은 기업들이 이용할 수 있게 한다. 그러다 보니 특허가 있는 부속품을 같이 쓰더라도 특허권은 매출이 많은 대기업만 사용하게 되어 우수 조달 혜택을 대기업만 받게 된다. 결과적으로 중소기업에 불이익을 주는 입찰 제도가 바뀌어야 한다는 것이다.

사회적경제기업,
사회적경제의 활성화를 위해

사회적경제기업, 사회적경제의 활성화를 위해서도 보완해야 할 것이 있다고 했다. 첫째, 사회적기업 인증이 기업에 대한 인증

현장 작업

과 지원인데 그 속에서 일하는 직원과 임원에 대한 지원도 있어야 한다
는 것이다. 예를 들어 ㈜멘퍼스는 직원들의 장기근속을 위해 내일채움
공제를 하는데 지금은 직원 개인과 회사만 기여하고 있다. 여기에 정
부가 취약계층에 대해서는 일정 금액을 지원해주면 좋겠다는 생각이
다. 즉 청년내일채움공제와 강원도일자리안심공제와 같이 정부도 기
여하는 방법을 취약계층 고용에도 적용했으면 하는 것이다.

둘째, LH(한국토지주택공사)가 가지고 있는 빈집을 활용하여 주거 부
담을 줄여주었으면 한다. 빈집의 보증금을 회사가 내고 직원은 월세
를 저렴하게 내고 생활하는 것이다. 셋째, 취약계층이 병역특례로 군
에 가는 대신 기업에 대체 복무하는 정책의 보완이다. 해당 직원이 결
혼하게 되면 부양가족이 증가하므로 취약계층의 구분을 가구당이 아
닌 1인당 소득으로 하여 병역특례를 계속 인정해주어야 한다고 지적
한다.

마지막으로 개발비에 대한 규모와 용도다. 지방자치단체마다 조금

씩 다르겠지만 광주는 제품 개발비가 1억 원은커녕 5,000만 원을 넘는 것도 거의 불가능하다. 그런데 제조업의 경우 제품 개발을 하다 보면 1억 원은 물론 2~3억 원을 넘기는 경우가 많다. 이런 경우 지원이 안 된다. 개발비 금액은 늘리고 개발한 제품은 사회적기업 몇 곳이 함께 사용할 수 있게 하는 등 변화가 필요하다.

민관 거버넌스에 앞서 민민 협력, 협동을

조석 대표는 현재 광주사회적기업협의회 회장으로 봉사하고 있다. 기업의 규모나 경력으로 봐서는 자기가 해야 할 수준은 아니라고 한다. 광주에는 ㈜멘퍼스보다 오래되고 더 규모가 크고 안정적인 사회적경제기업체가 많기 때문이다. 그런데 규모가 큰 선배 기업 대표들이 맡으려 하지 않아서 자신이 맡았다는 것이다.

이에 대해 조 대표는 큰 기업 대표들이 회장을 맡지 않으려고 하는 것은 '같은 업종끼리만이 아니라 다른 업종과도 협력하면 시너지가 나는데 이에 대한 경험과 가치, 철학이 부족하기 때문인 듯하다'고 했다. 민과 관의 거버넌스 협력도 중요하지만, 민과 민의 협력과 협동도 그 이상으로 중요하다는 조 대표의 지적은 여타 사회적경제기업, 조직에도 시사하는 바가 크다.

수도권의 마을기업
– 오산양조

수도권에도 살맛 나는 마을은 필요하다

수도권에 있는 도시에서 마을기업을 운영한다는 것은 어떤 의미일까? 보통 마을기업은 농촌에서 자기 마을이 생산하는 농산물을 재료로 하여 식품을 가공, 판매하는 농촌형 마을기업과, 도시에서 동네 주민을 대상으로 카페를 운영하는 도시형 마을기업으로 분류할 수 있다.

농촌형은 집집마다 조금씩 생산하는 농산물을 재료로 식품 가공을 하면서 어르신들에게 일자리를 제공하는 경우가 많다. 도시형은 카페 운영이 많은데 카페의 경제성은 적지만 동네 사랑방 같은 역할을 하면서 주민 자치와 연결되는 사례가 일반적이다. 그런데 마을기업 ㈜오산양조(이하 '오산양조', 대표 김유훈)는 오산시 시내에 있는 전통시장인 '오색시장' 한가운데서 전통주를 만들고 판매한다.

마을기업 ㈜오산양조 양조장

　　현재 오산양조가 있는 자리는 김유훈 대표의 할아버지 때부터 3대
에 걸쳐 약 50년 동안 오색시장의 터줏대감으로 사업하던 곳이다. 처
음에는 '오산식품'이라는 식자재 도매상을 했는데 연 매출이 40억 원
정도로 꽤 큰 규모였고 시장 중심에 자리하고 있었다. 사실 김 대표의
자녀들도 다 성장했으니 4대가 산 곳이라 할 수 있다. 이렇게 오랜 세
월 동안 가업으로 한 사업을 접는 것이 쉽지는 않았다.

　　한때 잘나가던 시장이 어려워지기 시작한 시점은 약 10년 전이다.
전통시장의 일반적인 모습인 좁은 골목을 차들이 다닐 수 있게 확장하
지 못하자 소비자의 발길이 뜸해졌고, 상권이 근처 다른 시장과 현대화
된 대형 마트 등으로 넘어가기 시작한 것이다.

오산시 오색시장의 도시재생

　　쇠락하고 있는 오색시장에 기회가 왔다. 박근혜 정부 때
인 2013년, 주거환경 개선 사업이 시작되면서 오색시장과 시장 안에
있는 오산식품을 비롯한 여러 가게도 사업 대상이 되었다. 선대의 가

㈜오산양조 교육장   교육장에서 설명하는 김유훈 대표

업을 접는 데 가장 어려웠던 일은 어머니를 설득하는 일이었다. (이런 어머니를 위해 오산식품 가게를 오산양조 교육장으로 리모델링할 때, 바닥이 탔던 흔적을 없애지 않았다. 화재가 났는데도 재기했던 과거를 오롯이 기억하기 위해서다.) 어머니를 오랫동안 설득하면서 '오산식품이 시장의 재기에 걸림돌이 되어서는 안 된다', '50년 동안 오산의 시민들에게 사랑을 받아서 사업할 수 있었는데 이제는 그 사랑을 돌려줘야 한다'는 이야기로 양해를 받았다. 어머니의 동의를 얻어서 2016년 5월 오산식품을 폐업했다.

처음부터 양조장을 생각했던 것은 아니다. 오산의 예술가들을 위해 창작예술촌을 하자는 것이 오산시 관계자들과 협의한 초기 계획이었다. 그런데 도중에 오산시 입장이 바뀌면서 무엇을 할지 혼란에 빠졌다.

고민 중에 김 대표를 찾아온 사람이 오서윤 현 오산양조 이사였다. 전통주 제조 사업을 하고 싶으니 함께하자는 제안이었다. 오 이사는 단순히 전통술을 다시 만들자는 것이 아니었다. 문화, 교육과 연계한 사업을 제안했다. 제안을 검토해보니 마을 활성화가 충분히 가능하겠다는 판단이 섰다. 이후 오산시와 상담했고 사업계획서를 제출했다.

그리고 이 시기에 마을기업에 대해 알게 되었다.

마을기업을 위해 법인을 세우다

오 이사도 마을기업을 하는 것에 동의했다. 돈을 벌기보다 일을 하고 싶어 했다. 기존 오산식품 창고를 술 만드는 공간으로 만들고, 다양한 식자재 등을 판매했던 곳을 교육장으로 리모델링했다. 먼저 양조장으로 전환하고 당분간 사업의 유지, 운영을 위해 1억 2,000만 원 정도가 필요했다. 사업은 중요한 결정을 신속하게 내려야 하므로 주식회사 형태가 더 좋겠다고 판단해 주식회사로 창립했다.

지역에 있는 친구, 지인 등 6명이 1인당 2,000만 원씩 출자하면 1억 2,000만 원이 되겠다 싶었다. '마을에서 좋은 일을 해보자', '퇴직한 후에 일자리를 미리 만드는 것이다', '오색시장의 상권을 살려보자' 등으로 설득하여 출발했다. 2010년에는 시의 권고로 출자자를 10명으로 늘렸다. 새로운 투자는 아니고 김 대표의 주식을 파는 방식이었다. 이런 과정을 거쳐 2023년 12월 기준으로 주주는 10명, 주식 금액은 1억 5,000만 원, 직원 5명, 매출 4억 800만 원이다.

양조장에서 처음으로 생산한 상품은 지역에서 생산한 쌀로 만든 '오산막걸리'였다. 막걸리 이름에 오산을 넣는 것에 논란이 있었다. 지역성을 강조하는 것도 좋지만 '오산이라는 지역성에 갇혀서 시장이 너무 좁아지지 않겠느냐'는 우려였다. 하지만 마을기업을 하는 의미를 살리기 위해 첫 상품은 오산막걸리로 했다.

두 번째 상품 이름은 '하얀까마귀'라고 정했다. 오산시의 오는 '까마

수제막걸리

오산대표 막걸리
오산
막걸리

오산대표 막걸리
오산
막걸리

숲에스미다

출시 상품 제1호 오산막걸리

출시 상품 제2호 하얀까마귀

하얀 까마귀 마스코트

귀 오(烏)'이므로 까마귀를 살리는데 '막걸리를 많이 마셔서 하얗게 된 까마귀'라는 의미를 담았다. 전통주시장의 느낌이 무겁고 어두운데 젊은 사람들에게 다가가기 위해서 약간 가볍게 접근하자는 주장을 반영한 것이다. 이후 오매(烏梅)백주, 독산 등을 출시했다. 독산은 발효주를 증류해서 만드는데 알코올 도수가 30도와 53도 두 종류다.

제품의 다양성 위해 요리술도 개발

오산양조에는 술 전문가가 없었다. 처음 술 사업을 제안한 오서윤 이사는 대학에서 교육학을 전공한 여성인데 술은 광화문 막걸리학교에서 1년 정도 배운 것이 전부였다. 하지만 그 술에 인문학을 녹이는 역할을 했다. 그리고 술 제조 능력을 높이기 위해, 사업 시작 전후로 퇴근 후에 서울 방배동에 있는 가양주연구소에 10개월 동안 다니면서 배웠다.

오 이사는 오산시나 사회적경제 기관에서 사업 공모를 하면 꼭 선정될 수 있게 사업계획서를 작성하고 면접을 준비했다. 그런 능력이 사업 초기에 큰 힘이 되었다.

대표적인 것이 농식품부와 aT센터가 전통주를 대상으로 관광상품과 연계하여 진행하는 '찾아가는 양조장'이었다. 전국의 전통주 제조장 가운데 지역의 관광산업과 6차산업 내용을 잘 운영할 수 있는 양조장들이 참여하도록 하여 선정하는 방식이었다. 2022년까지 50개를 선정했고 2023년에 4개가 추가되었다.

이들 선정된 업체 중에 오산양조가 가장 단시간에 찾아가는 양조장에 선정되는 쾌거를 이루었다. 사업 초기부터 찾아가는 양조장이 추구하는 사업 내용들을 이미 시행하고 있었던 점이 주효했다.

생산 제품을 다양화하기 위해 요리용 맛술(이하 '요리술')을 개발했다.

오산양조에서 제조, 판매하는 다양한 술과 요리술

현재 요리술시장은 특정 기업의 제품이 거의 독점하고 있는데, 이 요리술이 너무 달다는 지적이 있었다. 그렇지 않아도 한국 사회는 외식 음식이 전반적으로 단데 요리술까지 다니까 음식이 더 달아진다는 것이다. 그래서 요리술 대신 소주를 사용하는 경우가 많아서 이런 틈새를 뚫기로 했다.

제품의 이름은 '요리술'이다. 일반 명사를 상품에 사용해서 상표등록이 안 될 줄 알았는데 다행히 상표등록이 됐다. 요리술에 사용하는 설탕은 공정무역으로 들어온 유기농 설탕(PT쿱)을 사용하고 있다. 그리고 오산양조의 제품들이 두레생협에 입점하게 되었다. 자연스럽게 로컬페어트레이드, 사회적경제 간의 협동이 이루어지고 있다.

전통시장 활성화를 위해

마을기업 오산양조의 가장 큰 미션은 전통시장인 오색시장 동네를 활성화하는 것이다. 술을 제조하는 양조장보다 교육하고 소통하는 공간이 오히려 더 큰 이유다. 오산양조가 좋은 술을 만들고 그 술을 많이 팔아서 사업이 잘되는 것도 중요하다. 하지만 더 중요한 것은 오산양조가 있는 전통시장이 활성화되는 것이다. 사람들, 청년들이 즐기러 찾아오는 것이다. 와서 문화도 즐기고 예술도 체험하고 전통주도 한잔하며 경험하는 것이다.

이를 위해 다양한 문화 행사, 축제를 기획하고 진행한다. 이런 사업 방향의 하나로 2022년부터 '플레이 술라운드'라는 행사를 만들었다. 매월 마지막 토요일에 타 지역에서 전통주를 생산하는 업체를 한 곳

사회적경제를 설명하는 오서윤 이사 2023년 3월 진행한 축제

인문학 강좌(김탁환, 이동현 북토크)　　안동소주에 대한 설명　　(사진 제공 오산양조)

씩 초대하여 시음회를 열 수 있게 교육장 앞 공터를 제공한다. 그 앞에
서는 음악, 예술 공연도 한다. 2022년 8회 등 2024년 9월까지 20회 개
최했고 앞으로도 계속 진행할 예정이다. 전통주시장 전체가 커져야 할
시기이기에 개별 전통주들이 홍보할 수 있는 기회를 제공하는 것이다.

축제, 문화행사는 지역 주민들이 자발적으로 참여하고 더 나아가 주
체적으로 운영하도록 노력하고 있다. 축제가 열리면 지역의 다양한 기
관과 지역사회에 이바지할 뜻으로 모인 업체와 동호회 등 모두가 힘을
모아 협업의 형태로 행사 내용을 구성한다. 그야말로 지역의 다양한

구성원들이 힘을 모아 골목상권을 회복하고 활성화하는 상생의 장이
되는 것이다. 볼거리, 즐길거리에 먹거리까지 더해져 일상에서 문화로
접근할 수 있는 작은 행사들을 기획하는 자체 역량을 갖추고 있다는 점
에서 주목할 만하다.

오산양조가 잘되려면 무엇이 필요할까?

마을기업 ㈜오산양조가 꾸는 꿈이 이루어지기 위해서는
몇 가지 아쉬움이 있다. 첫째, 6차산업이라는 정책의 대상이 더 개방적
이면 좋겠다. 오산양조가 하는 사업은 지역 농산물 생산, 제조 그리고
서비스와 연결되어 있어 6차산업에 딱 맞는다. 그런데 장소가 농촌이
아니라 도시라는 이유로 그 정책의 혜택을 받지 못하고 있다. 농촌이
아니라도 사업 성격을 검토해서 6차산업으로 인정하는 것이 필요하다
는 지적이다.

둘째, 술을 만드는 주재료인 쌀이 술에 적합한 품종으로 개량되고

오산양조가 행인들을 위해 운영하는 개방 화장실

'찾아가는 양조장'으로 선정된 오산양조

도정도 더 적절하게 개발되면 좋겠다. 그래야 다양한 술이 나오고 술의 질이 높아진다. 셋째, 자치단체의 관련 공무원들이 TF팀을 구성해서 협력해주었으면 한다. 오산양조가 하는 사업에는 농업, 문화, 농식품, 일자리 등이 복합적으로 작용하는데 저마다 자기 과의 입장에서만 일하니 효율과 소통이 어렵다. 원활한 협력을 위해서 꼭 관련자들이 참여하는 TF가 있어야 한다.

김유훈 대표는 이제 몇 년 후면 육순이 된다. 지금 같이 일하는 직원 중에는 20대 후반, 30대 초반이 있다. 정확하게 김 대표의 자녀들과 같은 나이대다. 이 청년들이 오산양조에서 계속 일하면서 지역을 활성화하고 결혼하고 자녀를 낳아 키울 수 있게 하고 싶어 한다. 이를 위해서는 회사의 질적 성숙, 부가가치 제고, 업무의 시스템화 등이 필요하다.

그리고 이런 비전을 실행하려면 무엇보다 오랜 시간이 필요하므로 긴 호흡을 하면서 회사 직원들, 시장 주민들 그리고 이해관계자들 간의 신뢰 강화를 위해 노력하고자 한다. 이를 통해 지역 공동체에서 주민들이 건강하게 소통하고 상생할 수 있는 기반을 자연스럽게 다지고 있다. 마을기업 ㈜오산양조는 '사회적경제가 지역사회에서 어떤 미션과 비전을 가질 수 있는가'를 보여주는 또 하나의 모습이다.

10년 동안 변함없는
직원과 조합원
– 예쁜손공예협동조합

아이를 초등학교에 보내면서 시작한
손바느질 공예

예쁜손공예협동조합은 협동조합이면서 마을기업이다. 협동조합 창립을 2014년에 했지만 실제로는 훨씬 이전인 2006년부터 모여서 활동했다. 아이를 초등학교에 막 보내기 시작한 엄마 다섯 사람이 모여 함께 방과 후 교실을 운영한 것이다. 광주광역시 광산구 금구초등학교 정문 바로 앞에 있었던 안정민 이사장의 집에 모여 바느질을 배우면서 시작한 모임이다. 아이들은 학교 수업이 끝나면 합류하여 숙제도 하고 공작도 하고 책도 읽었다.

그러다가 2012년 아이들이 초등학교를 졸업하는 시점에 집을 벗어나 사무실을 마련하고 '꿈꾸는 기린 공작소'라고 이름을 지었다. 다섯 사람이 함께 보증금과 월세를 부담했다. 사업자등록도 하여 본격적으

조합원들과 함께 한 우수마을기업 선정

로 사업을 시작했다. 제품은 바느질로 만든 필통, 가방, 지갑 등이었다.

광주시의 쇠락해가는 전통시장에서 상인들이 가게 문을 닫고 간 후에 열리는 플리마켓에 참여했다. 마침 예술가들이 상인들이 퇴근하면서 내린 셔터에 그림을 그렸다. 거기에 좌판을 깔고 물건을 판 것이다. 처음에는 한 달에 한 번 하다가 한 달에 두 번, 매주 등 점점 늘려갔다. 사업이 무엇인지, 원가 계산을 어떻게 하는지도 전혀 모르면서 시작한 일이었다.

이런 사업을 보다 체계적으로 하기 위해서 2014년 2월 '예쁜손공예협동조합(이하 '예쁜손조합')'을 창립했다. 조합원은 2006년 시작할 때의 다섯 사람에서 변함이 없었고 출자금은 10만 원씩 총 50만 원이었다.

이런 예쁜손조합의 소식을 들은 광산구공익활동지원센터 윤난실 센터장이 조합을 방문했을 때 그간의 과정을 설명했다. 이에 윤 센터장은 마을기업과 마을 활동을 제안했다. 이후 마을플래너 교육을 수료하고 2015년에는 광주광역시로부터 예비마을기업 지정을 받았으며, 2023년에는 우수마을기업으로 선정됐다.

주부들의 사업이 협동조합 창립에서 마을기업 인증까지

조합의 사업은 세 가지다. 먼저 제품을 제조하는 분야다. 생활용품, 가방 등을 바느질과 재봉으로 만든다. 다음은 판매다. 판매는 온라인과 오프라인을 병행하는데 오프라인은 매장과 장터, 박람회 등을 다니면서 판매한다. 마지막은 교육이다. 피교육생들이 직접 만들어보는 체험 교육이다. 제품 중 가장 대표적인 상품은 부엉이 관련 상품이다. 부엉이 열쇠고리, 부엉이 메모지 홀더, 장식용 인형 등이다.

부엉이를 택한 배경에는 몇 가지 이유가 있다. 먼저 부엉이가 부를 상징하는 새로 알려져 있었기 때문이다. 그래서 부엉이를 매개로 한

제조 공장 내부

첫 작품이자 현재 대표 상품인 부엉이

상품들이 유행했다. 그리고 광주 무등산국립공원에 천연기념물인 수리부엉이 개체수가 크게 늘어났다는 보도가 나오면서 부엉이가 사람들의 관심을 많이 받게 된 것이 두 번째 이유다. 마지막은 유명 디자이너가 부엉이를 캐릭터로 하여 만든 옷 등이 크게 히트한 것이다.

이런 이유로 한때 부엉이 관련 소품들이 수집가들에게 인기가 많았다. 과거만큼은 아니지만 지금도 부엉이 관련 제품이 꾸준히 판매된다.

일부 공정 기계 도입으로 생산성 3배 이상 증가

이 외에도 스마트폰이나 태블릿 파우치, 핸드백, 스카프링, 키홀더 등을 제조, 판매한다. 초기에는 세 사람이 하루 종일 일해도 부엉이 30마리 이상을 만들 수가 없었다. 그런데 재봉틀, 부엉이 눈 원

이음장터 참여

형 재단 기계 등을 들여와서 작업하니 100마리 이상 만들 수 있게 됐다. 생산성이 3배 이상 늘어난 것이다. 시기로 보면 매년 1월부터 3월까지가 비수기다. 그래서 이때는 제조를 중심으로 하여 재고를 많이 만들어놓는다.

제품 판매와 교육에 대한 판로는 세 분야로 B2C, B2B, B2G다. 소비자들에게 직접 판매하는 B2C는 오프라인 판매를 위해 초기에는 장터에 많이 갔다. 광주시 동구에 있는 대인야시장에서의 판매를 시작으로 여러 축제와 장터에 참여하여 판매했다. 2019년 4월에는 광주시 광산구에 있는 메가박스 광주하남점 쇼핑몰에 판매장을 오픈했는데 2020년 코로나19로 인해 어려움을 겪었다. 2022년에는 매장을 현재 협동조합이 있는 제조 공장 옆으로 이전했다.

2020년 코로나19로 현장 축제가 열리지 못하면서 온라인 판매를 시작해서 네이버와 쿠팡 등에 입점했다. 특히 블로그를 열심히 활용하여 블로그를 통한 전화 주문이 꽤 많은 편이다. 기업과 기업이 거래하는 B2B 매출은 많지 않지만 에코백, 테이블보 등을 기업들의 답례품으로 판매하고 있고 앞으로 강화할 계획이다.

학교 체험형 교육을 통한 사업 확대

정부, 자치단체와 거래하는 B2G는 초기부터 매출의 중요한 부분을 차지하고 있다. 광산구를 비롯하여 주변의 자치단체 행사에서 기념품, 사은품 등으로 판매한다. 그리고 각급 초·중·고등학교와 주민자치회 등에서 체험을 겸하는 교육을 한다. 현재 8개 학교에서 교

광주시 내 학교 교육

육하고 있는데 코로나19 때에도 줌 또는 학교 방송실에서 비대면 교육을 했다. 교육을 강화하기 위해 현재 예쁜손조합이 있는 건물 2층에 교육장을 정비하고 있다.

협동조합을 창립하기 전인 2006년부터 지금까지 약 18년 동안 조합원 다섯 사람이 이탈 없이 유지하고 있다. 거기에 남편 세 사람이 합류하여 여덟 명이 조합원이다. 그렇다고 갈등이 없었던 것은 아니다. 여러 고비가 있었다. 하지만 계속 소통과 대화를 하면서 극복했다. 특히 일할 때 개인의 능력, 선호하는 분야 그리고 성실성이 다 다르기 때문에 충돌이 있을 수밖에 없다. 초기에는 협동조합에서 일상적으로 나타나는 무임승차로 인한 갈등도 있었다. 그리고 업무를 어떻게 나누는 것이 좋은지도 잘 몰랐기 때문에 더 어려웠다.

각자 특성에 맞는 공정별 작업으로 갈등을 줄이다

처음에는 일을 기계적이고 획일적으로 나누었다. 이제

매장에 전시된 다양한 제품들

는 공정별로 나누어서 하고 있다. 디자인과 재단, 1차 재봉과 다림질, 2차 재봉과 다림질, 마감과 포장 등 네 단계 공정으로 나누었다. 그리고 각자 그 일에 대한 숙련을 높였다. 초기 사업비를 받아서 조합원들이 역량을 강화할 수 있게 교육에 투입한 것이다.

공정별로 담당자 책임 아래 일하므로 일의 양을 스스로 조절할 수 있다. 예를 들어 안정민 이사장이 외부 회의가 있을 때는 생산할 전체 물량에 대해 자신이 담당하는 디자인과 재단을 전날 충분히 해놓는 것이다. 다른 조합원들도 마찬가지다. 그렇기 때문에 아이가 아파서 병원에 가야 하거나 집안에 일이 생겼을 때는 미리 책임 물량을 해놓고 개인 일을 본다.

공정별로 책임지니 갈등이 훨씬 줄었고 무임승차가 불가능하다는 장점이 있다. 반면 불편한 점도 있다. 신입 조합원을 받는 데 어려움이 있다는 것이다. 들어오자마자 처음부터 다른 사람들의 물량 처리 속도를 맞출 수가 없기 때문이다. 이는 앞으로 조합원으로서 수습 기간을 조정하여 보완할 계획이다. 조합원은 직장에 다니다가 결혼 후 그만둔 사람도 있고 처음 일하는 사람도 있었다. 양쪽 모두 일반 기업에서는 일하기 어려운 조건이지만 여기서는 관계없이 일할 수 있었다. 더구나 모두 아이를 키우는 입장이기 때문에 육아와 일을 병행할 수 있었다.

개인을 배려하는 노동 시간 배정

조합원 여덟 명 중에서 세 명이 전일제로 일하고 두 명이 파트타임으로 일한다. 나머지 세 명은 여성 조합원들의 남편인데 직업이 따로 있다. 그리고 세 명의 직원이 있다. 직원들도 육아와 가정일을 함께할 수 있도록 근무 형태와 시간을 배려하고 있다. 직원들도 대부분 경력 단절 여성이다. 출산 휴가를 충분히 배려하여 아이가 어린이집에서 받아줄 때까지 키울 수 있게 한다. 그리고 아이들이 학교를 마

찾아가는 교육에서 찾아오는 교육을 위해 정비한 교육장

치면 이곳에 와서 놀고 생활한다.

이런 분위기이다 보니 급여가 최저 시급 수준임에도 불구하고 지금까지 이직한 사람이 한 명도 없다. 조합원도 직원도 일단 참여하면 중도에 그만두는 일이 한 번도 없었다.

지속가능한 사업을 위해 필요한 것

예쁜손조합이 앞으로도 사업을 계속하기 위해서는 무엇을 어떻게 해야 할까? 안정민 이사장도 사업을 해본 적이 없는 평범한 주부였다. 다른 조합원들도 마찬가지다. 지속가능한 사업이 되기 위해서는 먼저 경영을 이해해야 한다. 특히 회계와 홍보 그리고 판로가 강화되어야 한다. 지금까지 남편의 배려로 제조 공장, 매장, 교육장 등의 공간을 거의 무상으로 제공받아왔는데 앞으로는 비용을 책정하고자 한

소비자를 위한 교육

실습

다. 그래야 더 넓은 공간으로 이전할 계획을 세울 수 있다. 또한 재봉틀 같은 기계들의 감가상각 충당금을 적립하는 등 회계를 강화해야 한다.

다음으로는 홍보 강화가 필요하다. 외부 환경이 변하고 있다. 단체 장들마다 사회적경제에 대한 이해와 관심이 다르다. 사회적경제의 중 요성을 인식하고 관심이 많은 단체장도 있지만 그렇지 않은 단체장도 있다. 그러므로 마을을 활성화하고 취약계층에게 일자리와 사회서비 스를 제공하는 등 사회적 가치를 추구하는 사회적경제를 단체장과 공 무원들에게 홍보하는 것을 강화해야 한다.

마지막으로 필요한 것은 판로의 다양화다. 사회적경제에 관심이 적 은 단체장일 때에도 흔들림 없이 사업을 지속하기 위해서는 현재 취약 한 B2B와 일반 시장을 더욱 개척해야 한다. 일반 시장을 개척하기 위 해서는 품질을 높이고 가격 경쟁력을 강화해야 할 것이다.

김밥을 'Kimbap'으로
– 복을만드는사람들

김밥은 sushi가 아니다

　　유럽이나 미국 등 해외에 나가서 편의점 등에 있는 김밥을 보면 영어로 'Sushi' 또는 'Korean Sushi'라고 되어 있다. 그런 표기를 볼 때 기분이 착잡해진다. 알다시피 초밥과 김밥은 전혀 다른 식품임에도 불구하고 일본의 국가 브랜드 파워에 의해 김밥을 sushi라고 하는 것이다. 일본 사람들이 그렇게 쓰기 시작했는지, 또는 한국 사람들이 해외에 쉽게 설명하기 위해서 사용했는지 모르지만, 오랜 기간 동안 김밥을 전혀 다른 음식인 스시(초밥)라고 표기해왔다.

　　그런데 최근 김밥을 'Kimbap'으로 표기해 수출하기 시작했다고 하니 쾌거가 아닐 수 없다. 그 대단한 일을 주도한 것은 자본 규모가 큰 대기업도 아니고 수도권에 위치한 기업도 아닌 경남 하동의 사회적기업 ㈜복을만드는사람들(이하 '복만사')이다.

김밥을 Kimbap으로 표기해 수출하는 제품들

　김밥을 '스시'가 아닌 'Kimbap'으로 표시한다는 것은 별것 아닌 것 같지만 그렇지 않다. 아주 중요하면서도 어려운 일이다. 왜냐하면 새로운 이름으로 시장에 진입한다는 것은 기존 명칭이 소비자들에게 확보해놓은 기득권을 포기하는 것이기 때문이다. 그야말로 모험이다.

세 가지 가치를 동시에 추구하다

　　　　사회적기업으로 취약계층 고용이라는 사회적 가치 한 가지만 충실하게 수행하는 것도 쉽지 않다. 그런데 복만사는 김밥 재료로 국내산, 특히 지역 농산물을 사용한다는 가치를 더하고 있다. 거기에 더해서 '김밥이라는 명칭을 제대로 사용한다'는 음식의 문화적 가치를 추가했다. 사회적 가치를 하나 추구할 때마다 시장에서 경쟁력이 떨어지는 것이 일반적이다. 하나하나 짚어보자.

첫째, 취약계층 고용이다. 복만사가 고용하는 취약계층은 농촌에 사는 어르신들이다. 나이가 많으면 젊은 사람에 비해 생산성이 떨어진다. 그렇기 때문에 취업이 젊은 사람에 비해 어렵다. 그래서 정부는 취약계층을 고용한 기업에 세금 감면이나 4대 보험 등 직간접 인건비를 지원한다. 물론 전액은 아니고 해당 정책 참여 연수에 따라 조금씩 다르다.

둘째, 지역 농산물 사용이다. 이는 가격 상승으로 이어진다. 국내산, 지역 농산물이 수입 농산물보다 비싼 것은 일반적이다. 그래서 시장에서는 많은 기업이 소비자 가격을 낮추거나 이윤을 높이기 위해 값싼 수입 재료를 사용한다.

셋째, 김밥의 영어식 이름을 'Sushi', 'Korean Sushi'에서 'Kimbap'으로 되찾는 것이다. 이는 앞에서 언급했듯이 해외에 우리나라 음식 이름이 잘못 알려진 것을 바로잡는 것이며, 자존감을 높이는 일이다. 이를 위해서는 새로운 명칭 사용에 따른 시장의 손해를 감수해야 한다.

사회적기업을 이해할 수 없었던 조은우 대표

그러면 복만사는 대기업도 아니고 공기업도 아니며 사회적으로 유명한 기업도 아닌데 왜 이런 삼중 어려움을 감수할까? 이에 대해 '㈜복을만드는사람들'의 창업자인 조은우 대표에게 들을 수 있었다.

조 대표의 사업 경력은 나이에 비해 꽤 길다. 20대 중반에 외식업에

뛰어들었기 때문이다. 어려운 가정 형편 때문에 경제적으로 빨리 성공하고 싶었다. 그래서 사회적기업을 알게 된 후에도 사회적기업을 하지 않으려고 했다. 자신의 노력으로 번 돈 가운데 3분의 2를 사회적 목적에 재투자 또는 기부해야 한다는 것에 동의할 여유가 없었다. 그래서 하동의 또 다른 대표적인 사회적기업 '에코맘의산골이유식'을 함께 창업했지만 스스로 나왔다. 그런데 이제는 사회적기업의 전도사가 되었다. 왜 그랬을까?

조 대표는 가정 형편도 어려웠지만 공부에 대한 취미가 없기도 했다. 야간 고등학교에 다니면서 아르바이트를 계속했다. 대학은 애초부터 갈 생각이 없었다. 하지만 그림은 자신이 있었고 좋아했다. 그래서 이후 디자인 쪽에서 일하려고 학원에 다녔다. 그렇지만 대학을 안 나온 학원 경력은 직업을 가지는 데 아무런 도움이 되지 않았다. 마침 학원에서 디자인학과를 뽑는 2년제 대학을 다녀보라고 연락이 왔다. 그래서 대학을 다니게 됐고, 군대를 제대한 후에는 서울에 있는 디자인 계통의 직장에 들어갔다. 그런데 월급이 너무 적었다. 서울에서 정상

적으로 살기 힘든 수준이었다. 돈을 벌기 위해서는 사업을 해야겠다는
생각이 들었다.

성공과 실패의 반복

진주에 돌아와서 '화씨화로'라는 삼겹살 식당을 개업했
다. 열심히 했더니 사업이 잘됐다. 2호점도 냈다. 한 달에 순수익이
1,000만 원 넘게 들어왔다. 식당은 오후 5시부터 다음 날 새벽 2시까
지 했다. 시간이 남는 낮 시간에는 꽃집도 했을 정도로 열심히 장사했
다. 어려운 집안을 일으켜야 했고 경제적으로 성공하고 싶었기 때문이
다. 그래서 진주에서의 성공만으로는 만족할 수 없어 서울에 갔다. 이
번에는 월급쟁이가 아니라 개인사업을 하기로 마음을 먹고 2011년 신
사동에 '반기다(飯氣茶)'라는 죽집을 열었다.

이후 '에코맘의산골이유식'을 창업하는 오천호 대표(조은우 대표의 후
배)와 함께 일했다. 죽집을 한 것은 고령화 시대를 겨냥한 것이었다. 그
런데 오판이었다. 쫄딱 망해서 진주에서 외식업으로 번 돈을 다 까먹

당시 사업을 했던 화씨화로와 반기다

었다. 온라인 판매로 승부를 보고자 했으나 신사동 가게에서는 죽 제조 시설을 할 수가 없었다. 시장 조사부터 법적 조건 등에 대해 준비가 부족했다.

하지만 그 실패에서 이후 사업에 대한 아이템을 얻었다. 죽 또는 이유식의 시장 가능성이다. 두 사람은 오 대표의 고향인 하동에 내려와서 이유식 공장을 하기로 했다. 이를 위해 상황을 알아보니 최소한 공장을 지을 땅 정도는 있어야 했다. 사업에 실패한 두 사람에게 땅을 구입할 자금이 있을 리 없었다.

그런데 마침 사회적경제기업으로 농업회사 슬로푸드㈜를 경영하는 이강삼 대표와 만나게 됐다. 이 대표는 매실 가공 공장을 세우려고 하던 땅이 있다며, 아무런 조건도 없이 그곳에 이유식 공장을 하라고 했다. 너무나 기뻤다. 공장을 세우고 제품을 생산했으며, 홈페이지를 만들어 사업을 시작했다. 그런데 오천호 대표는 사회적기업을 하는 것이 좋겠다고 했다. 하지만 조은우 대표는 사회적기업을 하고 싶지 않았다. 기업이 사업과 이윤에 충실하면 되지, 사회적 가치를 추구한다는 것을 이해할 수 없었다. 더구나 한 회사에 두 사람의 CEO가 있으면 회사가 어려워진다는 생각으로 오천호 대표에게 맡기고 나왔다.

어려운 시절, 책을 통해 극복하다

죽집 반기다의 실패에 이어 두 번째 힘들었던 시기다. 수중에 돈 한 푼 없었다. 다행히 이 시기를 넘길 수 있었던 것은 책의 힘이었다. 시골 의사로 유명한 박경철 씨가 쓴 책 중에 《자기혁명》이

한다사푸드 하동찰호떡

란 책이 있는데 거기서 읽은, '사람에게 큰 시련, 고통을 주는 것은 하늘이 그 사람을 성장시키려는 것이다'라는 성현의 이야기가 조 대표를 붙잡았다. 책이 없었으면 무너졌을 것이다. 겨우 추스르고 다시 사업을 시작했다. 이번에도 하동이었고 '한다사푸드'라는 이름의 개인 사업체였다.

하동은 경남에서 관광이 어느 정도 되는 편인데 하동을 상징하는 빵이 없다고 생각했다. 그래서 아이템을 빵으로 했다. 처음에는 '하동찰빵'으로 했는데 별 호응이 없었다. 이번에는 '하동찰호떡'으로 했는데 소비자들의 반응이 괜찮았다. 이후 다섯 가지 색으로 한 '오색호떡'을 출시했는데, 역시 반응이 좋았다.

그런데 호떡은 두 가지 문제점이 있었다. 하나는 계절적인 성격이 너무 강해서 겨울 외에는 안 팔리는 것이었다. 다음으로는 가격이 너무 싸서 고급화하는 데 한계가 있었다. 아이템을 바꿔야 했다. 아이템만 바꾸는 것이 아니라 근본적인 전환을 하기로 했다.

장사에서 사업으로,
취약계층을 고용하는 사회적기업으로

세 가지 중요한 변화를 주었다. 먼저 회사를 개인사업체에서 주식회사라는 법인으로 운영하기로 했다. 개인 자영업, 장사에서 본격적으로 사업을 한다는 의미였다.

다음으로 회사 명칭을 한다사푸드에서 '복을만드는사람들'로 변경했다. 단순히 음식을 만드는 것이 아니라 '제품에 복을 담아서 사회를 이롭게 한다'는 뜻이다. 이는 고객, 소비자, 나아가 사회를 중심에 두겠다는 의미로, 사업의 질적 전환을 의미한다.

마지막으로 사회적 가치를 추구하는 기업이 되겠다고 다짐했다. 사회적 가치의 내용은 취약계층의 일자리 창출과 지역 농수축산물 소비에 기여하는 사회적기업이었다. 하동에서 사업을 하면서 지역의 중요성을 새롭게 인식한 것이다.

2015년 예비사회적기업에 지정되었다. 그리고 첫 제품으로 '치즈스틱'을 출시했다. 치즈를 기본으로 하고 하동 지역의 농수축산물을 매칭

치즈스틱을 사려고 줄을 선 모습

치즈스틱 생산 모습

하고 빵가루를 입혀서 튀기는 것인데 반응은 아주 좋았다.

이렇게 변화하는 시기에 하동의 다른 사회적경제기업들의 도움을 받았다. 자금 부족으로 공장을 세우지 못해서 재첩 공장 빈 곳을 전전하고 있었는데, 하동율림영농조합법인의 공장에서 제품을 만들 수 있게 해주었다. 좀 있다가 이강삼 대표가 다시 큰 도움을 주었다. 이 대표가 자신의 형을 설득하여 300평을 저렴하게 빌려주어서 복만사의 공장을 설립할 수 있게 된 것이다. 치즈스틱은 백화점 등에서 소비자들이 줄을 서서 먹을 정도로 호응이 컸다.

15호점까지 나갔던 프랜차이즈는 포기

2018년에는 평소에 꿈꿔왔던 프랜차이즈를 시도했다. 대구광역시 동성로에 있는 매장에서 테스트했는데 역시 반응이 좋았다. 이후 15호점까지 늘렸다. 다 잘될 줄 알았다. 그런데 문제가 생겼다. 15개 중에서 장사가 잘 안되는 3~4곳이 문제였다. 잘되는 곳은 프랜차이즈 가입자가 스스로 홍보도 하고 시식도 하고 열심히 한다. 그러나 잘 안되는 곳은 본인이 노력하기보다 본사에 계속 전화한다. 조대표 혼자 영업, 홍보, 경영 등 다 하는 구조인데 하루 열 번 이상 전화하면서 요구하는 가입자의 민원을 감당할 수가 없었다.

프랜차이즈는 또 다른 차원의 사업이었다. 프랜차이즈는 당분간 하지 않는 것으로 결정하고 프랜차이즈 매장을 점차 줄여갔다.

　　이러던 중에 2018년 일산 킨텍스에서 열린 식품 관련
박람회에 참가했다. 그 자리에서 고속도로 휴게소 약 20개를 운영하
는 사업체 담당자와 연결되었다. 좋은 기회였다. 하지만 전국에 흩어
진 고속도로 휴게소 20개에 개별 납품을 하다 보니 운반비 등이 커서
수익이 낮고 몸도 힘들었다. 그런데 전국 고속도로 휴게소 230곳 중
130곳에 납품하는 전문 유통회사에서 연락이 왔다. 자기들에게 공급
해달라는 것이었다. 듣던 중 반가운 소식이었다.

　이렇게 연결되다 보니 2019년에는 치즈스틱 단품으로 매출이 18억
원까지 올라왔다. 아울러 박람회에서 연결된 홍콩의 바이어도 치즈스
틱을 수입했다. 2018년, 2019년은 그동안의 실패를 보상받는 장밋빛
시기였다.

　이런 내용을 기반으로 2019년에는 사업을 확대했다. 김밥을 하기로
한 것이다. 대지 2,000평의 공장 부지에 공장과 사무실 등 건물 500평
의 규모를 추진했다. 2018년과 2019년의 사업 실적이 좋아서 중소기

냉동 비건 김밥 제조 과정

업진흥공단에서도 시설자금 대출이 쉬웠고 신용보증기금의 사회적기업 특별자금이 도움이 되었다. 마침 농촌기술센터의 사업을 받을 기회도 생긴 것이다. 2019년 12월 공사를 시작해 2020년 6월 완공했다.

사업 아이템으로 냉동 김밥을 선택한 것은 몇 가지 이유가 있었다. 하동을 비롯하여 경남, 전남 등에서 나오는 농수축산물을 연계하기 위해서 김밥이 좋겠다는 판단이었다. 특히 냉동을 선택한 것은 수출을 겨냥했기 때문이다. 치즈스틱을 수입하는 홍콩의 파트너가 홍콩에서 약 20개 식당을 경영하는데 자기 식당에서 김밥을 팔고 싶어 했다.

수많은 실패와 실험을 통해 찾아낸
비건 냉동 김밥

냉동 김밥을 만드는 데에도 과정이 많았다. 김밥에 수산물, 축산물 또는 그 가공 재료가 들어가면 해당 국가에서 수입 허가가 나지 않아서 농산물 재료만 넣을 수밖에 없었다. 일부러 비건시장을 겨냥한 것이 아니라 수출입 관련 규정 때문에 농산물만 넣었는데 자연스럽게 비건 김밥이 된 것이다. 궁하면 통한다는 식이다.

다음 문제는 '김밥을 냉동했을 때 터지는 것을 어떻게 해결할 것이냐?'였다. 터진 김밥을 전자레인지로 돌리면 김밥이 부서지는 등 엉망이 되는 것이 문제였다. 현장 직원들과 많은 실험을 했다. 김밥에 들어가는 쌀, 김 등 원부 재료의 문제였다. 많은 노력 끝에 터지지 않게 하는 데 성공했다.

다음 단계는 3분 내에 해동되게 하는 것이었다. 해동 시간이 너무 길면 기다리는 시간도 문제이고 김밥이 말라서 식감이 딱딱해진다. 이런 문제들을 해결하면서 비건 김밥이자 저칼로리 김밥으로 콘셉트를 잡았다. 그리고 3분 내에 골고루 해동될 수 있게 한 김밥 트레이는 특허를 받았다.

코로나19로 세 번째 위기

이렇게 있는 힘을 다해 준비한 냉동 김밥 수출이 2020년 1월 시작된 전 세계의 코로나 팬데믹으로 공장 준공과 함께 침몰하게 생겼다. 치즈스틱도 매출이 크게 빠졌다. 치즈스틱의 주 매출이 백화점, 고속도로 휴게소 등 사람이 많이 모이는 곳인데 폐쇄 또는 식사 금지라는 철퇴를 맞은 것이다.

백신이 나오면 좀 나아지겠지, 치료제가 개발되면 풀리겠지 하면서 기다렸지만 1년이 넘어가면서도 풀리지 않아 경영은 심각한 위기를 맞았다. 더구나 김밥 분야 사업을 확장한 상황이라 더 어려웠다. 개인사업으로 할 때에는 혼자 고통을 당하면 그만이었는데 이젠 그럴 수도 없

마켓컬리에 올라가 있는 비건 김밥

었다. 하동에 큰 물난리가 났을 때 '공장이 차라리 물에 잠기면 좋겠다'고 생각할 정도로 절망적이었다.

그러던 중 2021년 여름에 열린 식품박람회는 한 줄기 빛이었다. 열리지 않을 것이라는 소문도 있었기에 별로 기대하지 않는데 그 박람회에서 온라인 대형 유통 채널 마켓컬리 관계자와 만나게 되었다. 그리고 그 만남은 오프라인이 팬데믹으로 무너지는 가운데 다시 활성화되는 새로운 출발이 되었다.

사실 냉동 김밥은 냉장 김밥에 비해 공정이 훨씬 많고 정교해서 원가가 더 많이 들어간다. 그런데 국내 김밥 관계자들은 냉장보다 냉동이 더 비싸다는 것을 이해하지 못했다. 그래서 납품 가격이 안 맞아 고속도로 휴게소 등은 포기해야 했다.

하지만 마켓컬리에서는 가격은 문제가 되지 않았다. 비건이라는 것이 중요했다. 납품하자마자 댓글이 첫날 100개, 다음 날 수백 개, 천 개 등 달리는데 대부분 칭찬과 긍정적인 내용이었다. 비건 김밥인데 프리미엄 성격까지 곁들여져 더 호응이 좋았다.

홍콩과 미국, 유럽 등에서 불티나는 한국 Kimbap 수출의 원조

수출도 점점 살아났다. 특히 미국에서 유튜브 인플루언서인 재미 교포가 김밥을 홍보한 다음 대박이 났다. 미국 유명 소매 유통회사 중의 하나인 트레이더조(TRADER JOE's Inc.)에서 거래하자는 연락이 왔다. 그런데 첫 거래 물량 규모가 40톤 컨테이너 20개였다. 복

복만사 휴게실   ㈜복을만드는사람들

만사가 감당할 수 있는 물량이 아니었다. 그래서 후발 업체인 경북 구미의 업체가 연결되었다.

복만사가 트레이더조 측에 레시피를 제공했지만 아쉽지 않다. 물론 트레이더조에 6개월에서 1년 기다리라고 하고 복만사가 할 수도 있었다. 하지만 미국, 유럽 등에서 한국의 김밥(Kimbap) 열풍을 키워야 하는데 시기를 놓치면 안 된다고 판단했다. 이 시기를 타야 한국의 김밥이 성장하고 그 속에서 복만사도 클 수 있다는 생각이었다.

이러한 판단은 적중했다. 복만사는 2022년 기준으로 12개국에 수출하고 있는데 더 늘고 있다. 국내 판매 매출도 마찬가지로 성장하고 있다. 같은 해, 내수와 수출을 합해서 매출액이 45억 원이었다. 2023년 매출은 60억 원이었고 2024년에는 매출 85억 원을 달성했다. 이 가운데 30%는 수출이다. 특별한 변수만 없다면 냉동 김밥 수출시장은 수천억 원대로 성장할 것이다. 현재 코스트코와도 협의하고 있다.

이와 함께 얻은 기쁨은 김밥을 Kimbap으로 부르지 못하고 Sushi로 부르던 시절을 끝냈다는 것이다. 더구나 하동의 농산물, 완도의 김 등 국내 농산물 소비에도 한몫하고 있다. 현재 전체 직원 33명 중 64%인

21명이 취약계층 어르신이다.

2025년 매출 목표 200억 이상

복만사는 2024년 8월에 사회적기업 지원 5년이 끝났다. 그러던 중에 정부가 2024년 사회적기업 예산 61%를 줄인다고 하니까 너무 안타깝다. 물론 복만사는 인건비 지원이 없어도 경영에 아무런 문제가 없다. 하지만 지금 전 세계적으로 김밥 이슈가 생겨 생산설비 투자가 이루어져야 하는 시점에 지원이 없어지면 아무래도 수출 규모가 위축될 수 있다.

또 복만사가 성장할 때 예비사회적기업 지정, 사회적기업 인증 등을 거치면서 취약계층 고용에 따른 인건비 지원이 큰 힘이 되었는데 이제 다른 사회적기업들에 그런 기회가 사라진다고 하니 걱정이 많고 아쉽다. 그런 지원이 소모적인 것이 아니라 복만사와 같은 기업을 만드는 힘이었기 때문이다.

조 대표는 지금이라도 정부가 취약계층 고용에 대한 인건비 지원을 계속해야 한다고 강조한다. 특히 농촌에 거주하는 어르신들이 일부 정부 지원금을 포함하여 사회적기업이 지급하는 급여를 통해 생활을 유지할 수 있었는데 그런 기회가 사라짐으로 인해 빈곤해지지 않을까 하는 염려도 크다.

우리 밀도 살리고
일자리도 만들다
– 천년누리 전주빵

재미동포도 방문하는 맛있는 빵집

"어디서 어떻게 알고 오셨어요?"

"저는 미국 애리조나에 살아요. 이모가 전주에 사는데 여기 빵이 맛 있다고 해서 왔어요."

"사진 찍어도 되나요?"

"예, 같이 온 우리 동생이랑 함께 찍어주세요."

장윤영 대표를 오전 10시에 본사에서 만나기로 했는데, 전주한옥마 을점의 직원이 갑자기 출근을 못 해서 급히 그쪽에 가 있다고 하여 이 동했다. 장 대표와 잠시 대화를 나누고 있는데 관광객 6~7명이 우르르 매장으로 들어왔다. 그중에 한복을 곱게 차려입은 사람이 있어 대화를 나누었다. 이들이 다녀간 후에도 어르신들과 청년들이 더 왔다.

"매출이 어느 정도 되는지요?"

미국에서 온 동포 청소년들　　　　　　　매장에서 빵을 고르는 어르신들

"2022년 매출이 14억 원 정도예요."

"제과제빵에서는 괜찮은 건가요?"

"그럼요. 직원들이 저를 포함하여 12명인데 1인당 1억 원이 넘으니 좋은 거죠."

"그럼 사업하는 데 별 어려움이 없겠네요?"

"아유, 무슨 말씀이세요. 아직 무지 어렵죠. 빵에 들어가는 밀만 아니라 팥 등 다른 부재료도 모두 국산 농산물로 해서 원재료 비용이 너무 많이 들어요."

너무 높은 원재료 비용

장윤영 대표가 설명하는 사회적기업 ㈜천년누리가 지향하는 사회적 미션은 노인 등 취약계층 고용과 우리 밀 살리기를 통한 기후위기 극복이다. 사업을 하다 보면 경영에 치여서 한 가지 사회적 미션을 수행하는 것도 버거운데, 두 가지 미션을 추구한다. 그러다 보니 현재의 매출, 생산성으로는 부족하다. 생산성도 지금보다 더 높

생산 제품과 특징을 써놓은 안내문

아야 하고 매출도 더 많아야 한다. 이를 위해서는 기술 개발, 시설 확장 그리고 홍보, 마케팅을 강화하고자 한다.

　기업은 노인 일자리 사업에서 시작했다. 사회복지법인 '나누는사람들'이 노인 일자리 사업 활성화를 위해 2012년, 지분 100%를 소유하는 자회사로 ㈜천년누리를 만들었다. 전통술, 빵, 과자 등의 제조와 판매 그리고 숙박을 제공하는 사업을 통해 일자리를 만드는 것이었다. 하지만 사업을 처음 하다 보니 어려움이 많았다. 특히 누군가 책임을 지고 경영해야 하는데 그러지 못했다. 그래서 2014년, 대학에서 사회복지를 가르치던 장윤영 대표가 대학 강의를 그만두고 직접 경영에 뛰어들었다. 사회복지법인이 가지고 있던 주식을 모두 인수했다. 그리고 2015년 예비사회적기업, 2016년 사회적기업 인증을 받았다.

전주비빔밥 재료를 빵에 넣다

　'노인 일자리'와 '우리 밀 살리기'라는 미션을 수행하면서 전주빵의 제품적 특징을 지역, 전주로 잡았다. 이미 동네마다 제과, 제

비빔빵에 소를 넣는 작업(왼쪽 위)과 제조 판매하는 제품들

빵 가게가 포화인 상태였다. 특히 대기업 프랜차이즈가 골목 곳곳에 들어서 레드오션인 빵 분야 사업에서 살아남기 위해서는 '가장 지역적인 것이 가장 경쟁력이 있다'는 것을 사업으로 연결해야 한다고 생각했다.

그래서 비빔빵에 들어가는 재료와 내용물을 전주의 대표 음식인 전주비빔밥과 같이 했다. 전주비빔밥에 들어가는 재료 가운데 상하기 쉬운 재료는 제외하고 콩나물, 미나리, 도라지, 고사리, 마른 표고버섯, 무, 오이, 당근 등 채소를 중심으로 하고 쇠고기볶음을 추가하여 빵 안에 넣는 소를 만들었다.

반응은 매우 좋았다. 그래서 매출이 좋은 것이다. 앞으로 전주콩나

물국밥도 응용할 생각이다. 지금은 매장에서 판매하는 커피에도 보리를 볶아 가루로 만들어 섞는 것을 실험하고 있다. 이렇게 하는 것은 빵에 들어가는 재료를 지역에서 조달하여 원부 재료를 생산하는 농민들과 함께 성장하기 위한 것이다. 그래서 천년누리 전주빵은 원부 재료가 모두 지역 생산품이다. 대표적인 것이 우리 밀이다. 우리 밀은 한 해에 약 30톤을 사용하고 거래하는 생산자는 8명 정도이며 경작지는 약 3만 평이다. 이모작이므로 우리 밀 생산자들에게 경제적으로도 적지 않은 도움이 된다.

이산화탄소를 줄이고 산소를 생산하는 기업

우리나라에서 자라는 밀은 겨울 밀이기 때문에, 다른 식물들이 탄소동화 작용을 멈추거나 줄이는 겨울에 산소를 공급하고 이산화탄소를 줄이는 역할을 한다. 이를 세부적으로 살펴보면 우리 밀을 생산하는 농지 1평에서 생산하는 산소가 2.5kg이고 줄이는 이산화

본사 빵 제조 시설   매장 모습

탄소는 3.5kg이다. 이를 천년누리 전주빵과 거래하는 생산자들 전체 3만 평에 적용해보면 1년에 약 7만 5,000kg의 산소를 생산하고 10만 5,000kg의 이산화탄소를 줄이는 것이다. 소비자들이 전주빵을 먹으면 이산화탄소가 감소하고 산소가 생산되므로 기후위기를 낮추는 데 기여하는 것이다.

이렇게 일자리 제공뿐 아니라 환경 보전이라는 미션도 병행하는 것이 꼭 필요하다는 것이 장 대표의 지적이다. 장애인을 돕는다고 환경을 훼손해서는 안 된다. 노동자들의 임금 인상, 노동 환경을 개선하기 위해서 자연을 희생하는 것은 문제가 있다. 과거에는 노동자, 장애인 등 약자들의 생존과 배려를 위해서라면 생태계를 망가뜨려도 이해받을 수 있었지만, 이제는 기후위기의 심각성 때문에 생태계 훼손을 허용하지 않는 사회가 되었고 운동에 대한 도덕적 정당성도 필수일 정도로 사회가 성숙했다는 지적이다. 노동자, 장애인의 생존, 배려와 함께 생태계 보전이라는 두 마리 토끼를 다 잡아야 한다.

기후위기 극복에 적극 동참하는 사회적경제기업

그런 면에서 사회적기업, 사회적경제도 보다 새로워져야 한다. 장 대표는 "일부 사회적경제기업은 커지면서 첫 마음을 잃었다. 사회적기업, 사회적경제가 아니지만 파타고니아 또는 유한양행과 같은 회사가 더 훌륭할 수 있다. 이런 회사들이 환경적, 사회적 기여가 더 많다"며 뼈 있는 지적을 했다. 아울러 사회적경제기업들도 ESG와

RE100 같은 흐름에 적극 참여해야 한다. 이러한 장 대표의 주장에 당연히 공감한다.

다만 위험도 없지 않다. 예를 들어 과거 국내 굴지의 S기업은 불법 정치자금 수수로 비난받자 자원봉사와 복지 분야에 큰 지원을 했는데 2008년 경제위기가 오니 그 분야를 제일 먼저 없앴다. 여론 무마용이었다고 비판받는 이유다. 그러므로 지배구조가 변하지 않으면 기업의 사회적 책임, 환경 기여 등은 불완전할 수밖에 없다. 그래서 ESG 가운데 환경 보전과 사회적 가치도 중요하지만 가장 중요한 것은 지배구조(Governance)라는 지적이 있다.

새로운 도약을 위해

이제 천년누리 전주빵은 도약을 위해 사업 확장을 준비하고 있다. 현재 있는 공장과 본사는 임차하여 쓰고 있는데 공간이 좁다. 더 다양한 제품을 만들기 위해 새로운 설비도 들여와야 하고 오래된 기계는 교체해야 한다. 그래서 전주시 근교에 있는 밀 생산지에 우리 밀 가공 공장을 짓는다. 이를 위해 땅 600평을 매입했는데 농업회사법인이기 때문에 가능했다. ㈜천년누리는 사회적기업이면서 농업회사법인 인증도 가지고 있다.

빵의 특성상 완전 자동화를 할 수 없고 하지도 않는다고 했다. 생산성 향상을 통해 수익률을 높이는 것도 중요하지만, 노인 일자리 유지라는 원래의 목적에 충실하기 위해서 인간의 노동이 함께하는 방법을 찾기 때문이다.

흙이 쌓여서 물이 빠지지 않는 모습　　　　수확해야 하는데 물이 차 있는 밀밭

　이런 준비를 하는 가운데 2023년 6월에는 밀 수확을 앞두고 수확을 포기해야 하는 어려운 일을 당했다. 밀밭과 붙어 있는 옆 필지에서 건축하면서 배수로에 흙을 쌓아두는 바람에 물이 빠지지 않아서 밀밭 일부가 침수된 것이다. 그래서 건축주에게 빨리 흙을 치워 물을 빼달라고 요구하고 전주시에 민원을 넣었지만, 건축주의 무책임한 태도와 전주시의 늑장 대응으로 물이 늦게 빠져 밀 농사를 망쳤다. 장 대표는 이런 일을 겪을 때마다 공무원들이 일단 현장에 빨리 와서 보고 판단하고 민원을 처리해주었으면 한다는 아쉬움을 토로했다.

　'노인 일자리 창출과 유지' 그리고 '친환경 농산물 재료 사용을 통한 기후위기 극복,' 이 두 가지 미션을 지역에서 진행하고 있는 ㈜천년누리가 보다 활성화되어 전주의 사회적경제 생태계를 풍부하게 할 것을 기대해본다.

20년을 달려온
사회적경제 전문 유통 기업
– 소박한풍경

㈜이장의 미디어사업부에서 출발

사회적기업인 ㈜소박한풍경(이하 '소풍')은 주식회사지만 협동조합을 비롯한 사회적경제기업, 농업회사법인 등의 제품을 기획부터 완성품 홍보, 마케팅 그리고 판매, 유통까지 하는 기업이다.

처음에는 1999년 농촌 문제를 해결하기 위해 사업하는 ㈜이장의 미디어사업부에서 출발했다. 이장은 하나의 사업체가 커지는 것을 바람직하지 않게 봤기에 부서별 독립을 추구했다. 그래서 회사 운영도 부서별 독립채산제로 운영했다. 일반적으로 기업은 규모화를 추구하는데 이와 달리 작은 기업을 지향하는 ㈜이장은 한국불교환경연구원의 생태 교육을 받은 사람들로 구성된 '초록바람'과 서울대 환경대학원 출신 몇 사람이 함께 창업했다.

1999년 사업을 시작해서 2016년까지 약 20년 동안 사업했는데 1)

㈜이장의 미디어사업부에서 마을브랜드 사업 진행

도시와 농촌이 공존해야 하고 2) 농촌 개발은 주민들이 자발적으로 주체가 되어야 하며 3) 개발은 자연에 해를 끼치지 않는 환경 보전을 지향했다.

이런 생각에 동의한 사람들 여덟 가구가 서울에서 춘천시 후평동으로 와서 둥지를 틀었다. 회사 이름을 이장으로 지은 것은 지역에서 이장의 역할을 하겠다는 다짐이었다. 마을에서 궂은 일을 마다하지 않고 행정과 주민 사이에서 상호 이해를 돕는 가교 역할을 하겠다는 것이었다.

소풍의 대표인 지은진 씨는 남편과 함께 춘천으로 이사해 둥지를 튼 여덟 가구 중 한 사람이다. 서울의 큰 출판사에 다니다가 육아 문제로 출판사를 그만두고 출판 관련 프리랜서를 하고 있었다. 그러다가 프리랜서 일을 접고 2003년 8월부터 독립을 준비하는 이장의 미디어사업부를 맡았다. 3년 동안 독립을 위해 사업적인 경험을 쌓은 다음 2006년 9월 독립했다. 물론 미디어사업부에서 일하던 직원들과 함께 결정하고 같이 나와서 법인을 설립, 운영했다.

이렇게 20년 가까이 소풍을 이끈 지 대표를 만나 이장 시절과 소풍의 창립 그리고 지금까지의 과정을 듣고 정리했다.

유통에 대한 고민 시작

이장 시절의 경험은 큰 자산이 됐다. 특히 기업을 지속적으로 운영하기 위해서는 '어떻게 경영해야 하는가?'를 배웠다. 그리고 좋은 가치와 철학을 현실에서 적용하려면 무엇을 준비해야 하는가도 볼 수 있었다. 이장에 참여하기 위해 서울에서 내려온 8가구 가운데 현재 춘천에 남아 있는 사람들은 지 대표 부부뿐이다.

공동체의 삶을 지향한다는 큰 선언에 대해서만 합의했지, 그 안의 구체적인 방식에 대해서는 공부도 논의도 합의도 부족했다. 너무 추상

㈜소박한풍경 직원들과 회의

적으로 시작한 것이다. 이후 서로의 다름을 보고 자신의 길이 아님을 확인한 후에는 자연스럽게 자신의 길을 갔다. 틀림이 아닌 서로 다름으로 헤어진 것이 다행이다.

소풍은 우선 농촌에서 해당 지역의 정체성을 찾고 주민들과 함께 그에 맞는 자원을 발굴하여 콘텐츠로 만드는 일을 했다. 그 과정은 주민들과 소통하면서 스스로 주체가 되도록 논의 구조를 형성하는 방식이었다. 마을 안내판, 홈페이지, 상품 포장, 디자인 등도 그 개념에 맞게 해나갔다. 그런데 무엇인가 조금 부족하다고 느꼈다. 어느 날 지 대표는 스스로에게 물었다. '우리가 교육하고 자문한 대로 하면 사회적경제기업의 매출이 정말 늘어날까? 한번 구매한 고객이 또 구매하고 지속적인 판매가 가능할까?' 2014년부터 유통과 판로에 대한 고민을 시작했다.

사회적경제기업의 생산품을 팔기 위해

마을기업, 사회적기업, 자활기업, 협동조합 등 사회적경제기업 대부분이 5인 이하의 영세한 기업이었다. 그러다 보니 대표가 자기 농사도 짓고 농가공도 하고 판매도 해야 하는 구조였다. 기업은 좋은 제품을 생산하는 데 전력을 다해도 시장에서 살아남기가 만만하지 않다. 그런데 전국의 장터, 행사를 쫓아다니면서 제품을 알리고 블로그도 운영하며 고객을 확보하고 판매한다는 것은 불가능했다.

돌파구가 필요했다. 그래서 당시 강원도사회적경제지원센터(현 강원지속가능경제지원센터, 이하 '강원사경센터') 팀장이던 이강익 씨(현 춘천사회적경제지원센터 센터장)와 머리를 맞댔다.

　먼저 강원사경센터가 강릉한살림과 춘천두레생협 두 곳의 매장에 '강원곳간'이라는 이름으로 숍인숍(shop in shop) 형태의 작은 매대 공간을 마련했다. 처음 입점과 납품, 판매가 진행되면서 여러 과제가 드러났다. 상품이 제때 공급되지 않기도 하고, 납품가와 판매가 책정에 혼선이 있기도 하고, 표기 사항도 미흡했다.

　처음부터 다시 해야 했다. 그러면서 팔리는 제품, 안 팔리는 상품을 파악하고 팔리는 이유, 안 팔리는 이유를 찾아내고 배웠다. 현장에서는 알 수 있었다. 소비자들에게 직접 듣고 지적받고 수정해나갔다. 유통에 대해 조금씩 배워갔다.

안테나숍 쿱박스를 통해 배우다

　다음 단계는 쿱박스(COOP-BOX)라는 시도였다. 카페를 운영하면서 카페 벽 쪽에 매대 100칸을 마련해놓고 칸마다 생산자들의 상품을 입점하여 판매하는 방식이었다. 강원도 사회적경제 상품과 지역 예술인들이 만든 핸드메이드 제품이었다. 참여 생산자들은 박스당 월 2만 원씩 내도록 했다. 매장의 판매와 관리는 소풍이 했다. 나만의 판매 공간이 필요한 100팀을 모아 함께 전체 공간을 운영해보자는 취지였다.

　쿱박스는 춘천두레생협 매장과 나란히 붙어 있고 내부 통로도 있었다. 생협 매장에 온 손님이 카페에 오기 쉽게 하기 위해서였다. 반대로 카페에 온 손님은 밖으로 나가지 않고도 생협 매장에 쉽게 갈 수 있

쿱박스

었다.

쿱박스를 운영하면서 보니 황태, 미역, 된장 등 카페와 어울리지 않
는 식품들은 다른 판로가 필요하다는 것도 알게 되었다. 시간이 지나
며 마지막에는 핸드메이드 중심으로 40개 생산자 박스가 운영됐다. 결
국 쿱박스는 7년 운영하고 문을 닫았다. 단순히 손익만 계산하면 적자
다. 하지만 안테나숍으로 보면 역할을 충분히 했다. 소비자들의 반응
을 보면서 다른 유통 사업에 큰 도움이 된 것이다.

수수료 방식에서 사입 방식으로

2017년 소풍은 유통 방식에 중요한 변화를 시도했다.
15% 수수료 방식에서 사입 방식으로 전환한 것이다. 수수료 방식이란

생산자에게 받아 온 물건 중에서 팔린 양에 일정 비율의 수수료를 받아 운영하는 것이다. 물건이 안 팔리면 생산자가 도로 가지고 가면 된다. 그러다 보니 판매장은 재고 부담은 없지만 매출이 늘어나도 돌아오는 것이 수수료뿐이기 때문에 판매에 소극적이게 된다. 더구나 15%라는 낮은 수수료로는 운영이 어려웠다.

사입 방식은 다르다. 생산자에게 물건을 사 와서 소비자에게 판매하기 때문에 소풍의 이익은 매출에 큰 영향을 받는다. 생산자에게도 사입 방식이 좋다. 재고가 남아도 생산자가 책임지는 것이 아니라 소풍이 책임지기 때문이다. 그런데 사입의 문제는 재고를 모두 책임져야 한다는 것과, 생산자에게 초기 물량을 구입할 자금이 많이 필요하다는 것이다. 다행히 생산자들이 대부분 외상으로 납품해줬다. 그동안 소풍이 생산자들에게 진심으로 대하면서 사업을 해왔다는 방증 같아서 너무 기뻤다.

평창동계올림픽을 겨냥한 3년의 준비

2015년 강원곳간 운영을 본격화하며 강원사경센터와 함께 중요하게 준비한 것은 2018년 평창동계올림픽이었다. 올림픽은 강원도의 사회적경제 성장에 큰 기회가 될 수 있었기 때문이다. 다행히 생협 매장의 숍인숍 그리고 쿱박스 등의 경험을 바탕으로 동계올림픽 부스 운영을 착실히 준비할 수 있었다. 3년 동안 상품 개발과 고도화 그리고 포장 디자인 등을 통해 경쟁력을 높였다.

강원도도 사회적경제에 필요한 행정적 뒷받침을 충실히 했다. 1월

2018년 평창동계올림픽 부스

부터 3월까지 강릉과 평창에서 사회적경제 상품관 세 곳을 운영했다. 3년간 준비한 보람이 있었다. 이때 매장과 상품 브랜드는 2014년부터 진행한 강원곳간이었다. 이 역시 강원사경센터와 함께 준비하는 방식이었다. 올림픽 이후 강원도의 사회적경제 판로 개척을 위한 포석이었던 것이다.

평창동계올림픽을 마치고 강원사경센터의 주도 아래 2018년 6월 8일 강원도의 사회적경제기업들이 참여하는 가운데 사회적경제기업들의 유통을 전문으로 맡을 강원곳간협동조합(이하 '강원곳간')을 설립했다(이후 2019년 강원곳간사회적협동조합으로 조직 전환). 이제 강원곳간의 운영 주체가 하나 더 생기게 되었고, 2020년부터는 각 조직의 강점을 살려 강원곳간사회적협동조합은 온라인을 중심으로 하고 소풍은 오프라인 매장, 행사 등을 운영하는 것으로 역할을 분담했다.

독자적인 매장 운영

소풍이 운영하는 매장은 강릉역 강원곳간 상품관, 삼악

삼악산 호수케이블카 매장

소양강 스카이워크 매장

산 호수케이블카 기념품 판매장, 소양강 스카이워크 기념품 판매장까지 세 곳이다. 강릉역 강원곳간은 평창동계올림픽 때 임시 매장으로 만들어졌으나 올림픽 이후 계속 운영해달라는 요청이 있어, 소풍이 자체 인력을 고용하여 운영해오고 있다. 평창동계올림픽의 유산으로 강원도 사회적경제 유통의 상징적인 공간이라고 할 수 있다. 춘천의 매장 두 곳은 유명 관광지에 위치하여 '설레임, 춘천'이라는 매장 브랜드를 사용하며 춘천, 강원도를 알리는 기념품, 특산품을 주로 판매한다.

소양강 스카이워크 기념품 매장은 지역 청년 작가, 수공예가들 상품 위주로, 문턱을 낮추어 입점, 판매를 지원하고 있다. 삼악산 호수케이블카 기념품 매장에서는 85개 기업 460종류의 상품이 판매되고 있는데 흔히 볼 수 없는 다양한 기념품들이 눈길을 끈다.

소풍의 사업은 디자인, 포장, 홍보, 마케팅 등이 매출의 40%이고 유통, 판매가 60%다. 그리고 사업 범위를 상품 기획, 제조, 포장, 홍보, 마케팅, 판매, 유통까지 아우르는 컨설팅 방향으로 잡아가고 있다. 특히 판매는 매장에서 사입하여 대행하는 일까지 한다. 이는 일하는 사람이

5인 이하가 다수인 사회적경제기업의 특수성을 감안한 것이다. 예를 들어 기업 관계자가 다섯일 경우, 5는 직원 숫자가 아니라 각자 사업을 하는 사업체 5개가 결합한 것을 의미하는 경우가 많다. 그러면 더욱 기업의 다양한 업무를 소화해야 하는데 일하는 직원이 부족한 상황이다.

그러므로 소풍은 일종의 작은 소기업들의 공동 작업장 성격을 포함하고 있다. 한국사회적기업진흥원이 2000년부터 추진하고 있는 '소셜벤더 운영 사업'이 바로 그런 성격을 반영한 것으로 볼 수 있다. 소풍은 사회적경제기업의 파트너로 현장 밀착형 소셜벤더의 역할을 충실히 하고자 한다.

강원도를 넘어 경기도 소셜벤더 육성에도 참여하다

소풍의 이런 경험이 이젠 강원도를 넘어 다른 지역에도 도움을 주고 있다. 소풍은 2024년 한국사회적기업진흥원에서 추진하는 '소셜벤더 운영사업'에 참여하며 강원도와 경기 지역을 맡고 있다. 사회적경제기업들의 상품을 개선하여 판로를 지원하는 본 사업 외에도 경기도에서 소풍 같은 소셜벤더 역할을 수행할 기업들도 발굴하여 노하우를 전수하고 있는 것이다. 6개 시군에서 참여하여 함께 상품을 발굴하고 판로 연계를 하고 있다.

지역에 기반한 소셜벤더의 역할이 중요하다는 것을 누구보다도 잘 알기에 민간을 중심으로 한 자생적인 판로 생태계를 엮는 단초를 만들고자 한다.

㈜소박한풍경의 새로운 분야 제과제빵

　이제 소풍은 새로운 시도를 하고 있다. 그동안 쌓아온 상품 기획과
디자인, 유통, 판매 역량을 기반으로 '제조'를 하는 것이다. 제과제빵 영
역에서 지역을 상징하는 먹거리 기념품을 만드는 것이 그것이다. 수입
밀가루가 아닌 강원도 쌀을 사용한다. 마을기업에서 생산한 쌀을 원주
의 협동조합에서 쌀가루로 가공해 와서 자체 공장에서 상품을 만든다.
　강원도, 춘천을 대표하는 시그니처 상품을 만들어 매장 운영과 시너
지를 내고자 한다. 춘천청춘샌드, 라라샌드(삼악산 호수케이블카 전용 샌
드) 등의 이름으로 매장 판매를 하고 있으며 강원도 방문객들에게 기념
품, 답례품으로 제공되고 있다. 다른 사회적경제기업과 함께 사찰에서
판매하는 전용 쿠키도 개발했다.

사회적경제기업 독자 유통 구조를 갖출 때까지

유통은 양질의 제품 생산과 함께 기업이 사업할 때 가장 중요한 분야이자 사회적경제기업들이 자금 조달과 더불어 가장 바라는 분야임에도 불구하고 그동안 사회적경제 분야에서 거의 대응하지 못했다. 일부 지역에는 공공 조달을 중심으로 유통하는 곳이 있다. 하지만 일반 소비자를 대상으로 시장에서 유통하는 곳은 거의 없다. 그래서 사회적경제기업 대부분은 사회적경제의 특성을 이해하지 못하는 일반 유통을 이용하거나, 정부와 공공기관의 공간을 이용하거나, 생협 매장과 온라인 몰에 입점해야 했다. 물론 앞으로도 이런 흐름은 계속 확대해가야 한다.

이와는 별개로 사회적경제기업들의 제품을 전문적으로 취급하는 유통이 꼭 필요하다. 일반 시장 유통은 사회적경제기업에서 생산하는 상품들의 사회적 가치와 과정 등을 이해하지 못한다. 이해한다 하더라도 매대에 다른 상품과 같이 있기 때문에 그 가치를 차별적으로 홍보하기 어렵다. 또한 정부, 공공기관의 공간과 거래는 정책에 따라 달라지기 때문에 안정적이지 못하다.

생협은 입점하면 안정적인 매출을 기대할 수 있으나 친환경 유기 농산물을 중심으로 하다 보니 문턱이 높다. 사회적경제기업들의 영세성으로 생협이 요구하는 기준에 맞추기가 어렵다. 이러한 이유로 사회적경제기업의 상품을 독자 유통하는 구조가 더욱 필요하다.

사회적기업 ㈜소박한풍경이 농촌 문제로 씨름한 지가 어느덧 25년이다. 독립 법인으로 사업한 것도 18년이다. 그 기간을 거치면서 농촌

소셜벤더 운영을 위한 워크숍

을 더 살기 좋은 마을로 만들기 위해 주민들과 소통하면서 해당 지역 생산품이 질, 디자인, 포장 등에서 더 나아지고 판매, 매출도 높아지도록 지원해왔다. 특히 유통은 오랜 시간 동안 심혈을 기울이면서 노하우를 축적해왔다.

소풍은 사회적경제에서 일반 유통을 하는 거의 유일한 기업이다. 사회적경제에서 전문적으로 유통하는 소풍이 더욱 성장하고 다른 지역에도 소풍과 같은 역할을 하는 조직들이 생겨나길 기대해본다.

7장

혁신을 통한
새로운 시도

———————— 7장의 키워드는 혁신이다. 그동안 사회적경제에서 없었던 방식 또는 새로운 방법을 소개하기 위해서다. 혁신이란 기존 방식과 크게 다른 방식으로 시도하거나 아예 없었던 분야를 새로 만드는 것을 뜻한다. 그러므로 혁신의 내용은 시대에 따라 다른 의미를 담을 수밖에 없다.

예를 들면 시장경제에서 신자유주의, 자본의 자유로 인해 양극화, 빈곤, 실업 등이 악화되는 문제가 생기면 자본의 자유를 제한하여 양극화, 빈곤을 줄이거나 해소하는 것이 혁신이다. 반대로 복지국가 사회에서 복지를 제공하는 공무원들의 관료주의로 인해 사회서비스를 받아야 하는 약자들이 대상화되고 사회서비스가 전반적으로 하향 평준화되면 관료주의를 극복하는 것이 혁신일 것이다. 그러므로 혁신은 기존 방법으로는 해결할 수 없던 사회문제를 새로운 방법으로 해결하려고 시도하는 것이다.

여기서는 사회에서 발생한 문제 혹은 과제를 기존과 다른 새로운 방법이나 사업으로 돌파하는 사회적경제기업들의 이야기를 소개한다. 국내는 물론이고 국제적으로도 처음인 것으로 알려진 우리동물병원생명사회적협동조합, 기존의 지역화폐 운동 방식을 극복하고 새로운 방식으로 진행하는 지역화폐협동조합, 학부모와 교사가 같이 출자하여 만든 협동조합예슬어린이집, 회사의 지분을 시민사회에 기부한 자활 기업 ㈜즐거운밥상 등 네 곳이다.

우리동물병원생명사회적협동조합은 동물병원을 협동조합으로 설립한 사례다. 가입할 때 사람만이 아니라 반려동물이 함께 조합원으로 등록한다. 사람이 이용하는 병원을 협동조합으로 설립하는 경우는 적지 않다. 소비자인 환자들이 중심이 되어 설립하는 경우도 있고, 의료 서비스를 제공하는 간호사, 엑스레이 기사, 의사 등 노동자가 중심이 되어 창립하는 사례도 있다. 하지만 동물병원을 협동조합으로 한 사례는 처음이다. 이들이 협동조합을 설립한 것은 반려동물에 대한 인식을 바로 하고 인간과 반려동물이 공존하는 문화가 제대로 자리 잡도록 하기 위해서라고 한다. 아울러 반려동물들이 아플 때를 대비하여 KB손해보험과 함께 보험 상품을 만들었다.

반려동물의 문제는 동물에서 끝나지 않는다. 반려동물과 함께 사는 반려인의 문제가 또 있다. 반려인이 사는 환경이 좋지 않으면 반려동물도 자연히 나쁜 환경에서 살게 된다. 그러므로 역으로 반려동물의 열악한 환경을 개선하기 위해서는 반려인의 환경을 개선하지 않을 수 없다. 알려진 바와 같이 반려인은 나 홀로 살 때보다는 반려동물이 있을 때 삶의 의지, 만족도가 올라간다. 상호 의존적이라는 것이다. 그러므로 이를 잘 알고 유지하기 위해 교육 프로그램도 운영한다. 반려동물의 문제를 사적 영역에서만 논의해서는 근본적으로 해결할 수 없다. 공적 영역이 관심을 가져야 한다.

협동조합의 아버지로 불리는 로버트 오언(Robert Owen)은 미국 뉴하모니에서 공동체 운동을 실패한 후에 영국으로 돌아와 대안화폐 운동을 한다. 노동자가 생산한 노동의 가치를 국가 화폐가 너무 적게 인정한다는 문제의식이 출발점이었다. 하지만 지나친 평등성으로 인해 1~2년 만에 실패했다. 이후 약 100년이 지난 1929년 경제 대공황 때 국가 화폐 가치가 폭락하니 여러 나라에서 대안화폐를 만들어 썼다.

지역화폐 운동은 1980년대 들어 캐나다에서 시작했다. 지역에서 생산한 가치를 외부 자본가, 투자자에게 뺏기지 않고 지역에 머물게 하기 위해서였다. 우리나라도 1990년대 말 지역화폐 운동을 시작했다. 그러나 20년이 훨씬 지난 지금 지지부진하다. 지역화폐협동조합은 변화한 한국 사회에서 처음으로 스마트폰을 이용하는 지역화폐를 들고 나왔다. 꽤 성공적이고 확산 가능성도 크다.

현재 협동조합기본법에서 규정하는 다중이해관계자가 참여하는 협동조합은 1980년대와 1990년대 사이 스웨덴에서 가장 먼저 시작했다. 스웨덴에서는 국가가 하던 복지를 상업화, 시장화하는 영미식의 흐름과는 달리 협동조합에 맡기는 방식을 택했다. 예를 들면 유아교육에서 교사 노동자들이 주도하는 협동조합, 이용자인 학부모들이 주도하는 협동조합, 그리고 학부모, 교사, 경영자, 지지단체 등이 참여하는 협동조합 등이 존재한다. 다양한 부류가 참여하는 협동조합을 멀티스테이크홀더 협동조합이라고 불렀다.

협동조합예슬어린이집은 학부모 조합원, 교사 조합원이 함께 참여하고 있으므로 다중이해관계자협동조합이다. 우리나라 어린이집이나 유치원, 즉 유아교육 협동조합은 대부분이 학부모들이 참여하는 협동조합이다. 교사들이 하는 협동조합이 극히 일부 시도됐으나 현재는 거의 없다. 이런 상황에서 예슬어린이집은 학부모 조합원, 교사 조합원들이 함께 잘 운영하고 있는 곳이다.

자활기업인 ㈜즐거운밥상은 주식의 37.5%를 시민사회단체가 가지고 있고 12.5%는 전 직원, 그리고 대표는 경영권을 위해 50%를 소유하고 있다. 수익이 나면 취약계층, 시민사회 등에 기부하고 주주에 대한 배당은 전혀 하지 않는다. 주식회사가 배당을 전혀 하지 않으면서 이런 소유 구조를 가지고 있다는 것은 안정적으로 사업하면서 비영리성으로 경영하는 방법이다.

즐거운밥상이 사업을 시작하게 된 배경은 '초등학생들에게 제공되는 부실한 도시락' 때문이었다. 자활사업에 참여하는 사람들이 언론에 보도된 부실 도시락을 보고 자기 자녀들도 그런 도시락을 먹게 될지 모른다는 안타까운 마음에서 대안으로 시작했다. 부실한 도시락의 원인은 지방자치단체의 경험과 준비 부족 그리고 참여한 도시락 제공업체의 영세함 등이었다. 즐거운밥상은 자활기업 개인사업체로 시작하여 2010년에는 주식회사 법인으로 변경했다.

사회 혁신은 우리 사회에 그동안 없던 부분을 새로 만들거나 성공하지 못했던 사업, 일을 새로운 시도를 통해 헤쳐나가는 것이다. 막힌 부분을 뚫는 송곳 같은 역할을 한다. 그러므로 사회 혁신을 사회적경제와 연결하는 것은 매우 의미가 있고 계속 그리고 더욱 시도해야 할 부분이다. 특히 협동조합, 사회적경제는 엔터프라이즈(경영, 사업)와 어소시에이션(활동, 결사)의 결합체이기 때문이다.

동물복지가 곧 사람복지
– 우리동물병원생명
사회적협동조합

최초의 시도, 동물병원을 협동조합으로

'우리동물병원생명협동조합(현 '우리동물병원생명사회적협
동조합')'이 창립할 때 세간의 많은 관심을 받았다. '세계 최초로 동물병
원을 협동조합으로 운영한다', '조합원은 사람이 반려동물과 함께 가입
한다' 등의 이유와 함께, 협동조합을 '사람을 넘어 동물로 확대한다'는
것은 협동조합 역사 200여 년을 통틀어 다른 나라에서 사례를 찾을 수
없기 때문이었다.

특히 2012년 12월 협동조합기본법이 시행되기 시작했고 방송에서
개와 고양이를 중심으로 반려동물에 대한 내용이 많이 나왔다. 더구
나 동물을 학대하는 일부 사람을 비난하면서 사회적으로 동물복지 이
슈도 시작할 즈음이었다. 반려동물이라는 말이 마니아층을 넘어 대중
에게 쓰이기 시작한 것도 이때였다. 그전에는 대부분 애완견, 애완동

우리동물병원생명사회적협동조합이 운영하는 동물병원

물이라고 했다. 사람이 살아가는 데 부수적이고 보완적인, 그리고 장난감이라는 의미를 담고 있는 애완을 넘어 인간처럼, 인간과 함께 또는 동등의 의미를 뜻하는 반려라는 말을 쓰기 시작한 것이다.

세계적으로 '반려동물'이라는 용어는 1983년 오스트리아 빈에서 열린 포럼에서 동물학자 콘라트 로렌츠(Konrad Lorenz)가 처음 제안했다고 하며, 국내에서는 2007년 동물보호법에서 반려동물이라는 용어를 사용하기 시작했다(〈한국경제〉, 2016. 07. 15.).

이런 사회적 분위기를 반영하듯이 2012년 6월 마포의료생협(현 마포의료복지사회적협동조합)이 지역에서 창립되는 것을 보면서, 동물병원도 협동조합으로 만들면 좋겠다는 이야기가 나왔다. 그래서 당시 마포의료생협 설립에도 크게 기여했고 민중의집 대표였던 정경섭(우리동물병원생명협동조합 초대 이사장)을 비롯하여 성미산 주민, 시민사회단체 회원들이 논의에 참여하고 2013년 1월부터 본격적인 모임을 했다.

반려동물에 대한 인식을 바로 하고 인간과 반려동물이 공존하는 문화를 제대로 자리 잡게 하는 교육, 활동과 함께 반려동물들을 위한 병원을 논의하기 시작했고 동물병원을 위해서 협동조합이라는 법인을 추진하기로 했다. 한편 동물병원을 고민한 것은 반려동물을 치료하는 데 부담이 되는 치료비를 줄일 수 있었으면 하는 바람도 있었다. 더구나 동물은 같은 질병인데도 치료비가 병원마다 들쑥날쑥하다는 호소가 많았다.

이는 반려동물 치료에 대해 공공의 역할과 제도가 미비했기 때문인데 이를 당사자들이 스스로 해결하는 협동조합을 통해 역할을 할 필요가 있다는 판단이었다. 이런 논의를 바탕으로 2013년 5월 '우리동물병원생명협동조합'이 출범한다.

우여곡절의 창립 과정

창립 당시 조합원은 100명이었다. 반려동물과 함께 사는 사람만 아니라 함께 살지 않는 사람도 조합원으로 참여할 수 있다. (현재는 조합원이 약 2,500명이다.) 창립 후에 동물병원을 설립할 준비에 들어갔는데 큰 난관을 만났다. 동물병원은 수의사 개인이나 비영리법인만이 설립할 수 있다는 법적 규제였다. 일반 협동조합인 우리동물병원생명협동조합은 영리법인으로 분류되어 동물병원을 설립할 수 없었다.

다시 논의에 들어갔다. 결국 사회적협동조합을 다시 만들기로 했다. 2014년 7월 '우리동물병원생명사회적협동조합' 창립총회를 했다. 잠시 두 협동조합이 존재하다가 우리동물병원생명협동조합이 총회를 열

인가번호 제 □호

사회적협동조합 설립인가증

조 합 명 : 우리동물병원생명사회적협동조합
이사장 성명 : 유영선
주   소 : 서울특별시 마포구 월드컵로12길 22
           (성산동) 우리동물병원생명사회적협동
           조합

「협동조합 기본법」 제85조제1항에 따라
위와 같이 설립을 인가합니다.

2015년 2월 18일

농림축산식품부

2014년 7월 우리동물병원생명사회적협동조합 창립총회   2015년 2월 우리동생사협 인가증

어 조합의 모든 자산과 권리, 채무 등을 사회적협동조합에 양도양수한
다는 결의를 했다. 이로써 우리동물병원생명사회적협동조합(이하 '우리
동생사협')으로 동물병원을 할 수 있게 되었다.

　이렇게 우여곡절 끝에 우리동생사협을 창립했는데 주무관청인 농림
수산식품부는 인가를 바로 내주지 않았다. 이유는 전례가 없다는 것이
었다. 전례가 없는 것이 당연했다. 동물병원을 협동조합으로 한 사례
는 한국만 아니라 전 세계 어느 나라에서도 찾아볼 수 없었기 때문이
다. 할 수 없이 정치권이 움직였다. 당시 민주당 국회의원이었던 한명
숙, 정의당 국회의원 심상정 등이 적극 지지해주었다. 아울러 아이쿱
생협 등 기존 협동조합도 우리동생사협이 인가받을 수 있도록 서명하
는 등 적극적으로 협력, 지원했다.

　그 결과 창립총회를 한 지 약 7개월이 지난 2015년 2월이 되어서야
인가를 받을 수 있었다. 이렇게 어려운 과정을 겪는 속에서 창립 초기
인 2014년 1월에 실무자로 일을 시작하여 현재는 실무 총책임을 맡고
있는 김현주 상무이사를 만나 지금까지의 이야기를 들었다.

수의사 구하기가 하늘의 별 따기

　　우리동생사협이 동물병원을 열려면 수의사가 있어야 하는데 수의사를 구할 수가 없었다. 조합원 중 수의사가 있어서 자문을 해주어 2014년 가을부터 동물병원을 준비할 수 있었다. 동물병원의 실내 구조와 필요한 의료기기, 동선 등을 자문했고, 2015년 동물병원을 개원하면 수의사로서 일하기로 했다. 그런데 막상 2015년 문을 열어야 하는 시점에 우리동생사협에서 일할 수 없다고 했다. 청천벽력 같은 일이 벌어진 것이다. 이유는 알 수 없었다.

　다시 수의사를 찾아야 했다. 일정은 급하고 사람은 없고. 임시방편으로 현업에서 은퇴한 수의사가 구인 공고를 내주고 명예 원장 형식으로 도와주었다. 구인 공고를 통해 수의사가 들어왔다. 그런데 4개월 운영해보니 그는 우리동생사협과 맞지 않아 다시 수의사를 찾아야 했다. 조합원 중에 개원하기 전부터 도움을 주던 수의사에게 도움을 요청하여 4개월, 그리고 동물보호단체 소개로 만난 수의사가 8개월 진료를 했다. 개원 직전과 직후 어려울 때 조합원인 수의사가 많은 도움을 주었다.

위태위태했던 동물병원

　　2016년 10월까지 약 1년 8개월 동안 무려 4명의 원장 수의사가 거쳐 갔다. 그러다 보니 개원한 지 몇 달 안 지났지만 이사회와 대의원회의에서는 '안정적인 우리 수의사를 만날 때까지 동물병원의 문을 닫을 수도 있겠다'는 이야기까지 나왔다. 대책을 세워야만 했다. 이렇게 된 데는 여러 이유가 있었다.

우선 조합이 처음 하는 사업으로 인력을 준비하지 못하는 등 업무에 서툴렀던 것이 가장 컸다. 둘째, 동물병원은 사람들이 이용하는 병원과 달리 국가의료보험 등의 제도가 없는 전혀 다른 의료 서비스 영역인데 이에 대한 이해가 부족했다. 셋째, 언론의 선정적인 보도였다. 동물병원을 하는 이유에 대해 반려동물 문화, 인식 등은 놔두고 자꾸 동물 치료비에 집중하여 기존 수의사, 다른 동물병원과 대립 구도를 만든 것이다. 반려동물 치료비의 문제는 싸다, 비싸다로 단순화할 수 없는 문제인데 그렇게 보도했다. 그러다 보니 기존 동물병원, 수의사들이 폭리를 취하는 것처럼 자극적으로 보도하여 우리동생사협과의 협력을 어렵게 했다.

마지막으로 정부 역할의 부재였다. 정부는 반려동물에 대한 준비가

반려동물 진료를 위해 대기하고 있는 반려인들

거의 되어 있지 않았다. 세상은 애완견, 애완묘에서 반려견, 반려묘로 변하고, 공공과 개인 모두의 책임 있는 돌봄은 물론 다양한 제도에 대한 필요와 욕구가 높아지는데, 정치권과 정부의 시각은 과거에 머물러 있었고 적절한 대응을 하지 못하고 있었다. 특히 2011년 7월에는 동물 치료비에 부가가치세를 부과하기 시작하여 소비자의 부담을 증가시켰다. 다행히 부가가치세 일부는 2023년 10월 1일 폐지되었다.

수의사 합류로 안정 시작

우여곡절 끝에 2016년 11월, 현재 원장으로 있는 수의사가 합류했다. 우리동생사협의 조합원이 반려동물 치료를 위해 다니던 동물병원의 수의사였다. 처음에는 수의사를 소개해주려고 했으나 여의치 않자, 본인이 하던 개인 동물병원을 접고 직접 참여하게 된 것이다. 이때부터 우리동생사협이 안정되었다. 동물병원이 주 사업인데 동물을 치료할 수의사가 불안하니 조직 전체가 안정되지 않았는데, 치료가 안정적으로 이루어지니 하나하나 자리를 잡아갔다.

수의사와 진료가 안정되니 2018년부터는 희망이 보였다. 그리고 희소식이 생겼다. 우리동생사협이 기재부에 지정기부금단체로 등록된 것이다. 이런 제도적 성취는 조직의 안정과 활성화에 큰 힘이 되었다. 동물복지에 관심이 있는 외부 단체와 협력 사업, 기부금 모집을 활발하게 할 수 있게 됐다.

우리동생사협이 하는 일

　　우리동생사협이 하는 사업은 크게 다섯 가지다. 동물 의료기관 운영, 외부 동물들에게 하는 의료나눔, 반려동물 문화교실 등 교육사업, 조합을 알리는 홍보사업, 다른 조직과의 연대사업 등이다.

　　먼저 동물 의료기관 운영은 주 사업이자 가장 일상적인 사업으로 조합원인 반려동물이 치료 대상이다. 물론 조합원이 아닌 반려동물도 치료한다. 조합원 반려동물의 치료에는 일부 할인 혜택이 있다. 둘째, 의료나눔사업 안에는 다시 네 가지 사업이 있다. 1) 유기동물, 길고양이 등 조합원 구조 동물 의료나눔, 2) 협약을 한 단체들과 동물 의료나눔, 3) 협약 지자체 및 단체와 길고양이 중성화(TNR) 시행, 4) 취약계층 주

우리동생사협이 진행하는 여러 가지 사업

민의 반려동물 양육을 지원하는 통합복지 활동 등이다.

셋째, 교육사업으로는 반려동물 문화교실, 노인 대상 반려견과 동네에서 행복하게 살아가개(犬), 사회복지사와 함께하는 반려동물과 반려인을 위한 통합복지 사례 관리 교육, 길고양이 돌봄교육, 반려견·반려묘와 건강하게 더불어 살기 등이 있다. 이 외에 언론 홍보 그리고 마포지역에서 다른 협동조합, 시민사회단체들과의 연대와 협력 사업을 진행한다.

한편 우리동생사협은 반려동물 치료 중에서 비용이 많이 들어가는 치료에 대해 2018년부터 KB손해보험과 반려동물보험을 하고 있고,

KB손해보험과 함께하는 반려동물보험 안내

반려동물 장례문화를 위해 반려동물 장례식장, 화장시설을 운영하는 펫포레스트와 협약을 맺어 조합원들에게 할인 혜택을 주고 있다.

2020년에는 서울시 강남구 청담동에 2호 동물병원(청담점)을 세웠다. 당시 건물주였던 조합원이 보증금 없이 월세를 싸게 하고 내부 인테리어까지 해주면서 제안했다. 조합에서는 2호점을 고민하던 시기였기에 우리동생사협의 활동 지역 확장을 위해 흔쾌히 응했다.

그런데 바로 코로나19가 와서 큰 어려움에 봉착했다. 코로나19로 인해 병원에 오는 반려동물이 줄지는 않았지만, 지역사회에서 사람 조합원을 만나면서 활동해야 하는데 그럴 수가 없었다. 철수를 심각하게 고민하던 중에 건물주가 건물을 매각했다. 그리고 자연스럽게 새 건물주와 계약하지 않기로 했다.

청담점 운영 종료는 지역 특성에 맞는 시장 조사와 지역 조합원 활동력의 중요성을 알게 해주는 교훈이 되었다.

취약계층 반려동물 지원 사업

우리동생사협이 하는 사업 가운데 취약계층 반려동물 의료 및 양육 지원 사업은 한국 사회에 새로운 시각을 제공한다. 바로 동물복지와 사람복지가 깊게 연결되어 있다는 것이다. 반려동물과 반려인이 건강한 유대감을 조성할 때 두 존재가 함께 건강할 수 있다.

그러나 취약계층에 대한 돌봄 공백이 생기면 반려인은 물론 반려동물도 삶의 질이 떨어지고 무너지는 일이 생길 수 있다. 그뿐만 아니라 반려동물을 잘 돌보지 못하거나, 동물이 감당할 수 없이 늘어나 지역사회 이웃과의 갈등도 생길 수 있다. 동물을 돌보는 데 들어가는 비용을 지불할 능력이 없고 돌봄을 부탁할 가족이나 이웃이 없어, 치료가 필요함에도 치료를 못 하는 경우도 많다.

반려동물과 관련해서는 사적 영역으로만 관리되고 있고, 국내에 동물과 사람을 연계하는 통합돌봄 사례가 거의 없다 보니, 복지기관 등에서 이런 일이 발생하면 우리동생사협으로 연락하는 일이 잦다. 공공영역과 지역사회에서 함께 고민해야 하는 이슈다. 취약계층의 반려동물에 대한 의료지원은 주로 중성화수술 등 예방의학 중심으로 이루어지고 있다. 반려동물도 20년을 사는 유병장수 시대에, 예방의학적 지원과 장기적으로 건강 관리를 잘할 수 있는 돌봄교육을 진행하는 것이 효과적이기 때문이다.

우리동생사협은 이러한 시각을 가지고 2017년부터 취약계층 주민

동물 치료 나눔 활동

반려동물 문화교실 안내문

들의 반려동물들을 위해 의료나눔을 하고 있다. 동물 치료만 지원하는 것이 아니라 반려인들이 생활 속에서 잘 돌볼 수 있도록 동물 돌봄 교육을 중요하게 여기고 있다. 또한 반려동물 복지는 결국 가정에서 돌보는 사람 복지와 연결되어 있으므로 사람과 동물을 함께 돌보는 것의 중요성을 강조하며 진행하고 있다. 이를 통해 사람과 동물이 함께 지역에서 더불어 건강하고 행복하기를 희망한다.

이제는 공공이 관심을 가져야 할 때

그래서 우리동생사협이 취약계층 주민의 반려동물 양육 지원을 진행할 때는 가정방문을 통한 환경 조사와 교육을 하고, 지역에서 활동하는 돌봄 활동가들과 협업한다. 즉 지역사회에서 통합복지의 관점으로 진행하고 있다. 이러한 내용이 2019년 서울시 시민 참여예산 사업으로 제안되어 2020년 시범사업을 하고 2021, 2022년 본 사업으로 진행했다. 그리고 2022년 하반기부터는 서울시가 별도의 사업을 만들어 경제적 취약계층 주민들의 반려동물에 대한 예방의료 일부 지원 사업을 서울 전역으로 확대해서 진행하고 있다.

필수 의료를 공공영역에서 접근하고 지원하는 것은 매우 환영할 만한 일이지만 아쉬운 점도 있다. 우리동생사협이 하던 가정방문 등 환경 조사와 교육, 지역 내 여러 단체와의 협업 등을 통한 사각지대 발굴과 통합복지의 관점으로 접근하는 부분이 부재한 것이다. 어려운 일이지만 지역사회와 공공 영역에서 함께 고민하고 손을 내민다면 사람과 동물이 더불어 건강한 사회에 더 다가갈 수 있을 것이다.

2

지역에서 생산한 가치가
지역에 머물도록
– 지역화폐협동조합

로버트 오언의 대안화폐 운동

로버트 오언은 스코틀랜드 뉴라나크에서 공장을 운영하면서 노동자들의 노동 시간을 다른 영국 공장의 16~18시간에서 12시간 이하로 획기적으로 줄였다. 아동 노동은 하지 않고, 청소년은 노동 시간을 줄이고 교육을 했으며, 세계 최초로 유치원을 세웠다. 아울러 협동조합 운동을 주창하고 실행했으며, 미국 인디애나주 뉴하모니에 가서 공동체를 시도했다.

영국 뉴라나크에서의 활동과 달리 미국 뉴하모니의 공동체 운동은 실패했다. 실패 후 오언은 영국으

로버트 오언

로 돌아와서 노동자들의 노동에 대해 급여를 너무 낮게 지불하는 것에 문제를 느끼고 1832년 노동교환소를 만들어 노동증서 교환으로 파운드 화폐를 대신했다. 노동증서 교환 운동도 실패했지만 약 2년 동안 진행한 이 운동을 화폐 대안 운동의 시작으로 부른다.

이후 약 100년이 지난 1929년, 세계적인 경제 공황이 왔다. 독일 등 유럽의 많은 나라에서 화폐가치가 턱없이 떨어졌다. 노동자가 하루 종일 노동을 해서 받은 돈으로는 먹거리나 생필품 구입조차 어려웠다. 이에 대해 독자적으로 화폐를 만들어 거래하는 일이 벌어졌다. 실비오 게젤의 자유화폐, 스위스 비아, 덴마크 JAK은행의 무이자 화폐 등이 그것이다.

1980년대 들어서 신자유주의가 본격적으로 진행될 즈음, 캐나다 밴쿠버시의 코목스 발레에서는 지역 경제가 어려워지자 그 지역에서만 사용할 수 있는 화폐를 유통하는 LETS(Local Exchange and Trading System, 지역통화제도 또는 지역교역교환시스템) 운동을 시작했다. 이 운동이 오늘날 여러 지역에서 하는 지역화폐 운동이다.

그러므로 지역화폐 운동은 노동자의 노동과 자영업자들의 사업에 대한 정당한 가치를 인정하는 것, 지역에서 생산한 부가 빠져나가지 않고 지역 내에 머물게 하는 것, 그리고 자원봉사 활동을 활성화하는 것 등의 효과가 있다.

한국 지역화폐 운동의 역사

한국에서는 〈녹색평론〉이 1996년 미국 등 다른 나라에서 움직이는 지역화폐 운동 사례를 소개했는데 이를 계기로 1998년 '미래를 내다보는 사람들의 모임(미래사)'이 '미래머니'라는 화폐 운동을 시작했다. 이후 전국의 여러 지역에서 지역화폐 운동을 시작했는데 그 중 한밭레츠는 2000년 2월 대전에서 시작하여 현재까지 활동하고 있는 지역화폐 운동이다. 그리고 관에서는 2010년 즈음 일부 지방자치 단체가 종이 지역상품권을 시작하여, 지금은 많은 지자체가 온라인 시스템, 카드 지불 시스템 등을 더하여 다양한 방안을 진행하고 있다.

지역화폐협동조합은 한밭레츠를 경험했던 지역의 활동가들이 주축이 되어 새롭게 움직이는 지역화폐 운동이자 플랫폼 협동조합 운동이다. 한밭레츠를 통해 지역화폐 운동을 알게 되었고 현재는 지역화폐협동조합에서 일하고 있는 이원표 상임이사를 만나서 그간의 과정과 현황 등을 들었다.

이용은 간편하게.
혜택은 다양하게.

한밭페이 애플리케이션

한밭레츠의 역사

대전에서 진행한 한밭레츠는 2000년 시작하여 꽤 긴 역사를 가지고 있다. 하지만 회원과 가맹점이 더 이상 확대되지 않고 정체되고 있다고 하는데 이원표 상임이사는 그 이유로 두 가지를 꼽는다.

먼저 한밭레츠가 이용하는 지역화폐 '두루'를 국가 화폐로 교환하지 못하는 부분이다. 두루를 구입할 때에는 현금과 1:1 매칭을 원칙으로 하는데 두루를 다시 현금으로 교환하지 못한다. 두루 활성화라는 측면에서는 좋은 방법이지만 참여를 위해 가맹점으로 가입하려면 두루에 대해 꽤 높은 신뢰가 필요해 가맹점이 되기 쉽지 않다.

다음은 '두루'를 사용하여 거래하는 것이 편리한가이다. 두루를 사용하기 편리하게 하려면 사용 가능한 가맹점이 많아야 하고 요즘 대세인 스마트폰을 이용해 사용할 수 있어야 한다. 이는 개인적 견해가 아니라 지역화폐를 활성화하기 위한 지역사회에서 포럼, 세미나 등을 통해서 얻은 결론이라고 한다. 하지만 한밭레츠는 거래소의 장부와 홈페이지에서 거래를 신고하고 사무국에서 승인하는 방식으로 운영하고 있다. 교환 과정의 소통이 지역화폐 운동의 중요한 가치 중 하나이기 때문에 이를 고수하고 있지만 아무래도 불편한 것은 어쩔 수 없다.

지화협의 새로운 지역화폐 운동

이런 논의가 이어지는 과정에서 대전 지역에서는 2019년 산업자원부의 커뮤니티비즈니스 활성화사업 R&D 품목으로 지역화폐가 선정되어 공고되었다. 한 해 전에는 커뮤니티케어가 선정되어 충남대학교 간호대학에서 연구개발을 진행했고, 2019년 선정된 지역화폐 플랫폼은 한밭대학교 컴퓨터공학과가 총괄 책임을 맡아 연구개발을 진행했다. 개발은 이듬해인 2020년까지 진행되었고 개발된 지역화폐 플랫폼 기술은 지역화폐협동조합으로 이어졌다. 이후 지역화폐 플랫폼은 지역화폐협동조합의 발기인이자 장애인 개발자들이 주축이 되어

지화협 설립에 참여한 일부 단체들과 이 단체들이 입주해 있는 '공간이음'

설립한 사회적기업 위즈온협동조합이 유지 보수를 맡고 있다.

지역화폐협동조합은 지역화폐 플랫폼을 운영하기 위해 생협, 사회적기업, 마을공동체, 시민단체 등 대전의 13개 법인과 단체가 발기인이 되어 설립했다. 이후 창립할 때는 개인들이 조합원으로 가입하여 2020년 9월 '지역화폐협동조합(이사장 박경, 이하 '지화협')'이 출범했는데 2023년 12월 말 현재는 조합원 251명(개인 233명, 법인 18개), 출자금이 약 6,700만 원이다.

그런데 협동조합은 '금융보험업을 할 수 없다'는 협동조합기본법으로 인해 대전시가 여러 차례 반려와 수정을 요청하는 바람에 2020년 12월이 되어서야 신고증을 받을 수 있었다. 지화협의 조합원들이 현금을 입금하고 한밭페이로 충전하는 것이 '선불전자지급업'에 해당하여 '기타금융업'으로 분류되어 있다는 것이었다.

이는 주식회사로는 가능한 업종들이 협동조합에는 막혀 있는 대표적 사례다. 주식회사같이 금융을 할 수 있게 하고 금융 업종은 별도의 법으로 규제하면 된다. 현재 주식회사로만 가능한 대부업, P2P 온라인 금융 등이 다 그런 방식이다. 법인의 정체성과 달리 별도의 법으로 규제하고 있는데 주식회사는 할 수 있고 협동조합은 할 수 없는 분야다.

협동조합 차별 문제를 자회사로 해결

이에 대해 법무법인 더함의 자문을 받아서 자회사를 주식회사로 설립하기로 했다. 지역화폐 온라인 플랫폼 한밭페이는 지화협이 소유하고 지화협이 만든 자회사인 ㈜한밭페이가 충전과 환전을 한다. 그리고 ㈜한밭페이는 온라인 플랫폼 수수료를 지화협에 지불하는 방식이다. 한밭페이 애플리케이션은 플레이스토어(Android) 또는 앱스토어(ios)에서 검색이 된다. 충전 방식은 두 가지인데 하나는 정기적으로 일정 금액을 CMS를 활용하여 충전하는 방식이고, 다른 하나는 ㈜한밭페이에 송금하여 충전하는 방식이다. 이용자 계좌를 연결하여 즉시 충전하는 방식은 오픈뱅킹 진입장벽이 있어 아직 시도하지 못하

한밭페이로 가맹 커피숍에서 커피를 구매하는 이원표 상임이사

고 있다. 하지만 이후에는 법에 정해진 자본금(10억 원 이상)을 마련하여 추진할 계획을 세우고 있다.

소비자는 지화협의 조합원이 아니어도 누구든지 한밭페이를 이용할 수 있다. 앱을 설치하여 가입하고 현금으로 한밭페이를 충전하면 가맹점에서 사용할 수 있다. 이렇게 간단하고 편리하니 2023년 12월 말 앱을 설치한 사람이 약 4,000명이고 2021년 첫해 5억 원 충전에 거래액은 10억 원, 2022년에도 5억 원 충전에 거래액 12억 원이다. 2023년 12월에는 충전액이 5억 7,000만 원을 넘어가고 있다.

현재 매달 정기적으로 충전하는 사람은 300~400명 정도이고 1,000명은 가끔 충전하고 있다. 소비자들이 원할 때, 충전한 한밭페이를 현금으로 바꿔주는 방식을 했더니 한밭페이 충전을 훨씬 편하게 하는 것으로 보인다.

지역민, 자영업자들의 소통과 네트워크

한밭페이를 사용할 수 있는 가맹점은 500개인데 150개는 사회적경제기업이고 나머지 350개는 소상공인이다. 한밭페이 활성화를 위해 가맹점에 두 가지 정책을 채택했다. 하나는 평소에 다른 수수료는 없지만 한밭페이를 현금으로 바꿀 때는 3% 수수료를 지불하게 하는 것이고, 가맹점을 가입시킬 때는 조합원과 앱 가입자가 많이 있는 특정 지역을 정해서 그 지역의 골목에 있는 사업장을 집중적으로 공략하는 것이다.

정책의 효과는 바로 나타났다. 가맹점이 한밭페이를 현금화할 경우

3% 수수료를 지불하게 했더니, 가맹점 점주들은 현금화하는 것보다 다른 가맹점에 가서 사용하는 방법을 택했다. 예를 들어 핸드메이드 제품을 파는 사회적기업이 소비자에게 받은 한밭페이를 현금화하지

(위) 가맹점, (아래) 기부처

않고 같은 골목에 있는 가맹점 식당에서 직원 회식을 하여 거래가 활성화되는 식이었다.

그리고 특정 지역에 가맹점을 집중하니 소비자의 이용이 많아지고 해당 지역에 가맹점들의 네트워크가 생겼다. 지역화폐가 추구하는 또 하나의 지향점인 지역사회 소통 공간과 교류가 생긴 것이다. 대전시 서구 관저동이 그런 지역이다.

한편 공공이 하는 지역사랑상품권은 소비 촉진의 효과는 있지만 지역 간 격차 심화와 상권 양극화의 문제가 발생하기도 한다. 예를 들어 대전의 서남부는 생활권이 공주시, 대전시 유성구, 세종시 등이 겹치는데 지자체 상품권들이 과잉 경쟁하면서 대전 유성 상권으로 소비가 집중되어 다른 지역의 소비가 위축되기도 한다. 더 큰 캐시백 혜택을 주는 곳으로 소비가 쏠리고 당연히 재정 여력이 좋은 지자체가 유리하기 때문이다. 실제로 공주시나 세종시의 시민들이 대전의 지역사랑상품권을 사용하는 '쏠림 현상이 생기기도 한다'는 것이다.

그러므로 지역 주민들이 구입할 수 있는 지역사랑상품권의 지역 제한과 지역 가맹점 이용 제한을 통해 적절하게 규제해야 할 것이다. 아울러 이런 것을 자치단체 공무원들의 성과주의에 맡기지 말고 민간 비영리 조직에 맡겨서 자율적으로 조정할 필요가 있다. 그래야 지역 공동체가 살아나고 지역민들의 유대가 강화될 수 있다.

수익 모델을 찾아

아직 한밭페이는 수익 모델이 약하다. 지금까지는 한밭

페이의 공공성을 알리는 데 중점을 두었기 때문이다. 현재의 수익 사업은 가맹점이 충전액을 현금으로 바꿀 때 받는 수수료 3%와, 가맹점에서 판매하는 제품을 온라인으로 선물 보내고 문화 티켓을 판매할 때 받는 수수료 정도다.

앞으로 지금의 2배, 즉 한 해 충전 금액 10억 원과 사용자 1만 명이 넘어가면 몇 가지 수익 사업을 계획하고 있다. 첫째, 광고를 유치하고 수수료를 받을 계획이다. 둘째, 대전시 등에서 하는 행사에 대해 앱을 이용하는 대전 시민들에게 온라인 무료 티켓을 발송하고 그 무료 티켓을 받은 시민이 참여 의사를 밝히면 홍보 수수료를 받는 시스템을 개발하여 수익 사업으로 하는 것이다.

한밭페이의 미래

한밭페이는 대전에서 20년 이상의 오랜 역사를 가진 한밭레츠의 혁신 모델이다. 한밭레츠가 밑거름이 되었다고 볼 수 있다. 하지만 한밭레츠 모델에만 머물렀으면 이루기 어려웠을 것이다. 청출어람의 전형적인 모습이다. 한밭레츠도 인터넷이 보편화되면서 온라인에서 자율적인 거래를 연결하여 기존 지역화폐보다는 진일보한 측면이 있었다. 여기에 더해 한밭페이는 스마트폰을 기반으로 하고 있으며, 현금과의 교환을 일반화했다는 점에서 더 많은 확장성을 기대할 수 있을 것이다.

한밭페이가 지향하는 지역화폐에 많은 대전 시민이 참여하고 사회적경제기업에도 크게 기여하기 위해서는 지역화폐로 사회적금융을 실현하는 방향도 필요하다. 아울러 주민들 스스로 다치거나 아플 때 등을 대비하는 공제도 지역화폐로 연결할 수 있어야 한다. 그러기 위해서는 협동조합이 금융업을 할 수 없다는 협동조합기본법은 개정되어야 한다. 실제 농협, 수협, 새마을금고 등은 금융과 공제를 하고 있다. 생협과 협동조합기본법에 의한 협동조합만 금융과 공제를 못 하게 하고 있다. 이는 분명한 차별 규제다. 꼭 시정되어야 한다.

30년을 훌쩍 넘고도 활발한 곳
– 협동조합예술어린이집

노동자 밀집 지역에서 시작한 어린이집

1991년 4월 인천시 부평에 사는 활동가 6명이 모여 탁아방으로 시작한 어린이집이 한 세대인 30년을 훌쩍 넘기면서 그동안 600명 이상의 아이가 다녀갔다. 처음 등원한 어린이가 3~4세에 왔다고 가정하면 그는 이제 35~36세가 되었을 것이다. 30년이 넘는 세월 동안 두 조직이 통합하기도 했다가 생협에 소속되기도 했다. 그리고 다시 협동조합으로 독립하여 운영하고 있다. 김영희 원장은 이 협동조합의 조합원이면서 20년 이상 근무하고 있으니 그 역사와 내용을 누구보다 잘 안다. 이에 어린이집을 방문하여 인터뷰를 진행했다.

한 세대가 지나는 동안 대한민국은 개발도상국에서 선진국에 이르렀고 지방자치 실시, 민주주의 진전 등이 있었다. 그런데 2020년을 최고점으로 2021년부터 인구가 줄어들고 출생률은 OECD 국가 중에 가장 낮다. 그 여파일까. 인천을 포함한 전국 곳곳에서 어린이집 등 많은 유아교육 기관이 문을 닫고 있다. 그중에는 사회적경제 조직에 속하는 곳도 있다. 매우 어려운 시기를 맞이한 것이다. 이제 이 상황을 어떻게 극복할 것인지 조합원들과 함께 모색하고 있다.

1990년대 인천광역시 부평구에는 대우자동차 공장이 있었다. 그러다 보니 대우자동차와 관계 회사에서 근무하는 노동자가 많이 살았다. 그 노동자들은 젊었고 때마침 민주화 이후 여성의 사회 진출과 맞물려 맞벌이가 많았다. 또한 노동자 밀집 지역이다 보니 시민사회단체도 비교적 활발했다. 그래서 아이들을 안심하고 맡길 비영리 탁아방이 있어야 한다는 의견이 모아졌다.

1991년 모인 그들은 좋은 탁아방을 만들려면 신뢰할 수 있는 교사, 적절한 아동과 교사 비율, 건강한 먹거리 제공, 충분한 공간 확보 등이 필요하다고 논의했다. 이후 이런 방향에 동의하는 사람들을 더 찾아 나섰고 탁아방 설립에 필요한 자금을 모으기 위해 수익사업을 하고 후원회를 구성했다. 같은 해 9월, 13평 정도의 공간을 구해 '엄마방'이라는 이름으로 출발했고 이듬해인 1992년 5월에는 '엄마방어린이집'으로 변경하고 공간도 더 넓은 곳으로 이사했다. 출발 당시 관련 법이 없었지만 내용으로는 학부모와 교사들이 공동으로 출자한 협동조합 형태였다.

'예슬어린이집' 탄생

1995년 7월에는 비슷한 취지로 운영하던 '무지개동산어

린이집'과 통합하여, 예의
바르고 슬기롭게 자라라는
뜻을 가진 '예슬어린이집'
이 되었다. 영아와 유아를
같이 해야 교육이 이어지고
아이와 교사 비율, 원내 음
식 조리 등도 효율적으로

어린이집 운영을 위해 모인 학부모들

운영할 수 있기 때문이었다. 이를 위해서 학부모, 교사, 임원 등이 출자
를 늘렸고 은행에서 대출도 받았다.

예슬어린이집이 일반 어린이집과 다른 것은 학부모들이 출자한다는
것이다. 물론 일부 교사들도 출자하지만 대부분은 학부모 출자다. 그
렇기 때문에 학부모들이 어린이집 운영에 참여한다. 아이들 교육 외의
식사, 간식, 어린이집 운영 경비 등에 대해 의견을 내는 것이다. 단순한
의견 제시를 넘어 양질의 의견을 모으기 위해 학부모 대상으로 교육철
학 등도 교육했다. 그리고 자녀 교육에 아빠들의 관심과 참여를 강조
하는 프로그램도 한다.

한편 한국 사회는 2000년 초가 되자 아이들 먹거리에 큰 관심을 보
였다. 거기에는 몇 가지 이유가 있다. 이 시기에 국가 정책적으로 학교
급식을 전면 실시하는데 기업이 이윤을 위해 학교급식에 참여하고 업
체와 학교 행정의 부패 등이 이어지면서 급식에서 이물질이 나오는 등
의 위생 문제, 부실한 식재료 등이 여론의 도마에 올랐다. 아울러 아토
피와 같은 환경성 질환을 가진 아이들이 크게 늘어났다. 이에 대해 언
론에서는 '잘 먹고 잘 사는 법'과 같은 프로그램을 통해 먹거리의 중요

성을 알렸다.

아이들에게 친환경 식품을 먹이기 위해

예슬어린이집은 초기부터 먹거리에 관심이 있었지만 이 시기부터는 더 큰 관심을 가지게 되었다. 그러면서 인천생협(현 인천아이쿱생협)과의 통합을 논의하기 시작했다. 예슬어린이집은 먹거리 문제를 해결하려면 비용이 많이 드는데 이 부분을 인천생협에서 어느 정도 부담하길 원했다. 한편 인천생협에서는 조합원들이 자녀들을 믿고 보낼 어린이집이 필요했고 '지역사회에 기여'라는 협동조합의 원칙을 실현하고자 했다.

교육에 참여한 학부모들

마침 예슬어린이집에 보내는 학부모 중에 인천생협 조합원이 꽤 있었다. 그래서 통합은 크게 어렵지 않았다. 2001년 9월부터 3개월 동안 논의한 끝에 12월 통합을 결정했다. 어린이집의 교사, 학부모들은 모두 인천생협에 출자하여 조합원이 되었고 어린이집의 식재료는 모두 아이쿱생협의 친환경 식품을 이용할 수 있게 되었다.

한편 인천생협은 어린이집 운영을 위해 4층 건물을 매입했다. 이제 공간이 충분하므로 영유아 교육만 아니라 초등학생 대상의 방과 후 교

실도 운영했다. 1, 2층은 어
린이집이 사용하고 3층은
방과 후 학교와 어린이집
사무실, 그리고 4층은 생협
사무실로 사용했다. 이후
약간의 공간 변동은 있지만
큰 틀은 이런 형태를 유지

인천아이쿱생협 소속일 때의 어린이집

했다. 인천생협으로서는 약간 무리였으나 당시 신복수 이사장의 추진
의지가 크게 작용했다.

2002년부터 2018년까지 17년 동안은 이와 같은 형태로 유지되었
다. 이 기간 동안 예슬어린이집은 평온하게 보육과 교육에 집중할 수
있었다. 그런데 변화가 생겼다. 인천아이쿱생협(2008년부터 아이쿱생협)
이 조합원들의 요청에 따라 매장 사업을 위해 다른 곳으로 이사하게 된
것이다. 그동안 인천아이쿱생협이 예슬어린이집을 위해 공간 사용과
친환경 농산물 식재료 이용 등에서 많은 도움을 주었는데 이제는 독립
해야 할 시기가 온 것이다.

'협동조합예슬어린이집' 창립

2018년부터 예슬어린이집이 본격적으로 인천아이쿱생
협에서 독립하는 것을 논의했다. 논의 결과 예슬어린이집을 협동조합
법인으로 창립하기로 했다. 약 1년의 준비 기간을 거쳐 2018년 12월
27일 '협동조합예슬어린이집' 창립총회를 하고 2019년 1월 28일 협동

2022년 협동조합예슬어린이집 제3차 정기총회　　　2023년 협동조합예슬어린이집 제4차 정기총회

조합 설립 신고를 마쳤다. 그리고 같은 해 7월 법인 변경 인가를 받았
다. 협동조합으로 전환하기 위해서 학부모, 교사를 중심으로 책 읽기,
학습회 등을 수차례 거쳤다. 아이쿱생협연합회 협동조합지원센터의
도움도 받았다.

현재 조합원은 학부모 조합원 13명, 교사 조합원 6명 등 19명이다.
두 가정이 아이를 두 명씩 보내서 아이는 15명이다. 학부모는 출자금
이 200만 원이고 교사는 그보다 작은 50만 원이다. 다중이해관계자협
동조합인 셈이다. 아이를 어린이집에 보내는 가정은 출자금 200만 원
에 월 보육비 그리고 특별활동비와 기타 필요한 경비를 낸다. 출자금
은 아이가 졸업할 때 찾아가는데 출자금의 10%는 후원금으로 기부한
다. 보육비는 아이들 부모가 내지만 국가가 전액 부모에게 보조하는
방식이다.

학부모들은 이외에 별도의 운영비로 매월 영아는 25만 원, 유아는
35만 원씩 부담한다. 어린이집에서 먹는 급식과 간식 등을 모두 친환
경 식품으로 하는 것과, 정부가 지원하지 않는 보조교사 인건비, 건물
임대료, 행사비, 환경 개선 등에 대한 부담이다. 아이가 현재의 15명에

서 25명으로 늘면 정부 지원이 생겨 학부모 부담이 줄어든다.

이렇게 출자금과 별도의 비용이 들기 때문에 어린이집 가입을 신중하게 하도록 권한다. 첫째 주는 부모와 아이가 어린이집을 관찰하고 둘째 주는 부모와 1시간 정도 떨어지고 점심 식사를 한다. 셋째 주는 부모와 떨어지기와 낮잠 자기, 넷째 주는 부모와 떨어져 어린이집에 적응하기 등을 거친다. 어떻게 보면 번거로운 기간이지만 부모들은 어린이집 내부를 볼 수 있는 기회가 되고 교사들은 아이의 특성을 면밀하게 관찰할 수 있는 시간이 된다. 이는 당연히 이후 교육에 큰 도움이 된다.

최상의 먹거리, 야외 활동, 운영 참여

그러면 협동조합예슬어린이집은 어떤 장점이 있을까? 첫째, 아이들 먹거리가 최상으로 좋다. 모든 식재료와 간식을 아이쿱생협의 친환경 식품으로 한다. 둘째, 교사와 학부모 간의 신뢰가 굳건하다. 언론에 가끔 나오는 아동 학대와 CCTV 같은 일은 일어날 수가 없다고 한다. 셋째, 매일 바깥나들이와 체험 학습을 많이 한다. 아이들이 자연과 접할 기회를 많이 가지는 것이다. 넷째, 아이들의 자발성과 자존감을 높여주는 발도르프 교육을 지향한다. 그리고 마지막으로 어린이집 운영에 학부모가 참여한다. 물론 학부모에 따라 어린이집 운영 참여를 반기지 않는 사람도 있을 수 있다. 하지만 예슬어린이집과 같이 협동조합이라는 조직에 대한 이해나 관심이 있는 학부모에게는 바람직한 운영 방식이다.

그러면 이런 교육과 친환경 먹거리들이 아이들에게는 어떻게 나타

바깥나들이가 많은 협동조합예슬어린이집 교육

날까? 건강한 먹거리를 먹고 매일 바깥나들이를 많이 해서 그런지 아이들이 건강한 편이다. 일반 어린이집에 수두, 수족구 등의 전염병이 유행할 때 예슬어린이집에는 유행이 더디 오거나 오지 않는다. 물론 한두 명이 걸리기는 한다. 하지만 여러 어린이가 동시에 걸리는 적이 없다. 특히 코로나19 기간 중에도 한 번도 휴원하지 않았다고 한다. 그만큼 면역력이 높다는 것을 보여준다.

교사를 위한 좋은 근무 환경 마련

한편 협동조합예슬어린이집이 질 높은 보육과 교육을 실시하기 위해서는 근무하는 교사들이 오래 근무할 수 있는 환경이 되

학부모도 교육에 참여

고 실력을 갖추어야 한다. 이를 위해 몇 가지를 시행하고 있다. 우선 급여가 다른 민영 어린이집에 비해 좋은 편이다. 국공립 경력자에는 따라가지 못하지만, 국공립 유아 기관의 초임 수준에 맞추고 있다. 다음으로 교사들이 휴가를 부담 없이 사용할 수 있다. 어린이집은 특성상 대체 교사의 문제로 휴가 쓰는 것이 쉽지 않은데 예슬어린이집은 학부모들이 대체 교사로 참여하기 때문에 가능하다. 마지막으로 2년 이상 근무한 교사에게 1주일의 유급 휴가를 부여하고 있다.

현재 보육, 교육의 국공립화가 점점 진행되고 출생률이 낮아 인구가 줄고 있는 한국 사회에서 어린이집, 특히 협동조합 어린이집이 살아남는다는 것은 결코 쉬운 일이 아니다. 그럼에도 불구하고 협동조합예슬어린이집의 전망은 어둡지 않다. 학부모들이 주체적으로 나서기 때문이다. 창립 때부터 학부모들이 조합원으로 열심히 움직였다. 특히 2019년 창립 때부터 이사장과 학부모 대표를 맡은 학부모 조합원들을 중심으로 모든 조합원이 활발하게 활동하고 있다.

졸업생 학부모들이 선물한 어린이집 간판

힘의 원천은 학부모 조합원들의 활동

특히 학부모 조합원들을 홍보팀, 재무팀, 교육팀으로 나
누어 자율적 참여를 유도하고 모임을 강화하고 있다. 그리고 협동조
합예슬어린이집을 주변 사람들에게 적극적으로 알리고 있으며, 부평
구 마을공동체 지원사업 활동 등에 나서면서 지역사회 속 관계를 더욱
강화하고 있다. 그러면서 협동조합예슬어린이집의 장점을 적극 홍보
하고 있다. 이렇듯 어린이집을 학부모 스스로 홍보하고 알리며 운영에
참여하는 곳, 아이의 보육과 교육을 위해 학부모와 교사가 긴밀하게 협
력하는 곳. 그곳이 협동조합이 운영하는 예슬어린이집이다.

배당 없는 주식회사
- 즐거운밥상

주식과 배당, 그리고 협동조합

자본주의 사회에서 사람들이 주식회사의 주식을 소유하는 대표적인 이유는 배당을 받기 때문이다. 그리고 그 배당의 가능성을 담보로 주식의 액면가나 실제 가치를 훨씬 넘는 가격으로 증권회사에서 거래한다. CEO라는 사람들은 주주들에게 높은 배당을 하거나 주식이 비싼 값에 거래되도록, 노동자들에게 돌아가야 할 정당한 몫을 줄이고 쥐어짠다. 심지어 노동자들을 정리해고하거나 비정규직으로 만들어 기업을 넘어 사회의 양극화, 빈곤, 실업을 심화하기도 한다.

CEO는 배당과 주식 가치를 높여야 유능함을 인정받아 연봉이 올라가고, 스톡옵션을 두둑하게 챙길 수 있으며, 연봉이 더 많은 자리로 스카우트된다. 현대 사회, 특히 한국 사회에서 주주들이 회사의 미래를 위해 투자한다고 믿는 사람은 거의 없다. 회사가 망하거나 곪거나 관

사회적기업 ㈜즐거운밥상

심 없다.

주주 대부분은 회사가 내일 당장 망하더라도 배당과 주식 거래 차익을 챙기는 데에만 관심이 있다. 그래서 나타난 현상이 투기자본의 공격이고, 1년 전 총회 때 엄청난 배당을 한 회사가 다음 해에 망하는 것이다. 회사를 지키려는 사람들은 주식을 사는 세력의 정체와 의도를 파악하는 데 엄청난 인력과 시간을 낭비하고 있다.

협동조합도 사회적협동조합이 아닌 일반 협동조합은 배당을 할 수 있다. 하지만 전체 출자금의 10분의 1로 제한되어 있다. 그리고 수익이 나면 최우선적으로 수익의 30% 이상을 법정적립금으로 적립해야 한다. 총출자금의 세 배가 될 때까지 적립하는 것이 법으로 정해져 있다. 그러므로 단기간 동안 배당은 거의 불가능하고, 가능하다 해도 금리로 따지면 연 10% 이하의 이자를 받는 수준이다. 협동조합에 배당을 바라보고 출자하는 사람은 거의 없다고 봐야 한다. 이는 협동조합이

기업으로서 자본을 조달하기 힘든 걸림돌이다.

주식회사지만 협동조합 방식으로

자활기업이자 사회적기업인 '즐거운밥상'은 주식회사인데 주주들에게 배당을 전혀 하지 않는 회사다. 대지 400평, 건평 128평의 15억 원 부동산이 있고 2023년 12월 기준으로 매출이 30억 원이고 영업이익도 발생한다. 그런데 배당을 하지 않는다. 주식의 50%는 박찬무 대표가 소유하고 37.5%는 천안의 시민사회단체들이 소유하며, 12.5%는 퇴직한 직원이 가지고 있다. 주식은 의사결정을 하는 수단으로 사용하고 배당을 하지 않는다. 어떻게 보면 협동조합 중에서도 사회적협동조합과 비슷한 방식이다. 아니, 사업을 하기에는 협동조합보다 더 안정적일 수 있다.

㈜즐거운밥상 경영을 맡고 있는 박 대표는 1999년 천안자활후견기관(현 천안 지역자활센터)에서 실무를 시작했고 2005년 급식사업을 시작했다. 당시 일부 지자체가 저소득층 자녀들에게 급식으로 건빵, 단무지, 요구르트 정도만 들어 있는 부실한 도시락을 제공했다가 여론의 질타를 받았을 때였다. 그러한 도시락이 천안지역자활센터 참여자들의 자녀에게도 돌아간다고 생각하니 화도 나고 슬펐다. 그래서 '우리

한겨레신문 2005. 1. 12

아이들에게 건강한 식사를 우리가 만들어 제공하자'는 마음으로 급식 사업을 시작했다.

내 아이들이 먹을 급식

2005년 사업체를 등록하고 '즐거운밥상'이라는 상호명으로 도시락 사업을 시작했다. 2007년에는 자활공동체로 업그레이드하고 2010년에는 주식회사로 법인을 등기했다. 2005년 당시 부실한 도시락을 제공한 것은 각 지자체가 급식 제공 사업을 막 시작하다 보니 도시락 제조와 배송 등을 담당할 주체가 미처 준비되지 않은 문제가 가장 컸다고 생각했다. 식품을 다루는 데 무허가 업체들이 참여하여 사업을 시행했던 것이다. 그리고 참여한 업체들의 규모가 너무 영세했다. 즐거운밥상은 이런 문제를 하나하나 해결해갔다.

주 사업 지역인 천안시의 발주를 받아서 아이들에게 도시락을 제공하기 시작했다. 학기 중에는 토요일과 일요일의 점심 도시락, 방학 때는 주중에 점심 도시락을 제공하는 일이었다. 이렇게 시작한 일이 2024년 현재 20년째다. 2023년부터는 천안시 결식 우려 아동 약 1,000명에게 도시락을 가정으로 배달하고 있다. 사업 대상도 아이들만 아니라 통합돌봄서비스를 신청한 재가 노인 중 도시락 배달을 요청한 분으로 넓어졌다. 또한 2016년부터는 예비군 훈련장에 도시락을 공급하고 있으며 밑반찬, 출장뷔페 등도 함께 하고 있다.

천안시는 도시락을 공급하는데 충남 지자체 대부분은 바우처를 준다. 바우처는 제공받는 사람들이 식당을 선택할 수 있다는 장점이 있

결식 우려 아동 도시락(8,000원)   예비군 훈련장 도시락(8,000원)

행복두끼(10,800원)   일반 도시락(5종류)

지만 단점도 있다. 예를 들어 도시가 아닌 농촌에는 바우처를 이용할 수 있는 식당이 드물어 시내로 가야 한다. 그리고 아이들이 편의점 도시락을 먹는 것을 좋아하는데 이는 건강보다는 자극적인 입맛을 선호하기 때문이다.

편의점 도시락은 재료 신선도 등에서 질이 낮을 수밖에 없다. 그러므로 아이들의 건강을 위해서는 바우처보다는 도시락을 제공하는 것이 낫다. 더구나 대기업이 운영하는 편의점은 지역순환경제에도 도움이 되지 않는다. 자치단체가 지출한 예산이 대기업 본사가 있는 수도권으로 가는 것이다.

가격의 50% 이상을 재료비로,
재료의 60% 이상을 국내산으로

　　또 시중의 식당과 편의점 도시락은 소비자 가격에서 재료비가 차지하는 비중이 30~35% 수준인데 즐거운밥상은 평균 55%다. 그리고 식재료 가운데 80% 이상을 국내산 농수축산물로 사용한다. 도시락을 먹는 이들의 건강을 위해, 이윤이 적게 남아도 훨씬 질 좋은 재료를 쓰는 것이다.

　　또한 도시락 제조 현장은 HACCP을 받아서 안전한 위생 관리를 하고 있다. 천안시와 공공기관, 협력기관의 담당자들은 즐거운밥상이 오랫동안 이렇게 운영해온 것을 알기 때문에 더욱 신뢰하고 있다.

　　20년째 사업을 하면서 어려움도 있었다. 일부 시의원이 천안시로

- 냉장 5℃ 냉동 -18℃ 이하 보관
- 신선도, 유통기한 확인
- 원산지 및 수량 확인
- 불량자재 선별 반품

- 조리원 요원 복장 및 위생상태 점검
  (마스크 및 유니폼 착용)

- 전처리 전후 교차오염 차단
- 자재 선별 처리 보관
- 싱크대 및 칼, 도마 용도별 구분 사용
- 생 야채 소독

- 가열조리 중심 온도 체크 및 기록
- 상품 검식 진행

- 조리음식 도시락 제조 및 포장
- 메뉴 및 조리 상태 모니터링

- 불량자재 선별 반품

㈜즐거운밥상 HACCP 시설(공장 내부)

부터 특혜를 받고 있다고 지적한 것이다. 그래서 2012년부터는 입찰로 사업에 참여하고 있다. 또 이런 어려움도 겪었다. 천안시 외곽에 사는 고등학생이 천안시청 민원 게시판에 민원을 제기한 것이다. 직원들은 눈 오는 추운 겨울 그 학생을 위해 도시락을 배달하다가 배송 차가 미끄러져 구난차를 이용하는 등 어려움을 겪기도 했는데 '쓰레기 도시락'이라고 글을 올렸다. 다행히 주변 사람들과 시청에서는 도시락 내용을 보고 학생의 주장을 믿지 않았다. 하지만 배달한 직원은 마음의 상처를 크게 입고 회사를 그만두었다. 인터넷 댓글에서는 오히려 학생을 나무라는 내용이 너무 많아, 글을 올린 학생도 충격을 받았을 정도였다.

직원들이 최대한 오래 근무할 수 있도록

즐거운밥상은 취약계층 일자리 제공형 사회적기업으로서 정규직 직원이 17명이고 아르바이트 2명, 배달 차량 지입 직원 14명 등 33명이다. 직원 구성은 고령자 5명, 수급자 2명, 한부모 1명 등으로 취약계층 고용 비율이 47%이며 6년 이상 장기근속자도 6명이나 된다.

즐거운밥상은 직원들이 오래 근무할 수 있는 환경을 만들기 위해서도 노력하고 있다. 이를 위해 동종업계보다 급여를 더 주고 있고 휴가 등의 복지를 최대한 활용하도록 유도한다. 또한 업무 차량으로 출퇴근을 허용하면서 한 달에 주유비를 6만 원 지급한다.

그래도 이직하는 경우가 가끔 있다. 회사를 나갔다가 돌아오는 일을 반복하는 경우도 있다. 최대 3번 나갔다가 돌아온 사례가 있다. 반면 자발적 퇴사에는 한 번도 실업급여를 추천한 적이 없다.

도시락 외에 밀키트와 케이터링도

　　　　도시락을 이용하는 소비자 만족도를 높이기 위해 도시락을 먹는 아이들과 학부모, 조부모 등 150명을 대상으로 설문조사를 했다. 그런데 '현재의 도시락이 좋다'가 25%, '밑반찬을 중심으로 받고 싶다' 25%, '밀키트로 받고 싶다' 25%, '편의점을 이용하고 싶다' 25%로 응답했다. 이런 내용을 반영하여 도시락 외에 밀키트를 위한 레시피 11종을 개발하여 제공하고 있다. 또한 뷔페와 케이터링도 점차 강화하고 있다. SK가 주도하는 행복도시락사회적협동조합에도 적극 참여하여 차상위 계층을 돕고 있으며 관변단체와도 협력하고 있다.

　　새로운 사회적경제기업, 조직을 육성하고 기존 기업들과 협업하기 위해 자활기업, 사회적기업 그리고 지역의 시민사회단체들과 자주 소통한다. 또한 즐거운밥상에서 은퇴한 시니어 노동자들과 함께 반찬을

밀키트(11종류)

출장뷔페(1,000인분)

만드는 협동조합을 별도로 설립하기 위해서 인적, 물적 마중물 역할을 기획하고 있다. 지금까지 수익이 나도 배당하지 않고 지역사회에 기부하고 있는데 이는 앞으로도 계속할 계획이다.

'처음처럼'을 잊지 않도록

이제는 10년 후를 내다보는 경영을 해야 할 시기다. 그리고 그 10년 후에 발을 맞춰 다음 경영인을 키우고자 한다. 그 경영인에게 현재 박 대표가 가지고 있는 주식의 지분을 모두 양도할 계획이다. 앞으로는 지금과 같이 이익을 주주들에게 배당하지 않고 사회에 기부하거나 다른 사회적경제기업을 키우는 전통을 어떻게 유지할 것인가를 제도화하고자 한다.

당진 지역 취약계층 아이들에게 밑반찬 제공

중소기업진흥원과 취약계층 아이들 도시락 제공 　시민사회단체 풀뿌리사람들과 협업, 취약계층 아이들에게 과일 제공

약 20년 전에 자활사업에서 시작한 사회적기업 ㈜즐거운밥상이 앞으로도 취약계층 일자리 제공, 사회적 약자에게 식사 공급, 지역 순환경제라는 세 가지 미션을 계속 유지하며 성장하길 기대한다. 또한 정부의 사회적경제기업 정책 변화에 휘둘리지 않고 묵묵히 자기 사명을 위해 걷고 있는 박찬무 대표와 동료들이 어수선한 현시점에 모범적인 사례로 회자되길 기원한다.

1,000명이 함께 착한 건물주가 되면 어떨까요?
자본보다 사람의 힘으로 일군 사회적경제기업 성공 스토리 31

초판 1쇄   2025년 3월 20일

지은이   정원각

펴낸곳   북돋움coop(북돋움출판협동조합)
펴낸이   상현숙
디자인   레드코플러스

신고   2020년 7월 30일 제2022-000059호
주소   서울시 금천구 가산디지털2로 166, 511호
전화   02-6369-0715
팩스   0303-3447-0715
블로그   http://blog.naver.com/bookddcoop
이메일   bookddcoop@naver.com

ISBN   979-11-991600-0-2 (03320)
         copyright ⓒ 정원각 2025

• 이 책은 SVS 한국사회가치연대기금의 출판기금을 지원받아 제작되었습니다.